高职高专财经类专业规划教材

# 广告理论与实务

## （第2版）

主编　郑承志

中国财政经济出版社

图书在版编目（CIP）数据

广告理论与实务／郑承志主编．—2版．—北京：中国财政经济出版社，2016.4
高职高专财经类专业规划教材
ISBN 978-7-5095-6651-0

Ⅰ.①广…　Ⅱ.①郑…　Ⅲ.①广告学-高等职业教育-教材　Ⅳ.①F713.80

中国版本图书馆CIP数据核字（2016）第039208号

责任编辑：康　苗　　　　　　责任校对：胡永立
封面设计：华乐功　　　　　　版式设计：董生萍

中国财政经济出版社 出版
URL：http：//www.cfeph.cn
E-mail：jiaoyu@cfeph.cn
（版权所有　翻印必究）
社址：北京市海淀区阜成路甲28号　邮政编码：100142
营销中心电话：88190406　北京财经书店电话：64033436　84041336
北京财经印刷厂印刷　各地新华书店经销
787×1092毫米　16开　13.5印张　326 000字
2016年5月第2版　2016年5月北京第1次印刷
定价：26.00元
ISBN 978-7-5095-6651-0/F·5350
（图书出现印装问题，本社负责调换）
质量投诉电话：010-88190744
打击盗版举报热线：010-88190492，QQ：634579818

# 前言

**第 2 版**

随着我国经济发展进入新常态，工商企业的市场竞争日益激烈。广告作为促进产品或服务的销售、提高企业竞争力的有效手段，越来越被企业、公司等经济实体和公众熟识。我国的广告业经过改革开放后的超常规发展，日益显示出强大的活力。基于这种背景，学习与研究广告理论与实务，切实提高广告效果，成为工商企业经营管理人才必修的课程。

为贯彻落实《国家中长期教育改革和发展规划纲要（2010—2020 年）》的精神，满足高职高专财经类专业人才培养模式改革、教材建设、课程建设等方面的要求，在中国财政经济出版社的组织下，2011 年我们编写了《广告理论与实务》教材。几年来，该教材的发行与使用得到广大同行和读者的充分肯定，对学习与传播广告理论和技能做出了积极的贡献。根据规划教材版次与时间要求，现在我们结合广告发展态势和理论创新情况对该教材进行了修订，形成了该教材的第 2 版。

本教材的修订，以全面贯彻落实《教育部关于深化职业教育教学改革 全面提高人才培养质量的若干意见》（教职成〔2015〕6 号）、2014 年全国职业教育工作会议精神为指导，按照"服务需求、就业导向"的要求，以能力培养为主线，以学生为本位，力求体现以业务流程引导教学流程，满足职业性、应用性和可操作性要求，坚持教材内容的先进性、时效性和实用性。在教材内容的安排上，本教材设计了广告概述、广告的基本原理、广告策划、广告创意、广告媒体、广告组织与管理、广告与广告策略、广告文案及广告效果测定等相关原理与实务内容，由原来的 11 章精简为 9 章；在体例的设计上，努力适应高职学生的心理特征，增强学生的学习兴趣，适当增加了图、表、例的比例，更新了同步案例、同步实训、完善了思考与练习等栏目，以期进一步有助于学生学习效果的提高和实践能力的培养。

《广告理论与实务》由郑承志教授主编，承担修订提纲的起草、主持编写、修改及总纂等工作，崔景茂教授任副主编。参加编写修订的有郑承志教授（第 1—5 章）、徐翔副教授（第 6—7 章）、胡瑞明讲师（第 8—9 章）。

本书修订过程中参阅了不少文献，得到有关部门、单位领导、专家的支持，特别是浙江商业职业技术学院金立其教授、陕西财经职业技术学院叶雉鸠副教授、安徽工业经济职业技术学院崔景茂教授、安徽商贸职业技术学院郑晓明副教授等提供了部分资料，中国财政经济出版社的编辑给予了大力帮助，在此一并致谢！

受时间和精力的限制,本教材的不妥与疏漏之处在所难免,敬请广大同行、读者指正。我们将不断修订完善本教材,使其更好地适应深化职业教育教学改革、全面提高人才培养质量的要求。

编 者
2016 年 2 月

# 目 录

第1章　广告概述 …………………………………………………………（ 1 ）
　　1.1　广告的特征与类型 …………………………………………（ 2 ）
　　1.2　广告的功能与原则 …………………………………………（ 7 ）
　　1.3　广告的发展与趋势 …………………………………………（ 13 ）
　　思考与练习 ………………………………………………………（ 18 ）

第2章　广告的基本原理 …………………………………………………（ 23 ）
　　2.1　广告基础理论 ………………………………………………（ 24 ）
　　2.2　广告定位理论 ………………………………………………（ 31 ）
　　思考与练习 ………………………………………………………（ 38 ）

第3章　广告策划 …………………………………………………………（ 42 ）
　　3.1　广告调查 ……………………………………………………（ 43 ）
　　3.2　广告策划的内容 ……………………………………………（ 49 ）
　　3.3　广告预算 ……………………………………………………（ 58 ）
　　3.4　广告策划书 …………………………………………………（ 62 ）
　　思考与练习 ………………………………………………………（ 66 ）

第4章　广告创意 …………………………………………………………（ 70 ）
　　4.1　广告创意的实质与原则 ……………………………………（ 71 ）
　　4.2　广告创意的内容与过程 ……………………………………（ 75 ）
　　4.3　广告创意的方法 ……………………………………………（ 80 ）
　　思考与练习 ………………………………………………………（ 85 ）

第5章　广告媒体 …………………………………………………………（ 90 ）
　　5.1　广告媒体概述 ………………………………………………（ 91 ）
　　5.2　四大广告媒体 ………………………………………………（ 97 ）

5.3　其他广告媒体 ………………………………………………………………（104）
　　思考与练习 …………………………………………………………………………（111）

## 第6章　广告组织与管理 ……………………………………………………………（115）
6.1　广告组织 ……………………………………………………………………（116）
6.2　广告代理 ……………………………………………………………………（123）
6.3　广告管理 ……………………………………………………………………（126）
　　思考与练习 …………………………………………………………………………（133）

## 第7章　广告表现与广告策略 ………………………………………………………（138）
7.1　广告表现 ……………………………………………………………………（139）
7.2　广告策略 ……………………………………………………………………（145）
　　思考与练习 …………………………………………………………………………（157）

## 第8章　广告文案 ……………………………………………………………………（162）
8.1　广告标题 ……………………………………………………………………（164）
8.2　广告正文 ……………………………………………………………………（168）
8.3　广告标语 ……………………………………………………………………（172）
　　思考与练习 …………………………………………………………………………（176）

## 第9章　广告效果测定 ………………………………………………………………（180）
9.1　广告效果的种类与特性 ……………………………………………………（181）
9.2　广告效果测定的原则与程序 ………………………………………………（184）
9.3　广告效果测定的方法 ………………………………………………………（189）
　　思考与练习 …………………………………………………………………………（195）

**附录：中华人民共和国广告法** …………………………………………………………（199）

# 第 1 章
# 广 告 概 述

**学习目标**

**知识目标**：明确广告的概念与特征；认识广告的功能与基本原则；了解广告的产生与发展状况。

**能力目标**：掌握广告分类的方法；逐步养成关注经济社会广告的习惯，能够结合具体的广告分析广告的功能，提高对广告的基本认识。

**导入案例**

### 中央电视台是大品牌的广告首选平台

现在，人们打开电视首先看到的往往是广告。其中，中央电视台凭借"一台知天下，登台天下知"，使得在"央视"投放广告最具优势。有关资料表明，"央视"是大品牌的首选平台，在"央视"投放广告，即意味着与顶级品牌为伍，是对品牌的不断加分。表1-1显示了2014年1—6月份行业的"央视"投放广告情况，这是引发口碑传播效应的重要因素，也奠定了品牌爆发力和持久传播力的基础。

表 1-1　　　　　2014年上半年各行业在"央视"的广告投放情况

| 行业类别 | 投放金额 TOP5 企业 |
| --- | --- |
| 汽车交通 | 东风日产、长安福特、北京现代、一汽-大众、东风标致 |
| 食品饮料 | 伊利、恒大、旺旺、娃哈哈、养生堂 |
| 日化 | 纳爱斯、宝洁、蓝月亮、利洁时、妮维雅 |
| 家电 | 美的、格力、海信、LG |

（数据来源：CTR 媒介智讯。）

打开电视就是广告的现象告诉我们，在现代市场经济条件下，广告既是一种社会文化现象，也是一种重要的经济现象。进入21世纪，广告不仅贯穿于人类经济生活的方方面面，而且波及人类社会的道德、文化乃至政治生活。广告的重要性越来越为公众和公司、企业和集团等经济实体所认识。学习与研究广告，首先必须认识与把握广告的基本含义、特征和功能，了解广告产生与发展的历史。

# 1.1 广告的特征与类型

"广告"一词是外来语,源于拉丁文 Adverture,意思是"大喊大叫",以吸引人、引起人的注意。大约在 14 世纪,演变成英文的 Advertise,意思是"使某人注意到某件事",或者"通知别人某件事"。17 世纪末,英国开始进行大规模的商业活动,这时,"广告"一词便广泛的流行并被使用。此时的广告被人们赋予了现代意义,已不单指一则广告,而是指一系列的广告活动,广告一词转化为 Advertising。

## 1.1.1 广告的定义

"广告"一词的演变,说明广告的内涵是随着时代的变迁、社会生产力的发展而不断演变的。国内外的广告学界至今还没有对广告做出一个完全统一的、为人们公认的解释,众说纷纭。那么,现代意义上的广告究竟如何定义呢?

广告,从汉语的字面意思解释,就是"广而告之",即向公众通告某一件事,或劝告大众遵守某一规定。但这并不是广告的定义,只是说明广告是向大众传播信息的一种手段。总体来看,广告的定义有广义与狭义之分。早期,人们通常把凡是以说服方式(包括口头方式和文字、图画等),有助于公众知晓的公开宣传活动都称为广告。这就是所谓的广义广告。广义的广告是指所有的广告活动,一切为了沟通信息、促进认识的广告形式都包括在内。如政府发布的公文、布告,单位或个人发布的通知、启事等,均属于广义广告的范畴。

我们现在所说的广告,通常被界定为狭义的广告。狭义的广告是指商业广告,也称经济广告。它专指发生在经济领域中带有商业目的的广告活动。这就把各种非经济广告,如公文、布告、通告、启事等均排除在广告的范畴之外。1890 年以前西方社会对广告较普遍认同的一种定义也表明了这一点,即广告是有关商品或服务的新闻。例如,图 1-1 所示的就是典型的商业广告。

图 1-1 "天猫"商业广告

2015年9月1日实施的《中华人民共和国广告法》中所称广告，也是指"商品经营者或者服务提供者通过一定媒介和形式直接或者间接地介绍自己所推销的商品或者服务的商业广告活动"。

随着广告业的不断发展和其对社会影响程度的日益加深，国内外有关广告的定义也越来越多，目前，对于广告定义，国内外比较准确、较有代表性的主要有以下几种：

美国广告主协会对广告的定义是："广告是付费的大众传播，其目的为传递情报，改变人们对广告商品之态度，诱发行动而使广告主得到利益。"

美国市场营销协会（AMA）对广告的定义是："广告是由明确的广告主，在付费的基础上，采用非人际传播的形式，对观念、商品或劳务进行介绍、宣传的活动。"

我国1999年版《辞海》给广告下的定义是："通过媒体向公众介绍商品、劳务和企业信息等的一种宣传方式，一般指商业广告。从广义上来说，凡是向公众传播社会人事动态、文化娱乐、宣传观念的都属于广告范畴。"

上述几个具有代表性的定义中，美国市场营销协会对广告所下的定义，经常被人们所引用。根据这个定义，结合我国的实际情况，我们可以把广告定义为：广告是广告主在付费的基础上，利用传播媒介给特定的对象传递商品、劳务或观念的信息，以影响其行为的信息传播活动。

### 1.1.2 广告的特征

根据以上的广告定义，可以归纳出广告所具有的基本特征：

**1. 广告必须有明确的广告主**

广告主也称广告客户，是广告行为的主体。广告主作为广告的发起者，是发布广告的当事人，包括法人等经济组织、个人等。任何广告都应有可以识别的广告主，以便顾客了解广告的真实动机。《中华人民共和国广告法》在界定"广告"时，特别明确了广告主的含义，指出"广告主是指为推销商品或者提供服务，自行或者委托他人设计、制作、发布广告的法人、其他经济组织或者个人"。广告中明确体现广告主，不仅有利于使广告所产生的效益服务于广告主，更重要的是能够明确广告责任，防止欺骗性广告。这是广告与新闻等其他传播活动的不同之处。新闻等传播活动产生的问题与错误，一般由新闻的发布者和提供者负责，而不由被宣传的主体负责。

**2. 广告是付费传播**

广告是有偿的，这是它与新闻、公告等的又一重要区别。广告费就是从事广告活动所需付出的费用。一方面，广告的调查、策划、设计与制作需要付出费用；另一方面，由于广告主要借助于各类"运输工具"才能将要传达的信息送至事先设定的位置，作为工具的各类传播媒介，只有事先支付一定的费用才能使用，而且广告的媒体使用费往往占整个企业广告费用的70%左右。同时，正因为广告主付出了费用，广告主也就购买了对广告信息传播的控制权，在法律和道德允许的情况下，有权选择和决定广告传播的内容、表现方式、传播的时间和空间等。为了降低成本，广告主在进行广告活动时要编制广告预算，有计划、有步骤地进行广告活动，以节省广告费开支，提高广告的效益。

**3. 广告是一种带有说服性质的信息传播活动**

广告的最终目的，是使目标消费者接受广告信息，从而影响购买行为，促进销售。广告活动中，广告信息通过一定的传播媒介传递给一定范围的公众后，不仅要引起公众的注意，使其知晓和了解具体内容,还要让尽可能多的公众接受其提示和观念,成为其目标消费者并在行动上做出一定的反应。广告要达到这一目的,只能采用说服的方式,只有诱导性的说服,才能影响广告对象的心理,使其认可与接受广告。反之,命令式的广告不仅不能为广告对象接受,反而会令其反感。因此,广告必须讲究艺术性,提高说服的效果。广告要以良好的表现技巧,根据不同传播对象的特点与要求,迎合消费者的兴趣和欲望,采取不同的劝导说服方式,使消费者易于和乐于接受广告信息而采取行动。

**4. 广告具有特定的信息内容**

广告所传播的信息内容,具有一定的规定性。随着社会经济的发展和市场供求状况的变化,广告的信息内容也在向深广度拓展。现代商业广告传播的内容,不仅包括商品、劳务方面的信息,而且涉及形象、观念等内容。商品信息包括商品的性能、质量、价格、购买时间、购买地点和购买方式等有关信息;劳务信息包括各种非商品买卖或服务性活动的有关信息。广告除了宣传具体的商品,有时也可以宣传企业形象、企业理念、某些与企业有关的社会价值和某些无形的服务。为提高广告促销的效果,广告的内容要求真实、简洁、生动、具体。同时,广告诉求的内容还要符合社会规范与道德规范,要受到一定的管理和约束。

**5. 广告是一种非人际的销售推广活动**

这里有两层关键含义:一是"非人际的",这是广告与人员推销采用人员提示、说明等推广手段的最大区别。由于广告通过一定的媒体来传播信息,借助传播媒介与传播对象沟通,具有其独特的规律。同时,由于传播媒体的多样化,并且不同的媒体具有不同的传播特点和优势,广告主可以选择利用相应的媒体,以较快的速度、在较广的范围内向目标消费者发布有关信息,争取较好的传播效益。二是"销售推广活动",广告并非都直接与销售有关系,虽然多数广告是直接刺激消费者,实现直接促销,但是,也有些广告是以影响消费者为目的的。但归根到底,无论是哪种广告形式,总是以在或近或远的将来促进销售为目的。

### 1.1.3 广告的类型

市场经济时代,广告几乎无孔不入。我们面对纷繁复杂的广告,必须学会对其进行分类。对广告进行分类,有利于进一步认识和把握广告的特征,加深对广告研究对象的认识,为开展科学的广告策划提供基础,也便于进行准确有效的资料统计和研究分析。

从总体上来说,广告可以按性质分为两大类:商业广告和非商业广告。商业广告是以营利为目的所开展的广告活动,亦称营利性广告、经济广告,如图1-2所示;非商业广告则是为了达到某种宣传目的,不要求获得经济上的回报,而注重社会效益的广告活动,又称非营利广告、公益广告,如图1-3所示。

图1-2 飞利浦的产品广告

这里我们主要探讨商业广告的分类。商业广告种类繁多，根据不同的需要，可以从广告的目的、广告对象、广告区域、广告诉求方式、广告媒体等多个层面来划分商业广告。

**1. 按广告的直接目的分类**

商业广告的直接目的是有所区别的，据此可将广告分为产品（服务）广告、企业形象广告、企业观念广告。

（1）产品（服务）广告。这种广告诉求的内容着重突出产品或服务的特征与魅力，以期加深消费者对产品或服务的印象，进而吸引消费者购买或消费。此类广告的内容主要包括：产品名称、商标、功能、特色、价格、使用方法、销售渠道；服务的内容、特色、收费标准、利益等。产品（服务）广告按其达到目的的手段又分为三种，见表 1-2。

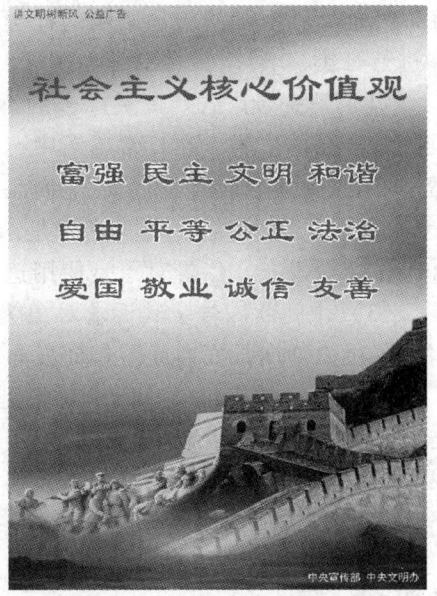

图 1-3　社会主义核心价值观公益广告

表 1-2　　　　　　　　　产品（服务）广告

| 报道式广告 | 对消费者如实报告和介绍其性质、用途（或利益）、价格等。 |
|---|---|
| 说服式广告 | 突出品质优势，使消费者对某种品牌的产品加深印象。 |
| 提醒式广告 | 提醒消费者不要忘记这种产品（服务），刺激重复购买。 |

（2）企业形象广告。这是以建立商业信誉为目的的广告。它不直接介绍产品和宣传产品的优点，而是宣传企业的宗旨和信誉、企业的历史与成就、经营管理情况，其目的是为了加强企业自身的形象建设，沟通企业与消费者的关系，从而达到推销商品的目的。例如，四川长虹彩电的广告宣称"以产业报国，振兴民族工业为己任"，飞利浦的广告是"让我们做得更好"等，在公众中树立了良好的形象。实践证明，企业形象广告不仅有利于产品的销售，而且对于提高企业的社会地位，为企业在社会经济活动中充分发挥其影响与作用，促进企业的发展都具有很大的好处。

（3）企业观念广告。这种广告又可分为政治性和务实性两类。政治性的企业观念广告，是通过广告宣传，把企业对某一社会问题的看法公之于众，力求唤起社会的同感并与国家法律和社会道德观念相一致，从而赢得政府与公众的支持。例如，美国伯明翰钢铁公司通过企业观念广告向美国民众公告他们对进口钢铁的看法，从而赢得公众支持，使美国保护钢铁工业的法案得以顺利通过。我国冰箱制造业依据国家有关环境保护的法律规定，宣称"使用无氟冰箱，让我们的空气更洁净"，也是这种观念广告。务实性的企业观念广告，是建立或改变消费者对某企业或某一产品在其心目中的形象，从而形成或改变某一消费习惯或消费观念的广告，而这一观念的建立是有利于广告主获得长久利益的。例如，奇瑞 QQ 汽车广告语——"秀我本色。想快乐，找 QQ。就这么开心。"我国广东健力宝天然饮品有限公司推出天然芒果汁系列饮料，有意识地区分天然果汁饮料与碳酸饮料，使天然饮品销路大开。

**2. 按广告对象分类**

广告活动涉及的对象包括流通领域和消费领域的众多主体，包括消费者、生产者、中间商以及能直接对消费施加影响的社会专业人士或职业团体。据此可以按广告的诉求对象对广告进行分类。

（1）消费者广告。此类广告的诉求对象为直接消费者，是由生产者或中间商向消费者推销其产品的广告。在日常生活中，这类广告占常见广告的大部分，不仅包括所有的生活消费品广告，也包括像汽车、住宅商品房和部分服务的广告。

（2）生产者广告。此类广告是由生产与经营工业原材料、机器、零配件等的生产部门和批发企业发布，广告对象是使用这些产品的工业用户。

（3）中间商广告。其诉求对象为商业批发商和零售商，主要由生产企业向批发商、零售商，批发商向批发商或零售商发布，广告所涉及的多为大宗产品交易。

（4）媒介性广告。其诉求对象是对社会消费习惯有影响力的职业团体或专业人员，广告发布者旨在通过上述中介来影响最终消费者。此类广告专用于介绍一些专业性产品，如药品和保健品由医疗单位或医生来介绍，消费者考虑到权威的可靠性，易于做出购买决策。

### 3. 按广告覆盖地区分类

按广告传播影响所及范围不同，广告可分为全球性广告、全国性广告、区域性广告和地方性广告。

（1）全球性广告。又称国际性广告，通常选择具有国际影响力的广告媒介进行发布。这是随着国际贸易的发展，国际市场一体化倾向之后出现的广告形式。如美国的可口可乐饮料、万宝路香烟，我国的海尔冰箱、华为手机等产品广告都是著名的全球性广告。

（2）全国性广告。一些大型企业通常选择全国性传播媒介，如报纸、杂志、电视等发布广告，其目的是通过全国性广告激起国内消费者的普遍反响，产生对其通用产品的需求。这种广告所宣传的产品多是通用性强、销量大、选择性小的商品，或者是专业性强、使用区域分散的产品。

（3）区域性广告。广告诉求对象限定在某个地区，如华北地区、华东地区，或者一个省（区）内。往往选择区域性媒介，如省报、省电视台等。广告宣传的产品也是一些地方性产品。

（4）地方性广告。多数是零售商或地方工业企业所发布的广告。广告选用的媒介往往是地区、市、县的各种媒体。

### 4. 按广告诉求方式分类

按广告诉求方式，可将广告分为理性诉求广告和感性诉求广告两大类。

（1）理性诉求广告。广告采取理性的说服方法，有理有据地直接论证产品的优点与长处，让顾客自己做出判断，进而购买使用。例如，许多药品的广告从医疗的角度说明药品的效用或者药品的优点，就属于典型的理性诉求广告。

（2）感性诉求广告。广告采取感性的说服方式，向消费者诉之以情，使他们对广告产品产生好感，进而购买使用。常见的服装、鞋、帽等产品的广告，大多从款式、色泽方面进行感性诉求。

此外，按照广告效果产生的快慢，广告分为速效性广告与迟效性广告；按照广告媒体的不同，还可以把广告分为报纸广告、杂志广告、广播广告、电视广告、户外广告、交通广告、电影幻灯广告、直接邮寄广告、POP广告等。

同步案例 1-1

### 可口可乐的"广告语"

**背景资料:**

可口可乐作为一个风行世界的饮料品牌,1886年以来,可口可乐公司用过的代表性"广告语"有过近100条。下面是节录其中的一些:

1886年:请喝可口可乐。
1904年:美味又清新。
1957年:好味道的象征。
1965年:享受可口可乐。
1972年:可口可乐……好时光。
1980年:一杯可乐,一个微笑。
1993年:永远的可口可乐。
2003年:激情在此燃烧。
2010年:你想和谁分享新年第一瓶可口可乐?

(资料来源:根据有关资料整理。)

**问题:**

可口可乐的"广告语"传递了什么信息?对你有什么启发?

**分析提示:**

可口可乐的"广告语"主要传递了商品信息和观念信息。

从可口可乐的"广告语"可以看出可口可乐的广告策略,从理性上,始终强调它的美味和清新;从感性上,抓住享受、欢乐、渴望的满足,预示给人们的生活带来美好时光。

## 1.2 广告的功能与原则

市场经济条件下,无数的生产者、中间商和消费者构成了错综复杂的经济联系。他们之间的联系,首先是进行信息沟通,通过信息沟通来激发消费者的购买欲望,引发消费者和中间商的购买行为。如果这种信息传播单靠由生产者向中间商推销、中间商再向消费者推销的方式,则不仅信息传播速度慢,传递范围有限,而且整个沟通、传递过程的费用也将是极为庞大的。广告作为一种有效的信息沟通方式,按照其运作的基本原则,充分发挥其功能,无疑将对社会经济的发展产生巨大的促进作用。

### 1.2.1 广告的功能

广告的功能,是指广告的基本作用与效能。广告作为社会信息交流的必然产物,在其发展过程中,一方面以市场经济的发展为基础;另一方面,又会积极地作用于它所赖以存在和发展的经济体制、社会环境以及其他因素，对社会、经济、文化等的发展都起着重要的作用。广告的功能主要包括以下几个方面：

### 1. 信息传播功能

信息传播是现代广告活动最基本的功能。现代社会，信息已成为人们赖以生存的重要资源，发挥着不可缺少的作用。对于生产者来说，广告既是了解市场信息的渠道，更是传播企业信息的重要方式；对于消费者来说，广告则是其获取信息的主要来源。

广告活动传播信息的基本功能表现为：为广告主宣传其产品（或服务）的品质、特征、形态、商标和包装；介绍产品（或服务）的改进与创新状况，对用户的特别贡献与满足之处，使用保养及维修方法等；说明企业的经营宗旨、经营态势、市场地位、服务保证体系等等。

广告活动依赖于各种媒体在生产者、经营者和消费者之间传播上述信息，实现信息沟通，促进社会经济的发展。广告传播信息有别于其他的信息沟通方式，具有以下特点：

（1）信息传播准确度高，干扰小。不同地区的目标市场，在同一时间或不同时间接触到的都是同一信息含量的广告，不会出现朝令夕改的现象。如果信息失真，绝大部分原因是媒体质量问题引起的。

（2）广告传播及时迅速，覆盖面广。现代大众传播的利用，为广告传播的及时性、广泛性提供了保证。在市场竞争日趋激烈的今天，广告有利于刺激目标市场针对广告信息及时做出反应，为广告主赢得主动权。

（3）广告传播信息的预期值高。广告之所以成为多数企业首选的促销方式，主要在于广告传播信息的产出效果明显。高保真的信息传递，带有一定的诱导性和影响力，劝诱力越大，产生的预期效果也就越明显。

### 2. 经济功能

广告的经济功能，是指广告在沟通产供销的整个经济活动中所发挥的经济作用和效能。广告的存在与发展，主要取决于其经济功能的发挥，表现在：

（1）广告在沟通产销渠道、疏通产供销关系上，起着桥梁作用。由于生产者的产品生产与消费者的消费需求在时间上、空间上都存在着距离，广告作为一种信息传播手段，能缩短这种距离，也就是把产品（或劳务）的信息传递给可能的顾客，沟通产品的所有者与消费者、用户之间的联系，激发消费需求，加快产品的实现。因此，广告能沟通产销，促进社会再生产过程的循环。

（2）广告是企业竞争的重要手段。竞争是市场经济的客观要求，也是促进经济繁荣的推动力。企业为了获得相对于同行或其他企业的市场优势和有利的市场地位，必然要借助于广告。通过广告，使消费者分清各个竞争主体的优势，指导其购买与消费；通过广告，能使竞争压力变为动力，促进社会经济的发展，实现优胜劣汰。

### 3. 社会功能

广告既是一种经济现象，也是一种社会现象，必然反映出社会生活的各种变化。有人称广告是现代社会的"润滑剂"，它从各个方面对人们产生着重大的影响，成为现代社会中引人注意、增加了解、改变态度乃至支配行为的有效工具，表现在：

（1）倡导文明与进步。广告对社会的影响一直为人们所关注。虚假的、不讲职业道德、有违社会文明与进步要求的广告，不仅会造成社会资源的浪费，还会损害人们的身心健康与道德取向。因此,广告在追求经济效益的同时,还要追求社会效益,倡导"真善美",抑制副作用。

(2)培植正确的生活方式和观念。广告在传播信息的同时,又把各种文明的、健康的、科学的生活方式传导给大众,成为维护共同的社会价值体系和维持良好的社会秩序的有力工具。特别是广告倡导和培养了新的消费观念,推动了生活方式的改进和社会生活质量的提高。

(3)传播新知识、新技术。曾经公开宣称"非为总统,即为广告人"的美国总统富兰克林·罗斯福认为:"若不是有广告来传播高水平的知识,过去半个世纪各阶层人民现代文明水平的普遍提高是不可能的。"现代社会,广告在大张旗鼓地传递各种新产品的功能、质量、工作原理、使用与保养方法等的同时,也有意识地承担起新知识、新技术的宣传与教育功能。因此,广告已成为传播新知识、新技术的重要载体和有力手段。

**4. 心理功能**

广告不仅仅只是传播信息,还是一种带有劝说性质的宣传活动。它能引起消费者的理解、接受、记忆,诱发消费者对广告内容的好感,刺激他们的购买欲望,促使他们产生购买行为,这就是广告的主要心理功能。它是一个通过广告使消费者产生认知、联想、对比、确信、行动的心理活动过程。广告的心理功能,是促使人们产生购买欲望的一种理念行为。通常,消费者在从广告中接受了某种商品或劳务的信息的同时,也从中接受了某种理念或主张,从而促使其形成某种积极的态度或情感,最终导致购买行为的发生。正确把握广告的心理功能,有助于"创造需求、创造顾客、创造消费"。

**5. 美学功能**

广告既是一门科学,也是一门独特的艺术。广告在传播信息的过程中,需要采用一些艺术的表现形式和表现手法,来展现广告的主题和内容。因此,广告和其他艺术一样,也具有美学的功能。在现实生活中,广告的美学功能主要体现在两个方面:

(1)美化生活环境。广告作为现代都市的一大景观,对人们的生活环境起到美化和装饰的作用。设计精美的路牌广告,雄伟壮观的建筑广告,绚丽多彩的霓虹灯广告以及五彩缤纷的灯箱广告和售点广告,把城市的街道、建筑物和购物场所装点得生机盎然,为人们的生活环境增添了丰富的艺术色彩和浓郁的现代生活气息。

(2)丰富文化生活。优秀的广告同时也是一件艺术品,具有审美价值。广告通过美术、音乐、音响、诗歌、戏剧、舞蹈等艺术手段,把消费者所需的商品、服务等信息艺术地再现出来,使人们在获得信息的同时,也得到艺术的熏陶和美的享受。

因此,广告为人们的生活提供了更多艺术和美的享受,使人们的文化生活变得更加丰富多彩。

---

同步实训 1-1

## 广告功能的查找

[实训目标]

提高学生对广告功能的正确认识。

[实训内容]

以小组为单位开展查找活动,分别收集5个广告资料(平面广告、广告语、视频广告等),在此基础上,对其进行分析,得出具体结论。

[实训操作]

(1) 首先让学生明确广告的具体功能。

(2) 将全班学生每5—6人分为一组,并选出小组负责人。教师说明训练内容及成果要求。

(3) 每个小组根据自己的兴趣分别收集5个广告资料。

(4) 根据收集的广告资料,逐一分析其广告功能。

(5) 小组长汇报训练内容及成果。

(6) 教师对训练情况进行总结。

[成果要求]

(1) 每个小组撰写出查找报告,逐一说明其广告功能。

(2) 每人写出活动的体会,指出3-5个广告的优缺点以及是否存在广告功能异化或扩大化情况。

(3) 依小组报告与个人的活动体会为每位学生评估打分。

### 1.2.2 广告的基本原则

广告是一种特殊的活动,牵涉到广告主、广告经营者、广告媒体、广告对象等各个方面的利益,同时,广告又是一种综合性的活动,是集经济活动、信息传播活动、社会活动、文化活动等于一体的系统工程。为充分发挥广告的功能,抑制广告的负面效应,广告活动的各类参与者在从事广告活动时都必须遵循广告的基本原则。

**1. 真实性原则**

真实性原则是指广告内容要真实准确,不得虚假欺诈。真实性是广告的生命所在,也是广告的基本原则,这是由广告活动的性质所决定的。广告的本质特征是信息沟通,真实性是决定广告能否被广告对象信任的前提条件。不真实的信息往往会因误导行动而造成严重后果。广告的真实性具体表现为:

(1) 广告信息要以商品(或劳务)的客观事实为依据。所宣传的产品(或劳务)必须代表其整体水平,而不能用特别挑选出来的或特别制造的产品为标准;有关产品的性能、质量等消费者特别关注的内容,必须客观真实,严禁吹嘘、无限度夸张;广告的文字、画面、实物、实证、论证等均应真实、明确,避免误导。

(2) 诚实有信。广告中涉及与产品(或劳务)有关的售后服务、保证等承诺均能落实兑现;对使用与消费中可能出现的问题、副作用等应明确告知,并同时向消费者指出相应的使用、保养方法或有关注意事项。

保证广告的真实性,必须落实三方面的要求:一是广告主和广告经营者必须做好自律工作,自觉按真实性原则办事;二是加强广告管理和社会监督,健全监督机制;三是以法律制度为保障,制定真实性的标准和规定,严格法律规范。

**2. 思想性原则**

思想性原则是指广告宣传内容和表现形式要健康向上,避免消极、颓废倾向,严禁反动、淫秽、色情的内容。

思想性原则是广告的灵魂。一切大众传播都是潜移默化的思想传播。同样，广告的社会性与文化性，决定了广告传播的信息内容和表现形式会对广告受众产生一定的思想观念影响。广告的文字、语言、画面等所包含的暗示宣传、鼓励，不仅影响到人们的消费行为，而且影响到人们的生活方式、价值观念、伦理道德观念等多个方面。由于广告受众多层面化，认识程度参差不齐，广告传播又多系开放式传播系统，因此，广告的诱导作用既可以使人们产生对美好生活向往的积极心态，也可能使人们产生一些消极心态。例如，对于少年儿童和一些文化程度不高、缺乏理解和分辨能力的人来说，如果广告的思想性不强，传播的内容不健康，就极有可能会受到不利的影响。

广告的思想性，对广告提出了如下要求：广告在传递信息的同时，要特别注意反映大众生活的积极情趣，反映中华民族的智慧和悠久、文明的历史；注意表现和塑造积极的人生观、价值观和审美观；注意传递正确和先进的科学技术知识；坚决摒弃一切有损于国家尊严的内容、淫秽迷信等有辱国格和人格的内容。

当然，强调广告的思想性原则，并非是以思想宣传来代替产品劳务信息的传递，也并非忽视广告的艺术性，而是要谋求思想性与艺术性的有机结合，追求较大经济效益和良好的社会效益。

**3. 科学性原则**

科学性原则是指在广告活动中必须遵循广告活动的规律，以科学的理论做指导，实现企业广告传播信息的方式和手段的科学化。

科学性是广告现代化的重要标志，也是现代广告多学科知识的综合运用、电子技术的发展和先进的研究方法采用的结果。广告的科学性主要表现在：

（1）广告计划的针对性。广告必须综合运用心理学、社会学、传播学、美学等多学科知识，通过一系列的调查分析，抓住受众心目中所关心的问题、心理状态，然后确定广告主题与目标、广告战略与策略，科学选择传播媒介，力求广告计划符合客观实际，加强针对性与提高广告效益。

（2）广告构思和设计的创造性。广告的构思必须富有创造性，即语言要生动、有趣、幽默、简明易懂；广告的形式要多样化且不断更新，以引人注目；还必须根据不同地区、不同顾客的爱好来设计广告图样和选择广告方式，切忌主观盲动、落后与简单仿制。

（3）传播手段和制作技术的先进性。进入21世纪，广告业的传播手段与制作技术获得了长足的发展。特别是当代尖端科技器具的运用，如计算机、传真机、数码相机、收视率调查机以及彩印设备等的使用，使广告业的工效更加迅速，广告作品质量大为提高。现代卫星通信技术，又使广告传播在时间上、空间上获得了空前的突破，有效地提高了广告效果。

（4）广告信息的有用性。广告要向消费者传播有用的信息，而不要传播信息垃圾。因为广告是利用有限的时间（如电台广告、电视广告）和有限的空间（如报纸、杂志、户外广告等）来传播信息的，要节约广告成本，就必须提高广告信息的有用性，使其传播的信息成为消费者（或用户）制定购买决策的重要参考依据。传播的信息如果无用，即使是真实的，也毫无价值。

**4. 艺术性原则**

广告的艺术性原则是指广告作品应具有艺术魅力与审美作用，能够吸引、影响与感染公众,激发公众的购买欲望。

广告艺术性的目的是为了有效地传达信息,而不单纯是为了艺术欣赏,艺术性是广告感人的有力手段。缺乏艺术性的广告,影响力小,促销能力差。而广告的内容及情趣与艺术形式的结合,有利于生动活泼地表现它的主题与创意。广告的艺术性主要表现在:

(1) 给人以美的享受。现代广告与戏剧、音乐、诗歌的结合越来越密切,广告的娱乐性也越来越浓厚。一个好的广告作品同时也是一件精美的艺术品,它往往言词雅致、音乐动听、画面优美,外露生动活泼的形象,内含深奥的哲理。具有高度艺术性的广告不仅真实、具体地介绍与宣传产品与服务,而且让人们通过对作品形象的观摩、欣赏,引发丰富的生活联想,带给公众美的享受。

(2) 充分利用艺术手段与艺术形式。广告的真实性、思想性、主题鲜明性都要通过艺术的形式表现出来。因此,广告要运用美学原理,通过美术、摄影、动画、歌曲、音乐、诗歌、戏剧、舞蹈等丰富多彩的艺术形式表现广告主题,实现内容与形式的统一,增强广告的感染力,提高广告的效果。

值得指出的是,广告是一门商业艺术,而不是纯艺术。广告的艺术性必须与企业的经营目标、产品(或服务)、营销策略相适应,才能真正实现广告的目的,而不至于把广告的艺术性同广告本身的目的对立起来。

> 同步案例1-2

### 百年情结成就"百年润发"的广告神话

**背景资料:**

1997年,中国大陆的观众在电视上看到了周润发,在这之前,周润发作为香港巨星,一直是录像中才能看到的身影。电视上的周润发在为一个女孩子洗头(图1-4),这与录像中双枪扫射的周润发更是大相径庭。

"青丝秀发,缘系百年",这不仅是"百发润发"的一句广告语,更是一种意境、一种美好情感的凝聚,是呵护百年、温情中展示着要树百年品牌的决心。

"百发润发"是重庆奥妮系列产品中的一个,目前在市场已上市的有奥妮皂角、奥妮首乌和百年润发(又分青年型和中年型两种)。在"百发润发"广告里,"文化"和"商业"几乎天衣无缝地结合,融汇成中国情感的、中国式词汇的民族品牌,这与国产商品"洋名风"、"霸气风"形成鲜明对比,有助于记忆度的加强、辨识率的提高。

据当时一项调查显示,广告产生的所有感动几

图1-4 "百年润发"的广告图片

乎都来自这个情节，这则广告为企业创造了近 8 个亿的销售收入，可谓成就了"百年润发"的广告神话。

（资料来源：根据有关资料整理。）

**问题：**
1. "青丝秀发，缘系百年"主要体现了广告的哪些原则？
2. "百年润发"的广告神话显示了广告的什么功能？

**分析提示：**
1. 广告的思想性原则：反映大众生活的积极情趣，缘系百年的一种美好情感；广告的艺术性原则："文化"和"商业"天衣无缝地结合，具有吸引、影响与感染公众的艺术魅力。
2. 具有劝诱力的信息传播功能；指导顾客购买与消费的经济功能；情感凝聚的心理功能；喜闻乐见的美学功能。

## 1.3 广告的发展与趋势

广告，源远流长，是一种由来已久的宣传手段。它是商品生产和商品交换的产物，促进了社会经济的发展。社会经济的发展，又带动和促进广告的发展。追溯广告的历史发展，有利于总结广告工作的经验，顺应广告业发展的趋势，提高广告的效果。

### 1.3.1 广告的产生

原始社会末期，随着生产力的发展，社会分工得以出现。农业与畜牧业、农业与手工业的两次大分工，催生了产品与产品的交换，商品得以产生。伴随着奴隶社会出现的第三次社会大分工——商人的产生，商品生产和商品交换获得了较快的发展，各种原始形态的广告也随之出现，如口头叫卖广告、陈列广告、招牌与幌子等。这些不同形式的原始广告与商人进行商品销售活动的形式密切相关。口头叫卖广告与商人摆摊销售相联系，陈列广告、招牌与幌子等则与坐商经营有关。而真正意义上的广告，则始于文字广告，特别是印刷术发明后的文字印刷广告。

考古学家认为，世界上最早的广告是公元前 1000 年左右埃及散发的"寻找一个叫谢姆的男奴隶"的广告传单，传单是用芦苇的纤维造的，淡茶色，约 32 开大小，现存于大英博物馆。

在古希腊、罗马时期，也有许多文字广告。庞贝古城除有很多标记广告外，文字广告也很多，在一些官方规定的广告栏，其文字广告的内容涉及商品推销广告、文艺演出广告和寻人启事等。在土耳其的考古挖掘中，有 300 多块刻有希腊字母的碎石片引起了考古学家的注意。经过长时间的努力，终于将这些石片搜集、拼凑起来，原来这是最早的一个商业广告，上面有商品的名称及其价格。这块石板置于一家古代店铺的橱窗里，店内所售之物：水果、酒、饰物、头巾、陶器等，板上一目了然。

### 1.3.2 我国广告的发展

**1. 我国古代广告**

我国的广告始于殷商时代,那时有个叫格伯的人,把马卖给一个叫栅先的人,因为当时凡做交易都要"告于士",这笔交易便以铭文形式记录在专为刻铭而铸造的青铜器上,这便是我国最早的商业广告。

我国长达两千多年的封建社会,虽然以自然经济为主,商品经济仍有一定的发展与繁荣。与此相适应,有了古代广告形式。古代广告最原始、最简单的广告形式是叫卖广告,即以叫卖宣传方式兜售商品,如各种商贩大多通过吆喝叫卖招徕顾客。古代广告最常用的广告形式是招牌和幌子,它们是各行业、店铺的标志。到了隋唐时期,我国有了印刷广告。

**2. 我国近代广告**

我国近代广告是随着近代报纸的创办而诞生的。但早期的报纸是不登广告的。鸦片战争以后,我国开始沦为半封建半殖民地。随着"洋货"在我国的大量倾销和外国资本家在华投资办厂,在华的外国商人为了推销商品,沟通中外商情,开始在中国创办报纸。作为商品促销手段的近代报纸广告也在中国出现。其中,《申报》、《新闻报》都是著名的商业报纸,广告登载量较大。同时,其他形式的近代广告也陆续诞生,诸如路牌广告、橱窗广告、霓虹灯广告和广播广告等。

**3. 我国现代广告**

现代广告事业在我国的发展经历了大的曲折与反复。新中国建国初期,在上海、天津、广州等大城市,广告有了一定的发展,主要是私营企业的销售广告、药品广告与文艺广告。但随着国家对私营经济"利用、限制、改造"政策的实施,私营企业的广告开始萎缩。20世纪50年代末,国营广告公司的出现,使广告业有了一定的恢复。20世纪60年代以后,广告业又开始下滑,特别是"文化大革命"期间,广告业遭到了更大的劫难,霓虹灯广告及其他户外广告几乎荡然无存。由于社会对广告的认识出现偏差,认为广告是资本主义的产物,加上政策失误造成商品供给短缺,广告失去了存在的意义。20世纪70年代初,广告活动几乎完全停止了。

我国现代广告业的恢复与发展始于1979年。继中共中央宣传部发出"关于报刊、广播、电视台刊播外国商品广告的通知"后,1979年1月28日,上海电视台播出的上海药材公司参桂补酒广告,开创了中国大陆电视广告的先河。3月15日,中央电视台播出西铁城手表的首例外商广告。同日,上海人民广播电台播出春蕾药性发乳广告;12月,中央人民广播电台开始播发广告并于1980年1月开办广告节目,我国的广播广告得到恢复。1979年1月28日,《解放日报》恢复商业广告刊登业务;同年2月10日,《文汇报》刊载广告;4月17日,《人民日报》开始登载汽车、地质仪器的广告。至此,报纸广告得以重新登堂入室。

此后,随着20世纪80年代以来我国改革开放的深入,广告业驶入了持续发展的快车道,有了长足的发展。1993年7月,国家工商行政管理局和国家计划委员会共同制定了《关于加快广告业发展的规划纲要》,明确广告业是知识密集、技术密集、人才密集的高新技术产业,提出了我国广告业的发展战略和重点目标,进一步推动了我国广告业的发展进程。1995年2月1日,《中华人民共和国广告法》正式实施。有关资料显示,1995年—2000年,我国广告业经营额平均每年以40%的速度递增,远远高于国民生产总值的增长幅度。

进入新世纪，随着社会主义市场经济体制的逐步建立与完善，广告传播媒介迅速发展，现已形成种类齐全、辐射面宽、覆盖率高的传播媒介体系。数据显示，2012年我国广告营业额已突破4000亿元，广告营业额占GDP的比例为0.9%。由于不断采用新的技术手段，广告的表现形式、设计手法、制作技巧、服务水准都有了长足的进步。目前，我国不仅有电视、广播、报纸、杂志等广告形式，而且新闻广告、店铺广告、交通广告也重新活跃，文艺广告、邮寄广告、馈赠广告、网络广告和商业博览会、展览会也开始较大规模地登上了广告舞台，成为新的广告发展领域。此外，路牌广告、霓虹灯广告等户外广告及售点广告也在大中城市普及。广告行业管理日益加强，基本形成了以"广告法"为核心的一套比较系统、完备的广告监督管理体系。广告自律也在逐步向纵深发展，参与广告经营活动的广告经营单位、大众传播媒体以及广告主等都加强了行业自律，竞争环境进一步优化。

### 同步案例1-3

## 户外广告的发展

**背景资料：**

户外广告泛指基于广告或宣传目的而设置的户外广告物，常出现在交通流量较高的地区。常见的户外广告如企业LED户外广告灯箱、高速路上的路边广告牌、霓虹灯广告牌、LED看板等，也包括升空气球、飞艇等先进的户外广告形式。

户外广告是最大众化的媒介形式，有广泛的亲和力。户外广告在公共醒目位置免费供所有经过的人持续观赏，一目了然地闯入大众的脑海，以图形演示品牌，用轻松传递理念，沟通男女老少。

户外广告成本较低，固定发布时间较长，性价比高，传播受众广，是商家必争、品牌必选的公共沟通通道。随着经济的发展和技术的进步，户外广告的媒体种类会越来越多，户外媒体的传播形式也将发生变化，我国户外广告市场的竞争程度会进一步加剧，给规模小、粗放式的户外广告经营单位带来的压力势必会随之增加。

随着城市市容规划的升级需要，户外广告公司正在向新技术领域迈进。当一线城市户外资源垄断格局日益成型后，竞争的"战场"正转向二三线城市。2014年中国广告市场规模达5219亿元，同比增长3.96%，过去五年复合增长率12.475%。过去五年广告市场的发展主要来源于经济总量的扩大，而市场占比基本稳定。

传统户外广告已经告别了快速增长的时期，户外广告市场即将迎来一个资源整合和格局洗牌的时代：其一，越来越多的传统户外广告公司将向新技术领域迈进，实现多元化发展。伴随各种新技术的快速发展，对传统户外广告公司而言，下一步必然会涉足越来越多的新技术以实现自身的稳步发展。其二，传统户外广告公司下一波竞争的"战场"将转向二三线城市。中国未来50年经济发展的前景很好，这种上升不仅靠大城市，更需要靠几百个二三线城市的支撑，因此若现在拥有二三线城市的传媒平台，将会在未来竞争中取得先机。可以说，二三线城市为传统户外广告业的后续发展提供了宽广的舞台，下一波竞争的重点必然在二三线城市。

（资料来源：根据中国产业调研网"2015年中国户外广告市场现状调查与未发展前景趋势报告"资料改写。）

**问题：**

户外广告作为一种广告的媒介形式，有什么特征？为什么要重视发展户外广告？

**分析提示：**

户外广告是最大众化的媒介形式，有广泛的亲和力；户外广告性价比高；户外广告形式多样，有强大的适应力。

一是户外广告在促进商业流通、引导大众消费、美化城市空间、营造城市氛围等方面发挥着不可替代的作用。二是户外广告展现出良好的发展势头，机遇与挑战并存。

### 1.3.3 广告业的发展趋势

**1. 国外广告业的发展趋势**

随着世界开始进入信息时代，广告业作为信息传播的重要产业，进入了一个新的发展时期。从世界广告业的发展情况看，普遍出现如下发展特点和趋势：

（1）广告活动全球化。现代工业的发展，使社会化大生产达到空前规模，跨国公司和国际贸易使全球经济活动联系更加紧密，市场国际化与经济全球化趋势日益显著。广告正是伴随着这种趋势而国际化，国际广告业务越来越多，国际性或泛地区性媒介日益引起以世界市场为目标的跨国公司的兴趣，国际广告投入日益增加。国际性广告组织也应运而生，各种国际性广告行业组织在协调各国广告业发展方面发挥了重要作用。

（2）广告服务全方位化。由于信息技术和计算机在市场调研、贸易媒介和企业管理等方面的广泛应用，大大提高了广告工作效率，有力地促进了广告业的发展。现代广告公司发展成为一种集多种职能于一身的综合性信息服务机构，向企业提供从市场调研、新产品开发、广告策划到售后信息分析的整体策划服务，使广告服务成为企业发展不可或缺的经济部分。

（3）广告行业产业化。广告公司不再局限于一些厂家或公司的附属机构，而是以专业化形式成为独立的经济实体，按照现代企业制度要求运作，涌现了一大批著名的广告公司和广告集团，其发展速度远远高于整体经济增长水平。早在20世纪80年代末，广告业已成为一种可创造巨大价值的产业，在各国的经济发展中发挥着重要的作用。

（4）广告传媒的电子化和多样化。20世纪80年代以来，电子媒介飞速发展，卫星转播的运用、有线电视的普及，使广告增添了新的最有效的媒介。尤其是以计算机为载体的国际互联网络的建立，为广告信息的传递乃至整个营销活动开创了新的空间。除了电子传媒外，广告其他形式也在不断创新，礼品广告、邮寄广告、包装广告、空中广告、大型实物模型等花样翻新，甚至连味道、色彩等也成为广告传递信息的媒介。

（5）广告管理日趋严格。随着广告活动在社会生活各领域的日益渗透，广告对社会经济活动的影响日益广泛和深刻。为了防止滥用广告，西方各国对广告业的管理越来越严格。各国政府纷纷通过立法或行业协会的自律行为，加强对广告业的管理，以实现规范、健康发展的目的。

**2. 我国广告业的发展趋势**

我国的广告业尽管发展道路曲折，但改革开放后获得了超常规发展，显示出强大的活力。现代广告业正作为朝阳产业而突飞猛进，显现出如下的趋势：

（1）法制化。广告作为一种企业促销方式，在市场经济条件下，应该纳入法律规范轨道。我国政府通过立法加强了对广告的管理，从而达到规范广告行业健康发展的目的。企业的广告及广告代理商的业务活动都应严格遵循有关的法律规定，违反法律规定的广告，其主体必须承担法律责任。

（2）道德化。广告的道德化主要体现在其真实性与思想性上。就真实性而言，广告必须实事求是，不可夸大，不可虚妄。我国《广告法》规定"广告不得以任何形式欺骗用户和消费者"，不真实的广告，绝不可能得到公众的信任，不仅会败坏广告的信誉，而且有损企业形象。就思想性而言，广告不仅是对商品、劳务的宣传，也是意识形态的反映。广告应有利于倡导良好的道德风尚与精神文明，要坚决查禁有颓废、色情、迷信等内容的广告。

（3）艺术化。广告既是一门科学，也是一门艺术。它是集美术装潢、摄影制作、表演造型和视听效果于一身的综合性实用艺术形式。一幅好的广告作品，应遵循真实性、思想性与艺术性相统一的原则，将有关商品和劳务的信息与艺术形式有机地结合起来，给人以启迪，使人们在美的享受中得到教益与信息。

（4）科学化。广告是企业的一种有计划的促销活动，一方面，采用各种科学的调查方法和技术，为有效的广告活动提供科学依据；另一方面，由于电子信息对广告业的渗透，广告活动大规模地应用现代通信技术和计算机信息处理技术，使广告活动的整体策划技术得以普遍推广。

（5）专业化。由于广告在企业经营活动中的地位日益提高，广告业务得以从企业分离出来，成立专门的广告公司，或者由企业委托广告公司开展广告代理。由于各广告公司实现了专业化，更有利于为广告主提供完善的服务，也有利于提高广告的促销效果。

此外，由于传播媒介多样化，广告形式不断创新，促使广告形式的多样化。现代广告不仅具有利用直接媒介传播的电视广告、广播广告、印刷刊物广告和邮寄广告等，而且有了许多新的广告形式，如实物馈赠等。同时，还通过展览会、博览会和各种具有广泛影响的集会，开展大规模、综合性的广告活动，扩大广告的影响。

### 同步实训 1—2

**企业广告的诊断**

［实训目标］

帮助学生提高对企业广告的认识。

［实训内容］

以小组为单位，通过查找网络和文献资料，了解工商企业的广告业务情况，对其进行分析，进行业务诊断。

［实训操作］

（1）首先让学生明确我国广告发展的趋势。

（2）将全班学生每5—6人分为一组，并选出小组负责人。教师说明训练内容及成果要求。

（3）每个小组通过查找2—3家企业的广告业务情况，对其进行分析。

（4）从广告业务专业化、广告计划、真实性与科学性、广告媒体选择等方面进行诊断。

(5) 分小组写出报告,由小组负责人进行口头或书面汇报。

**成果要求:**

(1) 每个小组撰写出《××公司等企业广告业务诊断报告》。

(2) 每人写出实训体会。

(3) 依小组的活动情况、诊断报告给小组评估打分。

(4) 依个人的实训体会和所在小组得分为每位学生评估打分。

### 本章知识脉络

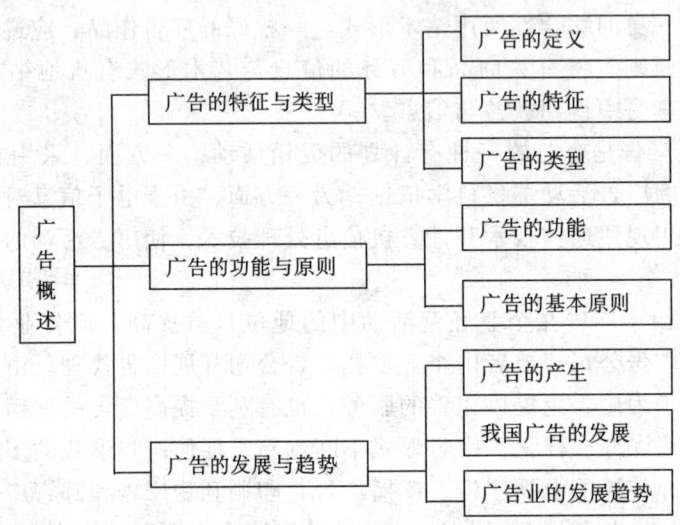

**本章导入案例点评:**

1. 中央电视台凭借"一台知天下,登台天下知",使得在"央视"投放广告最具优势。分行业的"央视"投放广告情况(位列前五的品牌),说明了其广告吸引力。

2. 广告是一种重要的经济现象,企业依靠广告引发口碑传播效应,目的在于沟通信息,培植品牌,树立形象,以获得更大的收益。

### 思考与练习

**1. 理论题**

**(1) 单选题**

① 广告的媒体使用费往往占整个企业广告费用的(　　)左右。

A. 90%　　　　　　　　　　B. 70%

C. 50%　　　　　　　　　　D. 30%

② 下列产品中,最适合采用理性诉求广告的是(　　)。

A. 服装　　　　　　　　　　B. 鞋、帽

C. 药品　　　　　　　　　　D. 玩具

③下列内容中，属于商业广告的是（ ）。
A. 通知 B. 布告
C. 广告牌 D. 通告
④我国现代广告业的恢复与发展始于（ ）。
A. 1840 年 B. 1949 年
C. 1979 年 D. 1985 年

**(2) 多选题**
①广告介绍、宣传的内容包括（ ）。
A. 观念 B. 商品
C. 地点 D. 劳务
E. 时间
②中间商广告的诉求对象为（ ）。
A. 消费者 B. 批发商
C. 生产者 D. 零售商
E. 媒体
③广告的功能包括（ ）。
A. 信息传播功能 B. 经济功能
C. 社会功能 D. 社会功能
E. 美学功能
④广告的基本原则有（ ）。
A. 真实性原则 B. 思想性原则
C. 科学性原则 D. 艺术性原则
E. 专业性原则
⑤我国广告业的发展趋势包括（ ）。
A. 法制化 B. 道德化
C. 艺术化 D. 科学化
E. 专业化

**(3) 判断题**
①广告就是指商业广告（经济广告）。 （ ）
②广告是一种人际的销售推广活动。 （ ）
③广告既是一门科学，也是一门独特的艺术。 （ ）
④速效性广告是发布后要求立即引起购买行为的一种直接行动广告。 （ ）

**(4) 简答题**
①产品（服务）广告有哪几种？
②如何理解广告的真实性原则？
③国外广告业的发展趋势怎样？

**2. 实务训练题**

**【案例分析1】**

**案例资料：**

可口可乐的广告

可口可乐公司在创建初期，彭伯顿博士和他的合伙人 F. M. 鲁宾逊（Robinson）就用一种独特的方式来书写他们的产品名称。后来这个名称以及图形在美国专利事务所进行了注册，以确保可口可乐公司在其广告和包装上的专用权。这说明了广告最基本的营销功能之一是识别产品，并与其他产品区别开来。

彭伯顿和鲁宾逊将产品命名之后，马上就刊登了一条广告，告诉人们有关该产品的信息以及在哪里可以买到这种产品。在一年之内，随着越来越多的冷饮柜开始出售该产品，印有手绘的"Coca-Cola"的油布标志开始出现在商店的遮阳篷上。其中"drink"（喝）一词进一步向过路人说明这种产品是一种冷饮柜的饮料。这里我们可以看出广告的另一个基本功能：传播关于产品的信息、它的产品特征以及出售地点。

1888年，彭伯顿病危，坎德勒（Candler）花了2 300美元买下了可口可乐的专用权。坎德勒是一个对广告和促销坚信不疑的忠实者。他印发了成千上万的免费优待券，每张券提供一瓶免费的可口可乐。凡收到免费优待券者都可以试用该产品，之后又重复试用。这是广告的另一个理由：吸引消费者试用新产品，并建议再次使用。

在越来越多的人购买这种饮料并喜欢上它，对它产生需求之后，越来越多的商店竞相零售这种产品。刺激产品的分销又成为广告的一项功能。

那时，可口可乐只在冷饮柜上出售。广告的许多意图之一是增加产品的使用。1899年，第一家可口可乐瓶装工厂在田纳西州成立，次年又在亚特兰大设立了第二家。现在人们能够买到瓶装的可口可乐，它们可以随身携带，也可以在家里享用。

像其他流行产品一样，可口可乐的模仿者马上出现了，一场反竞争的商业战役从那时起一直持续到现在。广告的另一个功能是建立价值、品牌偏好以及忠诚度。坎德勒不断发展的、坚持不懈的促销运动就是帮助达到这个目的。

在1916年，可口可乐公司为自己著名的瓶子引入了一种具有显著区别特征的轮廓外形（仿女性人体），这种外形有助于将可口可乐同其他竞争者的产品区别开来，因此，可口可乐将该瓶的外形在美国专利事务所进行了商标注册。与此同时，这种瓶子强化了可口可乐公司其他方面的促销努力，并且向公众保证可口可乐的标准化质量。在瓶子注册商标之前，它的外形反复更改了近十次。

一百多年来，可口可乐一直利用传播媒体向大量观众传播广告信息。这个目的是为了更好地发挥广告的重要功能：降低销售成本。通过广告使信息传达到一千个人的花费，比通过个人销售方式将产品信息传递给一个潜在顾客的费用小得多。McGraw Hill 实验室报道：在1985年，面对面的销售估计平均要花费一个公司220美元以上。今天这个费用更高。事实上，通过电视，广告主只要花上7.5美元就可以和一千位潜在顾客交谈——这个费用大约是通过个人销售与一个人沟通所花费用的3%。

（资料来源：何佳讯. 现代广告案例——理论与评析. 上海：复旦大学出版社，2000.）

设计问题：
(1) 可口可乐的广告显现了哪些功能？
(2) 该案例对你有何启发？

【案例分析2】
案例资料：

互联网+广告时代来临

网络广告自一出现便开始了迅猛发展的过程，行业数据显示，广告主品牌非行销部分预算当中，互联网广告预算已经上升到所有媒体的第二名，占14%。传统媒体中，电视以60%排在第一，报纸9%，户外7%，杂志2%。

但是，在十几年前，互联网的广告几乎是零，报纸广告投放占23%，而今天已经发生了一个翻盘，将来随着网络深度融入人们的生活，经济发展进入互联网+的时代，必将给媒体广告市场带来更大的颠覆。

同时，这种颠覆的背后夹杂着网络广告自身的特性，并日渐形成了网络广告发展的趋势，即互动、精准、定向。

未来，技术一定是网络广告公司核心竞争力之一。网络广告公司不一定要拥有技术，但是一定能纯熟而灵活地使用技术，比如当下的搜索技术、社会化媒体管理技术、用户定向技术等等。只有熟稔技术之路，并将其灵活服务于自身的创新和创意方案之中，才能够在来日的网络广告的浪潮中让日渐精明的广告主一见倾心。因此，企业必须适应互联网+广告时代的来临。

(资料来源：根据有关资料整理。)

设计问题：
(1) 网络广告的发展优势有哪些？
(2) 互联网+广告时代来临对广告业提出了什么要求？

## 业务模拟训练

校园周边居民区户外广告调查

训练目标：
培养学生认知与分析户外广告的能力。

训练内容：
以小组为单位就校园周边居民区户外广告开展调查活动，收集第一手资料，在此基础上，对校园周边居民区户外广告进行分析，得出调查结论。

训练操作：
(1) 首先让学生明确调查要求，了解调查范围与内容。
(2) 将全班学生每5—6人一组分组，并选出小组负责人。
(3) 小组根据调查范围与内容进行分工。

（4）小组长带领小组成员进行调查。
（5）小组长组织小组成员对调查资料进行整理、分析，得出合理的调查结论。
（6）对同学们在调查过程中产生的效果进行分析、总结。

**成果要求：**

（1）每个小组撰写出调查日志。
（2）每人写出调查体会，含户外广告的优缺点、建议。
（3）依小组的调查日志给小组评估打分。
（4）依个人的调查体会为每位学生评估打分。
（5）每名同学的实训成绩由小组的分数与个人分数各 50% 组成。

# 第2章
# 广告的基本原理

**学习目标**

**知识目标**：认识广告的社会学原理、心理学原理与美学原理的基本要求；明确广告定位理论的主要内容与指导作用；了解广告的传播学原理。

**能力目标**：提高运用社会学原理、心理学原理与美学原理分析广告的基本能力，增强学生的广告理论素养；培养学生广告定位意识，使学生能够结合具体的广告认识与分析其广告定位。

**导入案例**

## "德芙"巧克力——美味和精神的双重享受

巧克力是许多人喜欢的一种食品，其主要消费群属于比较时尚的人群，休闲、流行、时尚等是这一人群生活追求的重要组成部分。消费对象以注重浪漫的情侣，特别是大学生群体、年轻的白领为主。同时，30—45岁的夫妻可以列为礼品装系列的目标消费者。巧克力的品质和口感是消费者购买时的第一选择。

"德芙"是消费者极为熟悉的品牌，其产品在制作上采用基料与膨化谷物制品、低热值糖体或果蔬制品等混合制成，不仅口感好，而且其单位热值又降低了30%—60%，并且在品质上也有保证，既满足了选择的目标顾客，又解决了消费者担心的健康问题。

图2-1 "德芙"巧克力广告图

"德芙"巧克力的广告以"发现新德芙,愉悦心惊喜"(如图2-1),刻画了德芙牛奶巧克力的魅力及纯美品质,一如它的广告语——"牛奶香浓,丝般感受"那般诱人,将身为领导品牌的牛奶巧克力带向全新的境界,显现了美味和精神的双重享受。

(资料来源:根据有关资料整理。)

"德芙"巧克力的广告能取得巨大成功,关键所在是依据广告定位理论,为"德芙"巧克力品牌准确定位,确定了推广主题——"美味和精神的双重享受"。可见,科学的广告活动离不开正确的理论指导。

广告是以处在具体社会经济环境中的人为传播对象的传播活动。为了有的放矢,提高广告的传播效果,需要对广告对象及其行为的普遍规律、消费行为、消费心理和信息接收方式、企业的市场营销策略与行为等进行具体分析。这些内容涉及面非常广泛,从而决定了广告活动涉及多学科知识。因此,研究和借鉴广告相关学科的知识,对于从事广告活动的人员丰富和深化广告理论,确定科学、合理的广告战略与策略和提高广告效果,无疑具有重要的意义。

## 2.1 广告基础理论

广告学作为一门涉及许多学科知识的综合性边缘学科,涉及的理论依据非常多,其中最直接的指导理论是心理学、社会学、美学、传播学等。学习和研究广告理论与实务,就应该利用这些学科知识作为理论基础和研究的起点。

### 2.1.1 广告的心理学原理

心理是人脑的机能,是客观现实在人脑中的反映。心理学是研究人们在社会活动中心理现象的发生、发展规律的科学。人们的心理现象包括心理过程和个性特征两个方面。心理过程包括以感觉、知觉、记忆、想象、思维为内容的认识过程;以爱、憎、喜、怒、哀、乐为内容的情感过程;以需要、动机、意向、决心等表现为内容的意志过程。个性特征则包括兴趣、能力、气质、性格等几个方面。

人的心理活动是人们行为的重要组成部分,同时又是外在行动的内在原因。心理学作为一门有着广泛应用价值的学科,为广告学提供了对人们的心理活动特点和规律的认识基础,是广告学研究的理论基础之一。

广告学与心理学之间的密切联系,主要体现在广告与消费者的心理过程联系广泛。一则广告从策划、设计、制作到广告的发布时间、区域的选择及广告媒体的运用,都必须认真考虑其广告受众的心理过程,为提高广告效果奠定基础。

**1. 感觉与广告**

感觉器官对事物或现象的个别属性反映的心理现象,是整个心理过程的基础。在销售市场上,消费者对产品或服务的第一印象是十分重要的。对产品或服务的评价,消费者首先相信的是自己的感觉,正因为如此,有经验的厂商在设计、宣传自己生产或经营的产品时,总是千方百计突出自己产品与众不同的地方。例如,美国的一家食品公司在底特律城郊竖立了一块高 80 英尺、长 100 英尺的巨型面包广告牌,不仅能播放介绍面包的音乐,还释放出一种"神奇的混合面包"香味,引起路人的食欲,使其面包销路大开。实际上,这是消费者的先验心理的作用。所谓先验心理,是由于人的直接感觉而产生的连锁心理反应,如"闻香止步"。正因为如此,广告的策划与设计,必须把广告给受众形成的第一印象放在重要位置,追求一见钟情的效果。

**2. 知觉与广告**

尽管感觉器官以感觉的形式对商品的个别属性进行直接的反映,现实中的商品的各个属性并不能脱离具体物体而独立存在。由于大脑是在经过对来自各器官所获得的信息进行加工之后才形成知觉的,知觉是选择、组织和解释感觉刺激,使之成为一个有意义的和连贯的现实印象过程。所以知觉具有整体性和解释性,却并不是感觉的简单总和,如图 2-2 所示。

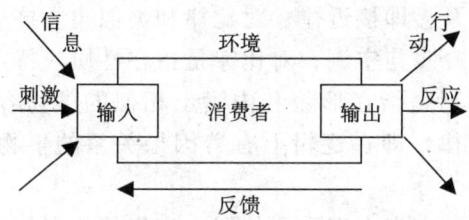

图 2-2 知觉的过程

知觉的整体性,是指知觉把有关信息的各个部分有机地结合在一起的特性。忽视知觉的整体性,可能给广告带来不良后果。知觉的解释性,是指对感觉信息整合后的结果所做的比较、推理。它依赖于消费者先前的经验、动机、情绪、态度等因素。因此,必须注意其内容的全面性与综合性,满足知觉的整体性要求;必须注意其继承性与发展趋势要求,满足知觉的解释性要求。

**3. 记忆与广告**

记忆在消费者的心理活动中有着极其重要的作用。实际上,记忆不仅发展、深化了认识过程,而且把认识过程与情感过程联系起来。因此,广告策划与设计必须按照记忆系统的要求来进行。

现代认知心理学把记忆看成是由感觉记忆、短时记忆和长时记忆组成的记忆系统,如图 2-3 所示。该系统表明:消费者接受任何外界的信息都必须通过感觉的和短时间的记忆,最后存贮在长时记忆之中。但是,在每一个进程上,信息都可能被遗忘。

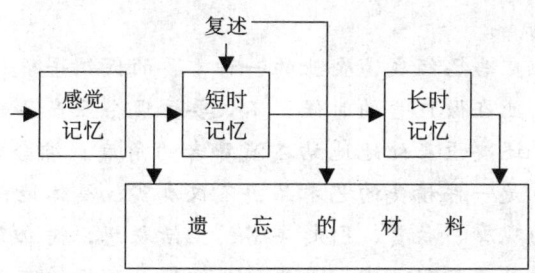

图 2-3 记忆系统

心理学研究的结果表明：记忆系统的每一个进程均体现出不同的特征，这对广告策划具有一定的指导意义，如表2-1所示。

表2-1　　　　　　　　　　　　记忆系统的特征

| 记忆进程 | 保持时间 | 容　量 | 编码类型 | 遗忘机制 |
| --- | --- | --- | --- | --- |
| 感觉记忆 | 短于1秒 | 所有器官都能传达 | 类似于实际的直接表现 | 衰减 |
| 短时记忆 | 短于1分 | 大约7个项目 | 间接表现——组块 | 衰减 |
| 长时记忆 | 直至许多年 | 几乎不限 | 间接表现——意义化聚类 | 干扰 |

### 4. 联想与广告

所谓联想，是指由一种事物的经验想起另一种事物的经验，或由想起的一种事物的经验而想起另一种事物的经验的过程。联想有着其内在的规律，表现为在空间上或时间上的接近、对比和类似的观念的联系，即接近律、对比律和类似律。接近律是指在时间或空间上接近的事物容易引起联想，如冷暖与空调；对比律是指在性质或特点上相反的事物容易引起联想，如白天与黑夜；类似律则是指在形貌和内涵上相似的事物容易引起联想，如鸡与鸭孵蛋。此外，联想还存在因果律，即在逻辑上有着因果关系的事物容易引起联想，如潮湿与下雨。

联想在消费者的心理活动中也占有重要位置，广告的策划与设计同样必须考虑联想的作用。广告信息通常必须借助广告媒体来传播，而广告媒体多以版面空间的报刊文字形式、影视图像与音响形式来展露信息。不论哪一种媒体，给予广告的限制都是明显的，印刷广告受篇幅的限制，电视和广播广告受播放时间的限制。可是，另一方面，广告信息却触及古今中外，应有尽有。因此，必须利用联想律，使广告在时间、空间和心理上得以扩大和延伸。

现代广告中，人们很容易发现四大联想律的利用问题。例如，利用联想的接近律，可以围绕节日主题做广告；利用对比律，可以通过对比手法加深消费者对广告的印象；利用类似律，可以强化品牌形象的宣传；利用因果律，可以激发消费者的购买欲望，刺激需求。

值得指出的是，广告利用联想律，必须注意广告受众的年龄、职业、文化程度、购买力等方面的特征，注意广告内容的特殊性要求。

---

**同步案例2-1**

---

### 商业广告同样要注重伦理修养

**背景资料：**

市场经济时代，商业广告已经成为企业的一种重要的促销手段。由于商业广告面对的对象是不同的人群，所以企业在做广告的时候，不仅要体现企业产品的特点，引起消费者的注意，激发消费者的兴趣，还要设身处地地站在消费者的角度，综合考虑消费者的消费心理。一个好的广告，实际上就是一件精美的艺术品，不仅真实、具体地向人们介绍了商品，而且让人们通过对作品形象的观摩、欣赏，引起丰富的生活联想，树立新的消费观念，增加精神上美的享受，并在艺术的潜移默化之中，产生购买欲望。良好的广告还可以帮助消费者树立正确的道德观、人生观，培养人们的精神文明，并且给消费者以科学技术方面的知识，陶冶人们的情操。

**问题：**
商业广告和公益广告一样要注重伦理修养对吗？为什么？

**分析提示：**
观点正确。注重伦理修养，讲究职业道德，是企业承担社会责任的客观要求；商业广告综合考虑消费者的消费心理是广告心理学的要求；只有注重伦理修养，才能真正促进消费者产生购买欲望。

### 2.1.2 广告的社会学原理

社会学是研究人们的社会行为和社会关系，探讨社会结构和社会过程的科学。它从社会整体出发，通过社会关系和社会行为的研究，揭示社会结构、功能、发展变化的规律。

社会学认为，人类社会是在客观历史过程中形成的，任何一个人都不能离开人类社会而独立存在。人们只能通过群体活动（生产过程和人与人之间的相互关系）来满足人类个体和整个社会生存、发展的各种需要。在人们的共同活动中，彼此间必然发生一定的相互行为，即社会行为，产生一定的相互关系即社会关系。正是人们的这些社会行为和社会关系，才形成社会生活中各种社会现象和社会问题。社会学旨在寻求隐藏在各种社会现象后面的人们的社会行为规律，科学地解释某一种社会行为产生的原因及其结果，科学地理解各种社会行为之间的内在联系。

广告活动是一种复杂的社会活动。它要实现与社会的信息沟通，向大众传播经济、文化、政治、社会服务等方面的信息。因此，广告要遵循社会学原理，应以与社会行为、社会关系相适应为基础。主要表现在以下几个方面：

**1. 广告诉求的针对性**

广告的诉求对象是人，而人总是处在一定的社会背景和经济条件下，遵从社会所规定的角色要求，采取相应的社会行为。广告受众如何消费、如何接受广告诉求，在很大程度上是由其充当的社会角色及相关因素决定的。对于这方面，在社会学中就有社会地位和社会角色的理论。广告人员可以运用这一理论进行消费者分析和诉求对象选择，从而做出更理性、更准确的判断，而不是仅仅根据自身的认识和理解，做出经验性的、感性的判断。

另外，一个人不是生活在真空中，必然要与其他社会成员发生联系，其行为受到他人的影响，这又与社会学中的"初级群体"相关。在初级群体中，成员之间有很深的信任感和比较大的影响力。因此，广告人员在进行广告规划活动和进行广告诉求时，应充分利用初级群体成员之间的影响力，对消费者施加影响，使广告达到最佳效果。例如，加多宝公司直观明确的"怕上火，喝王老吉"的广告，直击消费者需求，及时迅速地拉动了销售，真正建立起了品牌。

**2. 广告内容的真实性与思想性**

真实性是广告的基本特征。我国广告的根本目的是同社会主义生产目的相一致的，就是要为满足人民群众日益增长的物质和文化需要服务，对社会、对人民负责。任何弄虚作假的广告都是绝不可能赢得公众信任的。为此，要求广告必须以事实为依据，传播的信息应准确无误，对那些可能给人的健康带来危害的产品应禁止进行广告宣传。同时，广告一定要严守信誉，其有关的承诺，企业应落实兑现，以真正取得消费者的信任。近年来，以明星代言广告而引起的法律问题开始受到广泛关注。如消费者将"盖中盖"及其代言人告上法庭、将宝洁 SK-Ⅱ 及其代言人告上法庭等，理由均是明星对产品进行了虚假宣传，不仅影响到明星的形象，也直接断送了产品的生命。

广告不仅是一种经济现象，而且是一种意识形态的表露。我国的广告必须注意坚持社会主义方向，执行党和国家的方针政策，宣传与倡导积极健康的社会生活方式，帮助公众树立正确的审美观、道德观，使广告成为社会主义精神文明的传播手段。因此，我国《广告法》明文规定：禁止广告妨碍社会公共秩序和违背社会良好风尚；禁止广告含有淫秽、迷信、恐怖、暴力、丑恶的内容；禁止广告含有民族、种族、宗教、性别歧视的内容等。

### 3. 广告的群众性

广告就是要广而告知，其接收对象越多越好。为此，要求企业的广告必须顺应其社会环境要求，体现其群众性，具体要求如下：

（1）广告要简洁明了，通俗易懂。广告要为广大的公众喜闻乐见，必须简明易懂，并注意增强其感染力。特别要力戒那种故弄玄虚、使人不知所云的广告。

（2）广告要发挥教育功能。随着现代科技的发展，各类新产品、新技术的涌现，广告除了宣传新产品的特点、性能外，还应注意介绍维修、保养常识，向广告受众普及有关知识。

（3）广告的策划与制作应特别强调遵从群众的消费习惯、风俗习惯、宗教信仰等，以求得诉求对象的认可与接受。

---

**同步案例 2-2**

## 名人广告与营销

**背景资料：**

名人广告就是请名人作为形象代表或商品的推荐者、使用者或证言人等参与拍摄或制作的广告。名人广告最重要的就是要挖掘名人与商家品牌个性之间的内在一致性，通过这个点的作用，使消费者对名人的好感转移到产品身上，使消费者一听到这个名人的消息，就能马上联想到这个产品。

名人广告作用再大，也只不过是营销的一个组成部分，不是营销的全部。虽然消费者看到最多的是广告，但是，消费者在实际的消费中还是能感受到产品、渠道、价格、服务等，这些因素可能比广告起的作用更大。如 TCL 手机花 14 亿韩元请金喜善作形象代言人，同时花 6 000 万人民币进行后期市场推广活动，让消费者始终感受到 TCL 的热情，不但购买产品，还形成了对 TCL 品牌的忠诚。

**问题：**

名人广告与企业营销关系怎样？名人广告要注意哪些问题？

**分析提示：**

名人广告作为一种广告形式，是企业营销的一个组成部分。名人的声望在消费者知觉名人广告时具有某种光环效应，因为名人是高贵的、值得信赖的，这种品质会迁移到他所代言的产品上，有助于提高品牌的知名度和广告信息的可信度。同时，名人广告又是一把"双刃剑"，在给企业快速带来巨大利益的同时，也蕴涵着高度的风险。

名人广告中的名人在消费者心中的形象要与产品品牌的个性相吻合，不可一时冲动，凭直觉"乱点鸳鸯"；名人广告要具有较高的可信度和亲切感。

### 2.1.3 广告的美学原理

美学是研究人对包括自然现象与社会现象的现实的审美关系及其集中表现的艺术的一般规律的科学。艺术是文学、绘画、雕塑、建筑、音乐、舞蹈、戏剧、电影、曲艺等的总称。它是以形象来反映现实生活，反映社会生活的各个领域，是一种富有创造性的方式。艺术也是一种认识，是通过形象把这种认识表现出来。艺术是审美关系的集中表现，艺术无论是作为审美的对象，还是作为审美意识，它都要比人对现实的审美关系更典型与深刻。

**1. 艺术是广告表达的手段**

广告是一门科学，但它传播信息的功能又主要是通过艺术表现出来，艺术是广告表达的手段。广告本身也是一种艺术，整个广告的设计要给人以醒目、明快和美观的感觉，给人以高尚的、美的享受，因此，广告运用美学原理，才能取得理想的广告效果。各类广告的构思策划与创作过程都与美学有着密切的联系。

广告艺术有语言文字和非语言文字两种表现手段，其中非语言文字又包括图像、色彩、美术设计和表演形象（视觉形象）以及声音、音乐（听觉形象）等，这些形象化的表现手段在广告的制作和传播中起着非常重要的作用。

**2. 广告艺术与审美**

对美的追求，是社会进步的客观要求与文明的表现。广告艺术作为审美的对象，其语言应具有完美而独特的文字，语言生动活泼；广告图画、形象与音乐的使用要与传递的信息和谐一致，突出主题。广告艺术作为审美意识，可以直接诉诸创作设计者的审美情感，使广告信息容易引起接受者的注意与兴趣，迅速产生某种欲望与意向，从而加强广告的传达效果。广告语言与广告画面都涉及国家与人民的精神面貌，因此，广告在诱导人们的行为与态度时，应注意倡导正确、健康的美。

### 2.1.4 广告的传播学原理

传播是指人类为了建立共同的认识而进行的信息交流活动。传播学广义地讲，就是研究人类一切传播行为的科学。狭义地讲，传播学指的是大众传播学，即传播者利用各种传媒，将大量信息传送给大众的过程。传播学是适应人类社会信息交流活动的不断扩大，特别是20世纪40年代开始的传播技术手段不断进步的新形势的需要而产生的。它除了新闻学研究的对象外，还研究广告、书籍出版、电影、公共关系、民意测验等，凡是人类的传播行为都在它的研究之列，但侧重对电子传播媒介（广播、电视）的研究。由此可见，具有"通告"、"教育"功能的广告，也属于传播学研究的内容之一。

广告具有传递与沟通信息的基本职能。广告作为传播学研究中的一项重要内容，必须以传播学所阐明的基本理论为指导，表现在：

**1. 广告作为一种信息传播，应当以整个传播学体系作为自己行为的依据**

广告要解决的问题是从信息传播的立场出发的。它要传播一种信息，提供一种服务，宣传一种观念。传播学的许多理论完全适合广告业务。例如，传播学所阐述的关于传播过程五要素理论、"双向传播"理论等都为广告提供了科学的依据。值得注意的是，广告信息传播的完成，需要相应的自我传播、人际传播的配合。同时，广告信息传播在传统上是单向式的，因而需要增强其针对性和有效性，而网络广告具有互动传播特征，有利于增强有效性。

**2. 广告以传播学为基础是信息社会发展的需要**

当前，"信息热"已成为发达国家经济与社会发展的一大特色。信息被看作可再生资源与不可再生资源之外的"第三种资源"。人类已进入一个"信息时代"或"信息社会"。传播学研究信息社会中所有的传播过程和效果，而广告则是直接创造和提供信息的部门，在某种意义上它是"出售"信息，并且，广告作为直接提供信息服务的部门，在现代创造和分配信息的社会里越来越显示出它的重要地位。广告为人们提供了各种各样的服务，成为社会生活的无形纽带，也是社会的一种无形财富。

因此，只有从传播学理论的高度研究广告的规律，广告才有广阔的发展前途，广告事业才能更加兴旺繁荣。

### 同步实训 2-1

### 广告鉴别与欣赏

[实训目标]

提高学生对广告的鉴别与欣赏能力。

[实训内容]

以小组为单位分别收集 3—4 个广告（文案广告、电视广告、网络广告等），在此基础上，对其进行鉴别与欣赏，得出具体结论。

[实训操作]

（1）首先让学生明确广告的基础理论。

（2）将全班学生每 5—6 人分为一组，并选出小组负责人。教师说明训练内容及成果要求。

（3）每个小组通过查找 3—4 个广告，收集相关资料。

（4）从广告的社会学、心理学、美学、传播学等方面进行鉴别与欣赏。

（5）分小组写出报告，由小组负责人进行口头或书面汇报。

成果要求：

（1）每个小组撰写出《广告的鉴别与欣赏报告》。

（2）每人写出实训体会。

（3）依小组的活动情况及报告给小组评估打分。

（4）依个人的实训体会和所在小组得分为每位学生评估打分。

## 2.2 广告定位理论

广告定位是广告学中一个非常重要的、极具竞争性的概念。"定位"（Positioning）这一术语，最早出现于20世纪60年代末期的美国产业行销杂志上。1971年，美国著名的广告专家大卫·奥格威（David Ogilvy）第一次提出了广告定位理论。所谓广告定位理论，是关于如何准确把握和确定广告主题，以科学有效地提高广告效果的有关学说或法则。广告定位理论的发展大体上经历了前后延续的三个阶段，即20世纪50年代基于产品定位而形成的USP理论，60年代中后期基于形象至上和品牌定位的CI理论以及70年代以后基于生活导向和市场定位而盛行开来的现代广告定位理论。

### 2.2.1 USP理论

20世纪50年代是西方的"产品至上"时代，其广告业处于商品广告时代。这一时期，市场竞争主要表现在商品质量的竞争上，只要是货真价实的商品，在相应的营销手段配合下，就能够被推销出去。在这种情况下，美国占主导地位的广告理论是产品至上的独创性销售理论，即USP理论。

**1. USP的含义**

USP是英文Unique selling Proposition（即独特的销售主张）的缩写。它是由罗瑟·瑞夫斯（Rosser Reeves）在1961年提出的。USP的基本含义是：任何广告只能使消费者倾向于记住一个强有力的主张或概念。它表明：广告就是发挥一种"建议"或"劝解"（Proposition）功能，即找出品牌特性（Unique）——其他品牌所没有的独具特性，告诉消费者"买这样的商品，你将得到特殊的利益"。这种适合消费者需求的利益点，也正是厂商推销商品的"卖点"（Selling）。广告就是这样一种"独创性销售主张"（USP），如图2-4所示。

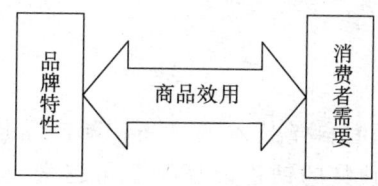

图2-4 独特性销售主张

**2. USP的基本构想**

USP的基本构想包括三个方面：找出其他品牌所没有的独有特性（U）；适合消费者需要的销售（S）；发挥提议主张的功能（P）。具体地表现为：

（1）独特性。强调产品具体的特殊功效和利益，即广告信息必须有一个根植于品牌深处的、未曾被提出的独特承诺，是其他品牌未能提供给消费者的最终利益。它必须能够在消费者心目中占据特定的位置，从而使消费者坚信该品牌所提供的利益是独有的、独特的和最佳的，实际上这就是特色。

（2）销售观。广告产品必须对满足消费者的需求有实际和重要的意义。广告能以其特殊的说服力和感染力与消费者沟通，能实际地导致其购买行动，如培植新的消费群体，或从竞争者的顾客群中把消费者拉过来。

（3）劝说力。广告应是一个清楚的令人信服的独特利益承诺。它不是一个"展示橱窗式"的说教，而是能激发购买行为的切实承诺。

产品定位是广告定位的基础。在产品至上的时代，如何从消费者需求出发，明确为何生产、怎样生产，以使自己的产品概念对消费者最具吸引力，从而赢得顾客，取得最大化利润，成为一个企业生产经营成败的关键。基于既定的产品定位，广告的主要任务就是向消费者传达产品的独特好处或利益，把这种差异化利益诉注于消费者心理。USP理论的基本前提就是消费者为理性消费者，应建立在理性诉求之上。因此，瑞夫斯提出广告就是"独具的销售说辞"，认为成功的广告应把注意力集中在产品的特性及消费者利益上。

图 2-5 雀巢咖啡广告

USP理论的盛行，使许多广告公司和广告人获利丰厚。广告界也基于此理论创作出了许多著名广告，例如美国海军的征兵广告：美国海军"不只是工作，更是冒险"。这句文案不只结合了工作的吸引力，更使人产生对冒险的向往。又如，当年美国喉嚼糖的广告，以"喉嚼薄荷糖，具蒸汽作用"的广告词，说出了产品能使受凉的鼻子和喉咙清爽异常的特性。广告推出后，喉嚼糖的市场销售量提高了47%，大大领先于其他厂家。再如，雀巢咖啡（如图2-5）根据咖啡消费者最重视滋味的特点，将其产品的USP选定为"味道好极了"。

### 2.2.2 CI理论

20世纪60年代中后期，随着科学技术的进步，新产品越来越多，市场竞争日趋激烈，大量模仿产品的出现使寻求"独具的销售说辞"变得越来越困难。任何一种产品畅销都会导致其他企业蜂拥而至，产品之间的差异变得越来越难以区分。在这种情况下，一个企业在市场中的生存和发展，只靠其某种独特商品已远远不够。许多企业发现，在推销商品时，品牌印象和企业名声比商品的特点更能吸引消费者。因此，一些成功的企业开始通过广告宣传和其他促销手段来提高企业知名度，创立名牌商品，以推动商品的销售。这时，市场从"产品至上"时代走出，进入"形象至上"时代，产生了新的广告理论即CI理论。

**1. CI的含义**

CI是Corporate Identity的缩写，其英文字面含义是形象识别，但从其包含的内在实质来看，CI应是指通过确定企业宗旨、规范企业行为、设计企业统一视觉识别系统而形成的对企业形象的总体设计。

CI 的产生和应用可以追溯到第一次世界大战前，当时德国的 AEG 电器公司把设计师彼德·贝汉斯设计的商标应用在系列化的产品上，这一设计和实施厂牌识别标志的举动，开启了统一视觉形象的先河。第二次世界大战后，随着国际经济的复苏，工商业获得长足发展，各行各业的营运范围日益扩大，企业经营面向多角化、国际化。此时，CI 理论开始形成，美国的一些企业通过精心设计的企业视觉形象识别，建立起既显示企业主体意识，又具有独特理念、独特行为和独特形象的具有差异性风貌的企业形象。例如，美国的国际商用机器公司（IBM）于 1950 年率先全面导入 CI 计划，将产品识别标志和企业识别标志两者统一起来，使精心构思设计的蓝色标志 IBM 出现在多种信息传播媒体上，为塑造今天的"蓝色巨人"奠定了基础。

**2. CI 的构成要素**

最初的 CI 主要强调视觉识别系统，即运用视觉传达设计方法，向社会传递企业形象和品牌信息。后来，日本学者将 CI 理论进一步扩展和完善，使之成为一个系统，所以又称 CIS（Corporate Identity System）。

CIS 设计就是将企业经营理念与精神文化、组织行为方式和外在形象，通过一整套传播系统传递给消费者，从而获得一种亲和力和认同感。它是由三个子系统所组成的，如图 2-6 所示：

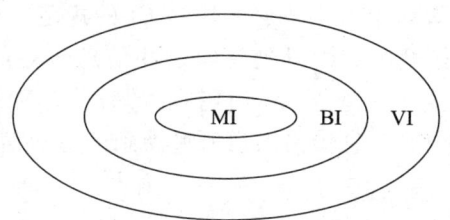

**图 2-6 CIS 的子系统**

（1）企业理念识别系统（Mind Identity，简称 MI）。它是指企业宗旨、企业精神、企业哲学，是 CI 的核心。作为企业经营理念，应该具有鲜明的特色，体现出企业的内在本质，并且能够用比较确切的文字和语言描述出来。例如：日立公司的"新技术的日立"；菲利浦公司的"让我们做得更好"；中国中铁公司的"勇于跨越，追求卓越"等。

（2）企业行为识别系统（Behavior Identity，简称 BI）。它是指在企业理念指导下所形成的一系列行为规范，一般通过经营活动规范和一些特殊活动（如公益、公关、促销、文体活动等）把企业和品牌的形象动态地加以表现。

企业行为分为两个方面，一是企业作为一个整体、一个社会组织所表现出来的行为；二是企业的每个成员所表现出来的个人行为。企业所做的每件事都是企业行为的具体表现，能够表现出这个企业的精神风貌和内在本质。作为企业的每个成员，其个人行为已不再是纯粹的个人行为，而是整体企业行为的一部分，因此，也应包括在企业行为范围内。

CI 要求对企业行为必须规范管理，这样，既有利于企业形象的树立和识别，也有利于体现企业的内在本质。例如，著名的麦当劳餐馆在全世界有无数分店，但都有共同的行为规范，通过这些共同的行为规范，顾客无论进入哪一家麦当劳餐馆，都可以享受到同样的产品和服务。

（3）企业视觉识别系统（Visual Identity，简称 VI）。它是企业形象视觉化的传达方式，其识别表达形式最多、层次最广,效果也最直接。

由于企业本身是一个信息发生源,每时每刻都通过各种信息载体向大众传达大量的信息,在这些信息中,又以视觉信息为主。因此,通过 VI,统一设计经由各种载体向公众传达借以识别企业的视觉形象,就成为 CI 的重要组成部分。例如,麦当劳在全世界的每个分店都有着共同的店容店貌,使人们无论何时何地,只要一看到 M 型的金黄色圆拱标志,就能够识别出是麦当劳的一家分店。

CIS 就是上述三个要素组成的一个有机的整体,即企业形象总体设计。在 CIS 中,MI 是核心,是整个 CIS 的灵魂;BI 是由 MI 所决定的企业法人和企业自然人的行为规范,因而是 CIS 的基础;VI 是由 MI 和 BI 所决定的在企业一切内外传播工具上所使用的统一的视觉形象,是 CIS 的关键。

**3. CI 理论对广告的指导作用**

CI 理论作为广告的理论基础,对广告提出了新的要求,主要表现在:

(1) 在指导思想上,广告必须服从 CI 的要求。由于 CI 是关于企业形象的总体设计,它所确定的企业哲学理念、经营理念、文化理念、美学理念,以及企业的各项行为规范和视觉形象设计的指导思想,是广告设计所必须遵守的。因为广告也是企业向外传播信息的工具之一,必须遵循 CI 所确定的原则。

(2) 在信息传播的外在要素上,广告必须服从 CI 的规范。广告设计中所使用的企业名称、标志、字体、色彩、编排规则和编排禁忌等这些信息传播的外在要素,必须要服从 CI 设计的规范。因为 CI 正是通过对这些要素进行精心的设计,并在使用中采用统一的要求和规则,才能使公众通过各种企业信息传播渠道所接受到的企业信息保持着共同的特征。

---

**同步案例 2-3**

### 麦当劳的视觉识别

**背景资料:**

麦当劳在全世界的每个分店都有着共同的店容店貌(如图 2-7),使人们无论何时何地,只要一看到 M 型的金黄色圆拱标志,就能够识别出是麦当劳的一家分店。

麦当劳的视觉识别独具特色,企业标志是弧形的 M 字,以黄色为标准色,稍暗的红色为辅助色,标准字设计得简明易读,宣传标语是:"世界通用的语言:麦当劳。"这个标语没有设计成"美国口味,麦当劳",实在是麦当劳成功之处。

麦当劳的视觉识别中,最为经典的是黄色标准色和 M 字形的企业标志。黄色让人联想到普通的价格,而且在任何气象状况或时间里黄色的辨认性都很高。M 型的弧形图案设计

图 2-7 麦当劳的金黄色圆拱

非常柔和,和店铺大门的形象搭配起来,令人产生走进店里的欲望。从图形上来说,M 型标志是很单纯的设计,无论大小均能再现,而且从很远的地方就能识别出来。

(资料来源:根据有关资料整理。)

**问题：**

麦当劳的视觉识别有何优势？该案例对你有何启发？

**分析提示：**

麦当劳的视觉识别以形象吸引力取胜，极具穿透力与诱惑力。

以企业识别标志为中心的企业识别，塑造和传播了企业整体形象，反映和浓缩了企业整体形象。不仅把同类企业及其产品从根本上既迅速又准确地辨识、区别开来，而且发挥了品牌产品辨认性攻心制胜的形象营销、形象竞争作用，对满足市场需求和开拓市场具有重要的作用。

### 2.2.3 现代广告定位论

进入20世纪70年代，随着高新技术的不断开发和利用，产品更新换代速度加快，市场竞争更为激烈。广告设计只强调商品的性能特点、顾客可得到的利益或企业及品牌印象，已不足以对抗并赢得竞争，也不足以吸引消费者。与此同时，铺天盖地的广告信息越来越成为一种"公害"，引起消费者的厌恶和摒弃。如何使广告真正击中消费者，从心理上征服他们，便成为广告业和广告主着重思考的一个课题。在这种背景下，定位理论被提了出来。

所谓广告定位，就是根据企业的定位策略，通过广告突出强化企业、产品和劳务中符合市场消费者需要的某些特征，从而确立企业在广告竞争中的有利位置，树立良好的企业形象和品牌形象。

定位理论强调通过突出产品符合消费者心理需求的鲜明特点来确定品牌在市场竞争中的方位，以方便消费者处理大量的产品信息。定位理论的提出，为企业开展营销和广告活动提供了有力指导，并使许多广告运动变得富有成效。

广告定位的方法有很多，大体上可分为实体定位和观念定位两大类。

**1. 实体定位法**

实体定位就是指在广告宣传中，以产品的质量、性能、用途、造型、价格、包装、服务、运送、维修等某一方面的独特性来定位。强调广告产品与同类产品的不同之处和所带给消费者的更大利益，突出产品的新价值。具体地，实体定位的方法有以下几种类型：

（1）功效定位。功效定位是在广告中突出宣传商品的特殊功效，使该商品与同类商品形成明显区别，以增强竞争能力，也就是商品特性对消费者利益的定位。例如，美国宝洁公司为其生产的海飞丝、飘柔和潘婷这三种洗发水做广告时，其广告定位就是依据各品牌的不同功效：飘柔定位于"洗发护发，双效合一"；海飞丝定位于"止痒，去头皮屑"；潘婷定位于"从发根到发梢营养头发"。正是不同的功效定位，满足了不同的消费者需求，因而赢得了广阔的市场空间。

（2）品质定位。品质定位是指通过广告强调商品所具有的与众不同的优良品质。它通过突出品质，培养消费者的信赖感，激发其购买欲望。例如，康师傅方便面的广告定位于"香喷喷，好吃看得见"；乐百氏纯净水的广告定位于"二十七层过滤"。这两则广告采用品质定位的方法，给消费者留下了深刻的印象与好感，获得了很好的宣传效果。

（3）价格定位。当广告宣传的产品在品质、性能、造型等方面与同类产品相差不大时，可采用价格定位的广告来争取消费者，增强竞争力。

价格定位可分为高价定位和低价定位两种。例如，快乐牌（JOY）香水广告"世界上最贵的香水只有快乐牌"，定位于高级品；广东海马牌床单广告"海马牌床单，打破平价无好货的定律",定位在普通品。通常,高价定位多用于汽车、家电、化妆品等高档商品;低价定位则常适用于竞争激烈的商品。

**2. 观念定位法**

商品提供给消费者的价值,既有硬性商品价值,又有软性商品价值。硬性商品价值是指商品提供给消费者的实际功能;软性商品价值则是指商品能满足消费者感情需求的附加功能。这种附加功能是由商品本身延伸出的一种观念,是人们购买商品时的一种感受、一种希望、一种梦想。正如一位广告人所说:"对于妇女,卖给他们的不是鞋,而是漂亮的脚。"

所谓观念定位,就是突出商品的新意义,改变消费者的习惯心理,树立新的商品观念的广告定位方法。观念定位的方法有以下几种:

(1)逆向定位。逆向定位是相对于正向定位而言的。所谓正向定位,就是以突出广告商品的优异之处进行定位。逆向定位则是借助于有名气的竞争对手的声誉来引起消费者对自己的关注、同情和支持,以便在竞争中求得一定的市场份额的广告定位方法。如美国艾维斯出租汽车公司的广告:"与哈茨公司相比,我们处于第二位,因此,必须以提供更好的服务迎头赶上";广州绿卡牌中华鳖精的广告语"与著名马家军绝无关系"。这些广告都因为恰当的逆向定位而赢得了成功。

值得指出的是,逆向定位难度较大,虽然勇气可嘉、诚实可信,却容易使消费者响应广告中的劝说而购买对手的商品。因此,这种方法多用于针对一些文化程度较高的广告对象。

(2)区别定位。当一种强大的品牌已成为某类产品名称的代表或替代物时,必须给公司真正成功的新产品以一个新名称,使定位对象与竞争对象相区别,并确立与竞争对象的定位相反的(否定的)或可比的定位概念。区别定位实际上是在广告中注入一种新的消费观念。例如,白酒本是一种食品,孔府家酒将自己定位在思乡,人为地创造出一种新的消费观念。曾几何时,国际影星王姬在"孔府家酒"广告中,一句"孔府家酒,让人想家"的广告词,吸引了海内外亿万华人,令人难忘,据此使其与其他白酒相区别。又如,在化妆品竞争异常激烈的市场上,"永芳"将自己定位在"世界淡妆之王",深受白领女士的喜爱。

(3)流行观念定位。流行观念定位是以社会流行观念创造出商品的附加功能,以迎合广告对象消费心态的广告定位方法。流行性是现代社会的一大时尚,迎合流行趋势的广告定位,往往能赢得良好的效果。例如,箭牌口香糖针对口味各异的四种品牌(绿箭、白箭、黄箭、红箭),除了在包装上加以区分外,又利用社会上流行的色彩观念,赋予各种口味颇有创意的附加功能。其广告定位如下:

- 绿箭是"清新的箭",以清新香醇的口味,令人从里到外清新舒畅。
- 红箭是"热情的箭",以独特的口味使你散发持久的热情。
- 黄箭是"友谊的箭",可以缩短距离,打开友谊的门扉。
- 白箭是"健康的箭",运动有益身心健康,每天嚼白箭口香糖,"运动你的脸"。

正是这些既新颖独特,又符合社会流行观念的广告定位,使箭牌口香糖在市场上畅销不衰。

(4)重新定位。重新定位是打破产品在消费者心智中所保持的原有位置与结构,使之按照新的观念在消费者心智中重新排位,以创造一个有利于自己的秩序的广告定位方法。例如,原为女士烟的万宝路香烟采用西部牛仔形象进行广告宣传,实现了目标受众的重新定位;美国一种香橙汁饮料,通过广告"它不再只限于早餐饮用"进行重新定位等。

### 同步案例 2-4

#### "非可乐型"的定位

**背景资料：**

"非可乐型"的定位策略，源于美国的七喜饮料的广告定位。当时，美国的饮料市场早已被可口可乐、百事可乐等饮料所垄断，七喜饮料厂家进行了缜密的市场调查和分析后，创造性地提出了一个新的经营观念，即把饮料市场分为"可乐型"和"非可乐型"。七喜汽水则以"非可乐型"饮料的代表出现，其广告词是"七喜、非可乐"。这句话的高明之处是重新区划了市场，确定了自己产品的市场地位。七喜饮料以市场黑马的形象给消费者留下了极大的想象空间，同时，这句广告词艺术地说服消费者把七喜汽水看作是可乐饮料之外的第一选择："不是可乐，就是七喜"，"如果想换口味，请首选七喜"。七喜汽水通过准确的广告定位，成为人们选择可乐以外的第一选择，销量直线上升，也打破了可乐型饮料在市场上一统天下的局面，成功地站稳了脚跟。

（资料来源：纪也宜、王美玲．浅谈受众心理与广告定位．新闻界，2005（5）．）

**问题：**

"非可乐型"的定位属于哪一种广告定位策略？七喜汽水为什么能取得成功？

**分析提示：**

"非可乐型"的定位属于区别定位。七喜汽水的成功得益于创造性地提出了一个新的经营观念，即把饮料市场分为"可乐型"和"非可乐型"，重新区划了市场，确定了自己产品的市场地位。

### 同步实训 2-2

#### 广告定位分析

[**实训目标**]

提高学生对广告定位的鉴别与把握能力。

[**实训内容**]

以小组为单位分别收集 2—3 个文案广告与电视广告，分析其广告定位，得出具体结论。

[**实训操作**]

(1) 首先让学生明确广告定位的方法。

(2) 将全班学生每 5—6 人分为一组，并选出小组负责人。教师说明训练内容及成果要求。

(3) 每个小组通过查找 2—3 个广告，收集相关资料。

(4) 分小组写出分析报告，由小组负责人进行口头或书面汇报。

[**成果要求**]

(1) 每个小组撰写出《广告定位分析报告》。

(2) 每人写出实训体会。

(3) 依小组的活动情况、分析报告给小组评估打分。
(4) 依个人的实训体会和所在小组得分为每位学生评估打分。

## 本章知识脉络

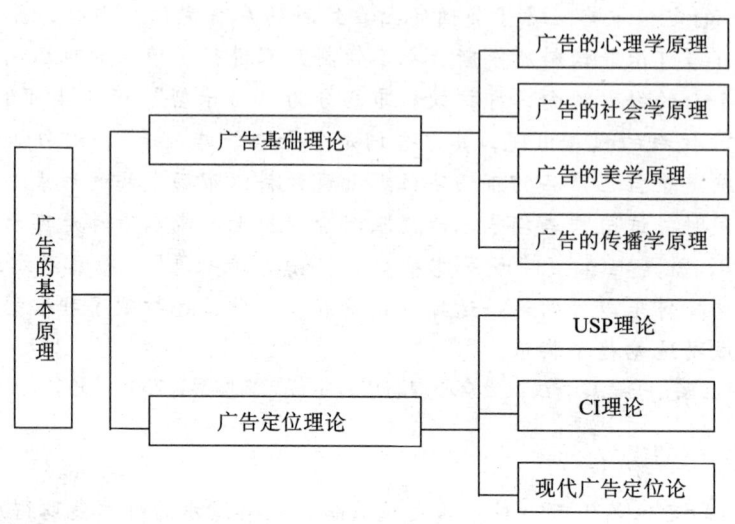

**本章导入案例点评：**

1. "德芙"巧克力的广告突出了推广主题"美味和精神的双重享受"，在传播上尽量凸现"发现新德芙，愉悦心惊喜"。因此，科学的广告定位为提高"德芙"巧克力的促销效果奠定了基础。

2. "德芙"巧克力的广告定位属于品质定位。通过广告强调商品所具有的与众不同的优良品质——"牛奶香浓，丝般感受"，使该商品与同类商品形成明显区别，从而增强了竞争能力。

## 思考与练习

**1. 理论题**

**(1) 单选题**

①根据社会学理论，广告的基本特征是（　　）。
A. 针对性　　　　　　　　　　B. 真实性
C. 思想性　　　　　　　　　　D. 群众性

②在 CIS 中，作为核心的是（　　）。
A. CI　　　　　　　　　　　　B. BI
C. MI　　　　　　　　　　　　D. VI

③海尔空调的广告称"海尔，世界的海尔"，这属于广告定位的（　　）。
A. 功效定位　　　　　　　　　B. 品质定位
C. 价格定位　　　　　　　　　D. 区别定位

**(2) 多选题**

①下列内容中,属于广告艺术表现手段的是(　　)。
A. 语言文字　　　　　　　　B. 图像
C. 声音　　　　　　　　　　D. 劳务
E. 动画

②USP 的基本构想包括(　　)。
A. 独特性　　　　　　　　　B. 销售观
C. 生产观　　　　　　　　　D. 劝说力
E. 媒体观

③广告的观念定位法包括(　　)。
A. 功效定位　　　　　　　　B. 品质定位
C. 逆向定位　　　　　　　　D. 区别定位
E. 流行观念定位

**(3) 判断题**

①消费者的先验心理对服装、化妆品等没有作用。　　　　　　　　　　(　　)
②广告要发挥其教育功能。　　　　　　　　　　　　　　　　　　　　(　　)
③因为广告都很短,广告记忆在消费者的心理活动中作用不大。　　　　(　　)
④企业行为识别系统(BI)是 CIS 的基础。　　　　　　　　　　　　　(　　)

**(4) 简答题**

①为什么说广告既是一门科学又是一门艺术?
②CI 理论对广告有何指导意义?
③举例说明广告定位的方法。

**2. 实务训练题**

**【案例分析1】**

**案例资料:**

公益广告——爱的表达式(Family)

《爱的表达式》(Family)荣获了 2011 年度公益广告创意大奖。广告内容如下:Family 就是"家"的意思,广告从字面意思出发首先阐述了家的含义。F 代表了 Father 爸爸,M 代表了 mother 妈妈,I 则代表了自己。

《爱的表达式》(Family)分为 3 个阶段:

当"我"还是一个婴儿的时候,爸爸便开始撑起家,为整个家遮风挡雨,撑出一片天。妈妈在舒适美好的环境下,哺育孩子,哄孩子入睡。字母延伸变化形象地表现了完整家庭的美好而和谐。

当"我"渐渐长大,开始有自己的想法,这些想法是那样幼稚而不成熟,开始厌烦了爸妈的束缚和管教,开始一次次地让爸妈生气,让爸妈失望。

在我一次次的叛逆下,自己长大了,开始明白生活的心酸。这个时候我才发现父母已经不再如当年,他们没有了往日的容颜,开始白发苍苍,弯腰驼背。我才明白我肩上的责任,开始给父母亲肩膀,让他们依靠,开始为整个家遮风挡雨。广告到这儿也进入了高潮,背景音乐逐渐温暖,又进入一家人风雨过后温馨的时光,触动心,触动爱。短短几分钟的广告,却似乎体现了一个人的一生,表明"家——有爱就有责任",有责任才会让家更加充满爱。

(资料来源:根据有关网络资料整理。)

**设计问题:**
(1)《爱的表达式》(Family)的成功之处在哪里?
(2) 按照心理学原理,情感、温暖与感动等元素有何意义?

**【案例分析2】**
**案例资料:**

## 豪马克贺卡:整合消费者营销

在美国,豪马克公司的品牌广告和节目赞助是人人皆知的。多年来,公司主要依赖大众传媒电视和印刷广告,宣传"当你关心时就请送上最衷心的祝福"。顾客会定期收到含有关于新产品信息的公司专用邮件,附有优惠券和小奖品。公司还赞助了评价颇高的《豪马克名人堂》电视特别节目,用以加强其有益于健康、面向家庭的形象。豪马克公司已经把自己从一个做传统广告的公司转变成一个整合营销传播的带头人。豪马克现在利用精心设计的网络电视、印刷广告、随报附赠的优惠券、商场促销、销售点资料和直销等的组合,吸引了顾客光临它的5000个商场。

(资料来源:根据有关资料整理。)

**设计问题:**
(1) 美国豪马克公司是如何开展整合营销传播的?
(2) 请你为世界零售巨头沃尔玛在本市的连锁店设计一个简单的整合营销传播方案。

## 业务模拟训练

## 广告心理效果分析

**训练目标:**
培养学生认知与分析广告心理效果的能力。

**训练内容:**
以小组为单位分别收集一个化妆品、食品、药品广告资料,按照心理学原理对其广告进行分析,得出分析结论。

**训练操作:**
(1) 首先让学生明确广告心理学的基本原理。
(2) 将全班学生每5—6人分成一组,并选出小组负责人。
(3) 小组根据要求进行分工。
(4) 小组长带领小组成员收集一个化妆品、食品、药品广告资料。
(5) 小组长组织小组成员对广告资料进行整理、分析,得出分析结论。

（6）对同学们的分析进行总结。

**成果要求：**

（1）每个小组撰写出《××广告心理学原理分析报告》。

（2）每人写出实训体会。

（3）依小组的活动情况、分析报告给小组评估打分。

（4）依个人的实训体会和所在小组得分为每位学生评估打分。

# 第3章
# 广告策划

**学习目标**

**知识目标**：认识广告调查的内容、广告目标、广告战略的概念与主要内容；明确广告调查的组织与实施要求，广告主题策划的内容与要求；了解广告预算的依据。

**能力目标**：掌握广告调查、广告预算的基本方法，认识广告策划书的结构与要求；培养学生审阅广告策划书的基本能力，使学生能够开展广告调查，参与和分析广告策划，能够编制简单的广告预算。

**导入案例**

## "30天提高记忆商数18.52——脑灵通"

在高考制胜时代，对考生消费市场的争夺无疑十分激烈。

脑灵通是广州轻工研究所研发的健脑保健品，借助广告的推介，其"30天提高记忆商数18.52"可谓家喻户晓，产品销售获得了成功。脑灵通的成功之处在于大胆突破常规的健脑益智产品的做法，走细分市场之路，避开当时强劲的对手（脑轻松），集中火力攻打考生市场，与对手打贴身战，巧妙地夺取了市场份额。

此整体策划分三个阶段在考生中进行推广：首先以"30天提高记忆商数18.52"为利益承诺点，并借此推出"脑灵通成龙工程"，一举打响脑灵通的知名度；其次，加强产品与考生、考生家长之间的沟通，使产品具有亲和性，使消费者与购买者对产品产生好感；最后，以证言式、新闻式广告出击，给考生信心，为考生加油！

不到3个月，脑灵通从一个新品牌快速成长为市场的竞争品牌，一段时间内使脑灵通成为广州、深圳两地指名购买率最高的健脑产品，销售回款（深圳、广州）倍增。

（资料来源：根据百度文库资料改写。）

脑灵通的广告告诉我们，科学的广告策划对营销空间的拓展具有重要意义。在市场经济条件下，面对日趋复杂的市场变化以及日趋激烈的广告竞争，一项广告活动的开展，要从市场调查入手，通常必须通过对广告市场、广告对象、广告媒体等的有效调查，充分了解市场情况、消费者情况、竞争对手情况，才能有效地确立广告目标和方式，制定科学的广告计划，从而确保广告策划的成功。

## 3.1 广告调查

广告调查通常是指和广告有关的部门或单位,为了编制广告计划,掌握广告设计资料,检验广告效果,实现广告目标,广泛收集相关信息的行为。从广义上讲,广告调查是指广告活动中所谓的搜集、运用材料的行为;从狭义上讲,广告调查是指采用科学的方法,按照一定的程序和步骤,有目的、有计划、系统地搜集、分析有关消费者、产品与服务、企业形象以及广告效果等方面信息的行为。正因为广告调查是广告策划的基础,所以,学习与研究广告策划要从广告调查入手。

### 3.1.1 广告调查的内容

广告调查的内容通常因不同的广告而有所区别,但总体来看,主要有环境调查、消费者调查、产品调查、媒体调查和广告效果调查等。

**1. 环境调查**

广告的环境是指广告活动所处的总体环境,是影响与制约广告活动的各种宏观环境与微观环境因素的综合体。宏观环境因素包括政治环境、法律环境、经济环境、文化环境、科技环境;微观环境因素包括社区、公众与团体、企业的经销商、竞争对手等。无论宏观环境还是微观环境,都会对广告活动施加不同的影响,因此,广告策划之前必须进行环境调查。通过调查,摸清影响广告活动的有关政策法规、经济发展水平、社会文化背景、自然环境条件、科学技术水平、目标公众或团体状况、经销商构成及竞争对手分布等情况,为企业的广告决策提供依据。

**2. 消费者调查**

消费者调查是对消费者的群体范围、性质、消费需求、消费动机和消费习惯等方面进行的调查。具体内容可视生产消费者与生活消费者而不同。对于生产消费者,主要应调查其生产规模、生产经营要求、质量与价格水准、购买决策方式等。对于生活消费者,则应调查其性别、年龄、收入、文化程度、民族与宗教信仰、职业、兴趣爱好、购买动机、购买习惯等情况。由于市场竞争激烈,不同企业之间的竞争都是围绕消费者需求进行的。因此,消费者调查就显得十分重要。

**3. 产品调查**

产品调查是指对广告产品及市场同类产品的生产工艺、产品特性、市场销售态势等方面进行的调查。生产工艺调查有利于掌握产品的工艺流程、质量特点及产品生产的发展过程,为把握产品特性,制定产品的广告策略提供依据。产品特性调查主要调查产品外观、产品类别、产品配套、产品服务和产品市场生命周期等内容,为确立广告产品的目标市场、进行广告定位和确定广告宣传的重点提供指导。市场销售态势调查旨在了解与研究产品销售的地区分布、时间分布和消费者阶层分布,分析与总结以往的销售政策,从而为确定广告宣传和产品促销的重点地区提供帮助。

### 4. 媒体调查

广告媒体调查，是指对广告信息借以传播的物质技术手段的性能所做的调查，包括各种媒体的特征、效能、对象、覆盖面及收费标准等方面的调查。具体见表3-1。

表3-1　　　　　　　　　　广告媒体调查的内容

| 媒体类别 | 媒体形式 | 调查内容 |
| --- | --- | --- |
| 印刷类媒体 | 报纸、杂志 | 种类与特点、发行量与读者层、成本 |
| 电子类媒体 | 广播、电视、互联网 | 覆盖域、视听率、视听阶层构成 |
| 其他媒体 | POP媒体、DM媒体、交通广告媒体、户外广告媒体等 | 功能、特点、影响范围、广告费用 |

### 5. 广告效果调查

广告效果是广告主广告投资的效益体现，是广告活动的重要组成部分，也是广告调查的一项重要内容。

广告效果调查是指对某一产品或企业的广告活动所引起的影响的调查，分事前调查、事中调查和事后调查。事前调查是指在广告活动开展前对广告对象的小范围调查，以便指导广告设计。事中调查是指从广告作品正式发布到广告活动结束之前的广告效果调查，以了解广告作品和广告媒体组合的科学性。事后调查是指事后对广告效果的全面评估。

#### 3.1.2 广告调查的方法

广告调查的方法是指调查者在实际调查过程中获取所需信息资料的具体方法。从获取信息资料的手段看，广告调查的方法主要有实验法、观察法、询问法、问卷调查法和资料研究法。

**1. 实验法**

实验法是起源于自然科学的实证方法，主要是通过小规模实验来了解商品销售情况及其消费者评价意见的调查方法。广告调查中的实验法主要有产品实验和销售对比实验。

（1）产品实验。投放市场销售的产品种类繁多，但各具特点，并经常通过自身的某种形式（如色泽、风味、规格、重量等）在市场上表现出来。产品实验的目的，就是要查证哪种形式对产品在当地市场扩大销售的影响力最大。赠送使用试验、举办产品展览会是常用的产品实验法，其实质都是"赠送试用"。在展览会期间，全部产品在展览大厅内分类陈列，并有计划、有组织地邀请当地各种类型的消费者参观评价。在每一位消费者对产品作现场评价后，再由大会免费赠送部分产品，要求其在试用一段时间（一般为一周）后，详细填写一份预先印好的调查问卷，再将全部问卷集中，汇总分析，以便从中引出结论。

（2）销售对比实验。销售对比实验是将少量产品分别投放到某些具有代表性的有广告和无广告的市场上进行试销，从中了解组织大量销售应具备的条件与手段，其实质是通过实验结果的比较分析了解控制变量对市场的影响。销售对比实验可选择商店试销、城镇试销和地区试销等方式。

**2. 观察法**

观察法是指广告调查人员利用仪器或直接对被调查对象进行观察来获取资料的一种方

法。采用观察法进行广告调查时,由于调查人员不与被调查者直接接触,因而被调查者的真实情况得以展现,不存在主观的故意,使取得的资料具有较高的准确性和可靠性。但是,观察法只能了解到被调查者的表面行为,无法了解到深层次的情况,因而这种调查方法又具有一定的局限性。在实际调查中,可将此方法与其他方法结合使用。

**3. 询问法**

(1) 人员走访。人员走访又称走访调查,是指广告调查人员直接询问调查对象,通过与有关人员的有目的交谈,从中了解和搜集所需要的资料。无论什么内容的调查,人员走访通常被认为是获取调查资料的最可靠的方法。在使用这种方法时,要求调查人员既要适当地提出问题,又要仔细地观察对话人的反应,在综合分析的基础上形成结论。

(2) 电话访问。现代通信条件为电话访问提供了基础,使得电话访问方便、快捷。电话访问主要用于了解对方业务范围、查询或核实某些简单数据资料、与对方进行初步联系和接洽。值得注意的是,电话访问由于无法观察对方的反应,可能使调查资料的实用性打折扣。

(3) 集体会谈。集体会谈是指由调查者根据调查目的、内容与要求,邀请有关调查对象进行集体座谈,就调查者提出的问题展开自由讨论,由调查者集中、整理调查对象的意见。

**4. 问卷调查法**

问卷调查是广告调查常用的方法,是指调查者事先设计好调查问卷,按随机原则选定一定数量的调查对象,由调查对象回答,然后通过统计分析得出调查结果的一种调查方法。实际工作中,按照调查的组织方式,主要有三种问卷调查:

(1) 邮寄问卷询问法。它是将设计好的问卷或调查表直接邮寄给调查对象,请调查对象在规定期限内寄回填好的调查问卷。其优点是调查的面广、费用低,调查结果比较客观。缺点是存在回收率低、对问卷理解错误等问题。因此,通常与其他方法配合使用。为了提高问卷的回收率和被调查对象的积极性,往往将其与售后服务、质量跟踪调查、抽奖活动等联系在一起,也可以辅之以附赠邮票、优惠券、小礼品等方式。

(2) 媒体问卷征答。它是将拟定的问卷或问题刊登在有关印刷媒体上,或置放于企业的网页上,由读者进行回答。由于印刷媒体征答需要回寄调查问卷,而网上调查相对快捷方便,所以,网上征答应大力推广。媒体问卷征答同样存在调查范围广,费用相对较低的优点和问卷回复率较低的缺点。为此,在采用这一方法时,一要根据调查目的和对象正确选择媒体;二要采取必要的措施,如有奖征答等,调动被调查者的积极性。

(3) 人员上门征答。它是由调查人员携带调查问卷,亲自上门,请调查对象填写问卷,从而搜集信息资料。征答可以个别一一征答,也可以组织集体式征答。这种方法能有效克服问卷回收率低和问题理解错误的问题,但调查工作量大、成本高,有时还会遭到拒答。为此,实施这一方法时,调查人员要注意与被调查者的沟通,尊重被调查者,赢得被调查者的支持。

**5. 资料研究法**

资料研究法又称文献分析法,是利用内外部的二手资料,运用统计方法,对调查项目进行分析探究的一种调查方法。资料研究法的使用主要适用于企业无法得到有关资料或者企业不需要开展直接调查的情况。例如,人口资料是广告调查所必需的,可直接利用国家人口普查的资料；居民储蓄存款数据是从个人那里无法得到的，可以利用金融机构提供的资料。资料研究法具有简便易行、资料全面、费用低的优点，但有些资料的获取可能比较困难，同时，由于是二手资料，时滞性在所难免，主要是供参考。

### 同步案例 3-1

广告调查问卷

**背景资料：**

某服装公司生产圆梦牌系列服装，为了科学安排广告活动，组织开展广告调查，设计了如下的调查问卷：

---

尊敬的先生/女士：

您好！感谢您接受我们的访问！您所填写的这份问卷是调查广告对大众的生活、学习、工作、娱乐等诸多方面的影响及作用，收集的资料将用于对本公司服装广告发展方向的分析和预测。本次调查采取自愿、保密、匿名的原则，尊重受访者的个人隐私，故请您放心填写！

1. 您的性别？先生　女士
2. 您的年龄？20-30　30-40　40-50　50岁以上
3. 您的职业所涉及的行业领域？工业　农业　科技　文化教育　公共服务　其他
4. 您平常接触广告的主要方式？报纸　电视　杂志　广播　网络　户外广告
5. 您对服装广告的态度怎样？喜欢　讨厌　无所谓
6. 您见过本公司的服装广告吗？见过　没见过
7. 您认为服装广告应该突出什么？款式　色泽　品牌　价格　质量

……

---

**问题：**

某服装公司的广告调查问卷适合哪些调查组织方式？你认为该问卷还可以增加哪些调查项目？

**分析提示：**

某服装公司的广告调查问卷适合邮寄问卷询问法、媒体问卷征答、人员上门征答等多种调查组织方式。

该问卷还可以增加的调查项目可以包括：大众接触广告的时间、喜欢的形象代言人、对相关品牌广告的态度、相关品牌广告的优缺点等等。

### 3.1.3　广告调查的组织与实施

广告调查是一个系统工程。一次成功的广告调查，必须建立在科学组织和程序化推进的基础上。因此，要按照调查技术的要求，认真做好各个阶段的工作，提高调查工作的效率。

**1. 调查准备**

周密细致的准备工作是调查成功的基础。广告调查的准备工作包括调查方案的拟定、调查问卷的设计和调查对象样本量的确定等内容,如图3-1所示。

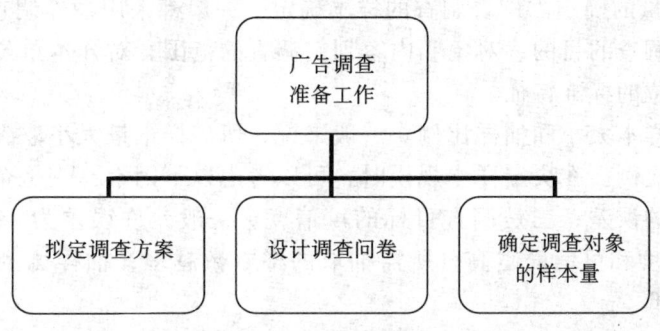

**图3-1 广告调查的准备工作**

(1) 拟定调查方案。调查方案是调查工作的行动指南,调查活动的过程实际上就是调查方案的执行过程。一份完整的广告调查方案,应包括下列主要内容:

①广告调查的目的。通常,广告调查的目的有四个:一是为编制广告计划、确定广告目标提供依据;二是为编制广告预算提供依据;三是为广告创作和设计广告、选择广告媒体提供参考资料;四是为了检验广告效果。

②广告调查的对象。调查目的不同,其调查对象也不同。由于各类公众的关注点不一,对企业的影响不同,企业应在深入了解对象群体的特点和关心点的基础上,明确向谁调查和由谁提供具体资料的问题。

③广告调查的项目。调查项目就是调查的基本内容,主要包括向调查对象了解哪些问题和各方面内容的比例。如果调查项目比较多,往往还要将项目细化为调查题目。

④广告调查计划。调查计划是调查工作的具体安排与打算,是调查方案的具体形式,其内容除了前述的调查目的、调查项目、调查对象外,还应包括调查方法、经费估算、调查日程安排等。

(2) 设计调查问卷。设计一份高质量的问卷,是实现调查目的的重要一环。调查问卷的功能在于:将所要调查的内容明确地传达给被调查者,设法取得对方的支持与合作,得到真实、准确的答案。问卷设计应把握以下内容:

①问卷的结构。问卷的结构通常包括问卷的名称、封面信(或问卷短语)、填答说明、受访者个人资料和问题等几个部分。

②问题的形式。问题的形式有两种,即开放式问题和封闭式问题。开放式问题不提供具体答案,由被调查者自由回答。封闭式问题提供可供选择的答案,由被调查者选择回答。其具体问题设计的形式有二项选择法、多项选择法、顺位法、漏斗法等。由于开放性问题和封闭性问题两种形式各有所长,一般问卷常常两种形式并用,但开放性问题不宜多,且常放在问卷的末尾部分。

问卷设计的注意事项如下:

①问卷头几个问题设置必须慎重,措辞考究、真诚。

②问题要准确、简明,文字通俗、确切,避免双重否定的复杂句式和诱发性问题。

③问题的顺序由浅入深排列,复杂性和敏感性问题放在后面。

④题量应控制在半小时内能完成,尽量减轻回答者的负担。

⑤问题设计不能超出调查对象的知识与能力范围,避免涉及社会禁忌和个人隐私等。

(3) 调查样本量的确定。广告调查的样本确定,一般都采用抽样调查方式。

第一,要根据调查的目的、对象和内容划定调查的范围,对样本单位标准做出明确的规定,即规定样本单位的标准特征。

第二,要确定样本大小和抽样比例。一般来说,所需样本量大小取决于调查结果的可靠性程度要求和抽样比例。在决定样本规模时,可以考虑以下因素:一是企业可以用于调查的经费;二是可允许的误差;三是调查目标的可信度。一般允许误差为4%—5%,可信度水平95%以上。精确度和可信度越高,所需抽取的样本数越多,抽样比例越高,反之,则样本数越少,比例越低。

第三,确定样本抽取方法。一是要确定是随机抽样还是非随机抽样,从科学性看,随机抽样是首选。二是在随机或非随机抽样方式下,到底采用哪一种或哪几种具体抽取方法。如随机抽样有简单随机抽样、机械随机抽样、分层抽样、分段随机抽样、等距抽样等;非随机抽样有方便抽样、判断抽样、自然抽样等。

**2. 调查实施**

调查实施是广告调查的执行阶段,即进行实地调查,收集、整理调查资料的过程。调查实施是广告调查成功的关键,涉及以下三个环节的工作内容:

(1) 调查人员的挑选和培训。实地调查往往是从人员的挑选和培训开始的。不同的调查,对调查人员的素质要求不一样,必需依据调查方案的要求,选择能与调查任务相匹配的调查人员。通常,对调查人员要求有高度的责任心和敬业精神、较高的文化素质和必要的专业知识,对调查工作感兴趣,能吃苦耐劳。企业可以据此从企业的内部或外部(如临时招聘大中专院校学生)挑选调查人员。对挑选的调查人员,要进行必要的培训和训练,使调查人员提高对调查的认识,理解与掌握调查的方法、技能。培训应在讲解的基础上突出操作训练,真正提高其调查能力。

(2) 资料收集。资料收集是由调查人员依照调查方案的要求从被调查者那里得到所需资料的过程。广告调查中,主要是依靠调查人员获取第一手资料,如寄发与回收问卷,进行实验记录、观察记录、询问记录等。同时,也可以通过收集内部资料、索取有关机构资料得到部分调查资料。一般地,收集资料应根据调查需要,遵循从内到外,从利用现有资料到实地调查的原则,以尽量降低调查费用。

(3) 调查资料整理。资料整理是收集资料的延续,具有重要意义。一般包括下列工作:

①原始资料的审核与编辑,即对广告调查资料的审查与去伪存真,并按照一定的逻辑顺序排列,进行数据换算或调整。

②各项指标的综合汇总,即把经过编辑选取的大量资料从形态上进行编组或按专题归档,使之成为可供备用的资料。

③备用资料的分类,就是对汇总后的资料进一步按小专题细分。通常可按数量、价值、时间等进行划分,如形成职工人数、客流量、人口、年收入、销售额等指标。

④制表,就是把有关调查资料用适当的图表展示出来,以便直观、简洁、形象地说明问题。

**3. 调查总结**

调查总结是广告调查的最后阶段,主要是对整理好的调查资料进行分析,撰写调查报告。

(1) 调查资料分析。资料分析的主要任务是利用调查资料与数据,去验证有关各种因素的相互关系和变化趋势,揭示发展变化的规律。通常要利用数据库和统计分析方法,使定量分析与定性分析相结合,进而得出全面的调查结论。

(2) 撰写调查报告。广告调查的结果,最终一般要用调查报告的形式展现,即调查报告是调查活动的成果。调查报告的格式一般由题目、目录、概要、正文、结论和建议、附件等几部分组成。其中,正文基本上应包括关于调查方法的说明,关于市场背景的介绍,关于调查的具体情况概要(状况、问题、原因等)。结论和建议则是写调查报告的主要目的,也是调查所要明确的主要问题。附件是指不包括在调查报告正文中,但与正文有关的说明与资料,如调查问卷、统计图表等。

## 同步实训 3-1

### 广 告 调 查

[实训目标]

提高学生的广告调查能力。

[实训内容]

以小组为单位开展调查活动,分别收集3个广告(电视广告、户外广告、报纸广告各1个),在此基础上对其进行分析,得出具体结论。

[实训操作]

(1) 首先让学生明确广告调查的基本方法。

(2) 将全班学生每5—6人分为一组,并选出小组负责人,设计广告调查问卷。

(3) 每个小组按照人员上门征答方式进行广告调查。

(4) 根据广告调查的问卷资料,形成500字左右的调查报告。

(5) 小组长汇报训练内容及成果。

(6) 教师对训练情况进行总结。

[成果要求]

(1) 每个小组撰写出3份调查报告。

(2) 每人写出活动的体会。

(3) 依调查报告与个人的活动体会为每位学生评估打分。

## 3.2 广告策划的内容

广告策划就是在广告调查的基础上对广告活动整个过程的谋划与决策。广告策划具有两方面的特征:一是事前的行为;二是行为本身具有全局性。因而,广告策划就是对广告进行事前性和全局性的谋划与决策。广告策划的特征表明,广告策划是决定广告成效的关键,没有经过精心策划的广告大多是盲目的。

广告策划一般有两类：一类是单独性的，即为一个或几个单一性的广告进行策划；另一类是系统性的，具有较大规模为同一目标而做的一连串各种不同广告活动的策划，即整体广告策划。个别广告策划，可以使个别的广告增强说服力，提高广告效果，顺利实现单个广告要达到的目的。但是，要从总体上实现企业的促销目标，使企业的产品、劳务在市场中占据应有位置，并从时间、空间上实现企业经营目标，只有个别的广告策划就不够了，往往需要一个系统的广告策划。因此，这里主要介绍整体广告策划。

整体广告策划建立在广告调查的基础上，内容包括广告目标策划、广告战略策划和广告主题策划等。

### 3.2.1 广告目标策划

广告目标是指广告所要达到的目的，即通过广告宣传要得到什么结果。广告宣传的最终的目标是在目标公众中提高广告产品或企业的知名度，树立品牌形象，促使消费者在购买同类商品时能够指牌认购和惠顾消费，从而达到扩大产品市场占有率，使公司获得更多利益的目的。具体到每一则广告或每一个企业的整体广告活动，其目标则呈现出多样性。

**1. 广告目标的类型**

（1）单一广告的目标。单一广告的目标比较简单，如开业公告、打折促销，通常单一广告至少可以达到以下 10 个目标中的一个：

①公告一个企业的开张、一种新产品问世、一种新服务；
②公告一种新的方法、技术改进、产品质量提高；
③公告某种商品或服务的价格变动；
④公告一种特殊的优惠；
⑤直接进行销售（广告上印有订单）；
⑥邀请消费者咨询；
⑦保持或提高知名度，让商标引人注意；
⑧挽回已失去了的销售；
⑨尝试去影响市场消费习惯；
⑩用广告测试媒体的传播效果。

（2）企业广告活动的目标。每个企业在不同时期的广告目标有所不同，常见的企业广告目标有以下几类：

①传播企业或产品的名声。通过广告，将企业及其产品或服务、品牌或商标传播给用户，使用户知道有这个企业和这种产品或服务存在。做这种广告的目的大多是让消费者知道企业或产品的名声，以便为人员推销开辟道路。例如，美国通用电器公司在《商业周刊》上的一个广告，其内容是："如果有一样东西给你比你的钱更多的价值，那就是通用电器公司的发动机。"广告中对发动机未做具体的描述，仅让用户知道这个公司有这种产品，其重点在于使用户对公司品牌有一个很好的印象，从而为产品推销打下有利的基础。

②提高用户购买兴趣。这种广告的目的，在于使用户看了或听了广告之后，对产品性能和特点有一个比较清醒的认识，激发起对这类产品的购买欲望。这种广告大多是介绍新产品、新技术、新服务。例如，"蒙牛"以"举起你的右手，为中国航天喝彩"的情感诉求，通过老、青、童三代不同的形象表现，更加直接地、全面地进入民众的日常生活，建立起了

一个鲜明的"健康奶"的品牌印象，赢得了一批忠实的品牌消费者。安徽美菱集团在全国率先推出美菱保鲜冰箱，其广告提出"美菱保鲜冰箱，带给你新鲜的世界"。对于所有冰箱使用者而言，大家都知道电冰箱的功能是冷冻冷藏，现在有了保鲜冰箱，其占有欲望很快就被调动起来，其冰箱的销量迅速扩大就是例证。这种以提高用户购买兴趣为目标的广告，为便于消费者购买，通常除了介绍产品的性能和特点外，还要把企业的联系方法讲清楚。

③改变消费者态度。有些企业或产品在用户中印象不好，希望通过广告把他们的态度改变过来，从而促进产品的销售，提高市场竞争能力。广告对于提高企业的知名度，提高消费者对企业的好感程度，改变消费者对某个企业或某种商品的看法，从一种品牌转向另一种品牌的消费等都可能发挥作用。广告主应根据经营战略的要求，根据企业形象的要求，在对消费者充分调查研究的基础上制定改变态度的目标。例如，过去消费者中只有5%的目标顾客对本企业有好感，要求经过广告后达到20%。

④直接达到促进销售的目的。广告的最终目的都是为了增加销售，如通过广告使人们对产品从认识发展到对它产生兴趣，再从兴趣发展到欲望，以致最后采取购买的行动。广告促进销售的目标，一般以一定时期内促进销售额增长程度来衡量。最简单的方法就是确定进行广告后，销售额在一定时期内的增长率。但是这种目标确定方法至少存在这样几个问题：首先，广告后的销售额是否增长，影响因素很多，如果一种商品对消费者已没有利益可言，广告也无法使其起死回生；其次，并不是所有的商品都可以用此法来测定广告目标，例如，知名度很高、销售额稳定的商品就难以判别；最后，这种只确定销售额指标的办法会产生广告的短期行为，如欺骗性广告。

⑤增强市场竞争能力。其目的在于加强产品的宣传竞争，提高产品的市场竞争能力。广告的诉求重点是宣传本产品较其他品牌同类产品的优异之处，使消费者认识到本产品的好处，以增强他们对广告产品的偏爱，指名购买，并争取使偏好其他产品的消费者实现偏好转移，转而购买和使用本企业宣传的产品。

**2. 广告目标的确定**

确定广告目标，应遵循下列原则：

（1）广告目标要符合企业的整体营销要求。广告活动不是独立的，而是企业整体营销活动中的一项具体工作，因而，广告目标必须在企业目标和营销目标的指导下制定，如图3-2所示。

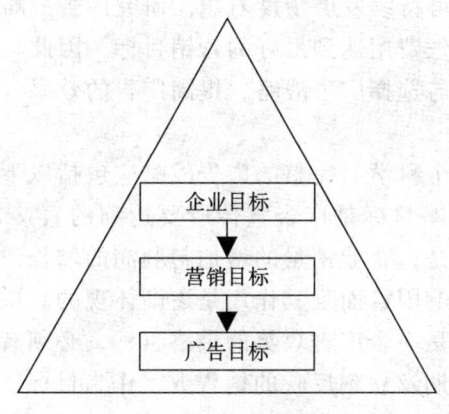

**图3-2 广告目标关系图**

企业的目标是赚取利润。营销目标是销售更多的商品，扩大市场占有率。广告的目标是通过宣传，在消费者中提高广告商品的知名度和喜爱率，促使消费者在购买同类商品时，能指名购买，达到扩大市场占有率的目标，从而使企业赚取更多的利润。

营销目标要服从于企业目标，而广告目标要服从于企业目标和营销目标的要求。如果某项广告活动，尽管达到了提高商品知名度的目标，但同时也使企业的形象或商品品牌的声誉受到损害，其结果还是违背了企业的整体利益。那么，这个广告目标也是不合适的。

(2) 广告目标要具体明确。因为广告目标是一切广告活动的核心目标，因此，广告目标必须具体明确，不能模棱两可。在进行广告策划时，要尽量将广告目标具体化。

例如，策划一个减肥茶的广告，在设定广告目标时，共有以下几方面内容：

- 市场：所有的成年消费者。
- 营销状况：在大多数人的心目中，减肥茶还不是令他们喜爱的饮料。
- 营销目标：一年间使减肥茶的消费量增加5%。
- 广告目标：在5年间，使消费者对减肥茶的喜爱率由目前的20%提高到50%。

从这个例子可以看出，广告目标所要达到的期限、效果等非常确定。不同的企业、商品，在设定广告目标时，形式上可能有所不同，但都应力争做到具体化，使广告目标可以被测量。如规定广告的视听率、阅读率、知名率、理解率、记忆率、喜爱率等。

(3) 广告目标要单一。在一次广告活动中不能追求多个目标。目标多，广告活动就难以收到应有的效果。追求多目标，实际上就是不分主次，不知道广告活动的根本点在哪里。目标单一，当然也并不排斥其分目标或短期目标的确定。

(4) 广告目标应有适当的期限。广告目标既不能是暂时的、一时一事的目标，也不能永远只是一个目标。在广告目标实现过程中或期限内，若发现选定的目标不准，或内外环境发生了变化，都需要及时调整或更换广告目标。但要注意保持广告目标的相对稳定性。

(5) 广告目标应当切实可行。在确定广告目标时，必须考虑广告目标的可行性，要从实际出发，认真考虑主客观条件的限制，既不能把目标定得过高，无法实现，也不能定得太低，有损于广告主的利益。因此，广告目标应当建立在切实可行的基础上。

### 3.2.2 广告战略策划

广告战略是广告主从全局出发制定的广告活动的总方针和总体部署。它以战略眼光考虑企业的长远利益，从企业的可持续发展角度着想。研究广告战略的目的是为了提高广告的宣传效果，使企业以最低的广告费用达到最好的营销目标。因此，企业必须依据广告调查的情况和广告目标，科学地设计与选择广告战略，提高广告的效果。

**1. 广告战略的设计**

一般地，设计与选择一个科学、完整的广告战略应包括以下几个内容：

(1) 确定战略目标。战略目标是广告宣传所要达到的直接目标。广告最普通的目标就是增加销量、增加利润。但是，企业销量的增加与利润的增长，往往是多因素综合作用的结果，广告只是其中的一个影响因素而且其作用是逐渐体现的。广告的战略目标主要是广告的促销成果即销售的增加。它是一个广告攻势的最终目标，必须有其他比较长远的及非数字性的目标作为支持，并非以短期及立刻反映的销售数字作为目标。

(2) 选择战略方针。广告战略方针是为了实现战略目标所制定的行为规范和政策性决策。如果把战略目标比作过河,战略方针就是解决桥和船的问题。没有正确的战略方针,任何战略目标都是难以实现的。因此,战略方针在广告战略体系中居于关键或核心地位,对战略目标的实现起保证作用。

(3) 确定战略规划。战略规划是企业广告战略的实施纲领。它的任务是把广告的战略目标具体化,把广告的战略方针措施化。在广告业务中,广告的战略规划主要是确定广告的表现战略、媒体战略和品牌战略。

①表现战略。表现战略即选取最有效的表现角度与手法。表现战略的手法很多,是表现产品本身的品质、性能、特点,还是表现产品所能带给人们的利益与满足?是表现企业本身的目标与实力,还是表现社会对企业的信任与推崇?是用"自我表现"法,还是用第三者的见证加以客观的介绍?总之,应根据广告内容、广告市场与宣传对象的差异而研究决定。

②媒体战略。广告媒体的种类繁多,如何选择有效的媒体,确定各媒体的组合、广告出现量及其频率等十分重要。现代广告战略往往要求广告宣传采用"立体战争"中各军种、兵种的大力配合,即组合媒体战略,力求集中于一致的攻击目标,提升广告的效应。

③品牌战略。在广告宣传中,对品牌的宣传常常占有极其重要的地位。因为人们购买生活资料,特别是日用消费品时,往往看重品牌,所以在广告中,对品牌的宣传、表现的方法等,都是十分讲究的。

广告战略的制定,不是市场战略的简单翻版,应根据市场目标的总要求,在认真分析与研究产品与企业的情报、市场表现、消费者情况及其与之相关的各种环境资料的基础上,拟定多种方案反复比较推敲。只有这样,才有可能制定出正确的、科学的、有创造性的广告战略。

**2. 广告战略的选择**

广告战略的选择是在对广告战略分析的基础上,论证广告战略方案可行性的过程。企业可供选择的广告战略方案一般有若干种,但是最适合企业外部环境与内在条件的战略方案只有一种。因此,战略选择是选择备选方案中最适合企业特点的战略方案。这就决定了广告战略选择要把重点放在评价广告战略目标同广告目标是否一致,广告战略同企业的经营环境是否一致,广告战略规划同企业的总体目标是否一致以及广告战略本身的目标与方针是否一致等方面。

(1) 广告战略选择的原则。

①整体优势最大化。每套广告战略方案中都含有广告目标、方针、政策与措施等。根据战略方案评价一致性的要求,不但方案本身要一致,而且要与企业的经营目标相吻合。但是,广告战略的制定过程受到主客观因素的影响,只能做到相对的一致。因此,战略方案评价是通过方案的相互比较和方案同企业经营情况的比较,使得整体优势达到最大化。

根据企业内外部条件和环境制定的广告战略方案,都具有其优势和劣势。广告战略的评价是整体评价,就是不仅要评价每个方案中的单项措施、方针的可行性大小,而且重要的是评价方案的整体组合优势。单项的最优决不等于整体最优,因此,必须把整体最优作为广告战略评价的首要标准。

②竞争优势最大化。在激烈的市场竞争中,具有竞争性的广告战略,是一门创造或探索竞争优势的艺术。因此,评价广告战略要把其应有的竞争力作为一项重要标准。

一个具有较强竞争优势的广告战略,应具有高吸引力、高知名度与高影响力的特点。高吸引力能保证广告唤起买主的注意；高知名度有利于树立品牌形象；高影响力能培养需求偏好。广告战略评价，就是要以这三项特点为标准来分析每个方案的竞争优势，从而找出最具有竞争优势的可行性方案。

（2）广告战略选择的方法。

①定性分析方法。定性分析方法主要是通过个人的洞察力、判断力、经验等来分析、论证评价广告战略方案的可行性。经常使用的具体方法有德尔菲法、头脑风暴法等。定性分析的标准是广告塑造企业形象与产品形象的功能，应着重分析广告战略的社会性与公共性，使企业的广告成为塑造企业与产品形象的重要手段。分析过程中，要特别注意考察广告战略的客观性与真实性。广告要力戒自吹自擂，合理搭配广告信息的事实性部分与心理性部分，对于刺激"初级需求"的广告应以事实性宣传为主；对于"选择性需求"，则可着重心理性信息沟通。

②定量分析方法。定量分析方法主要是运用传统的定量分析技术来评价广告战略方案的可行性。常用的定量分析方法有成本控制分析和投入产出分析等。例如，企业可以比较各种广告战略实施的费用总额，结合企业拟投入的广告费决定战略方案的取舍。企业还可以测度广告费投入量与广告效果产出的比例，按效益标准确定广告战略方案。

### 3.2.3 广告主题策划

广告主题就是广告所要表达的中心思想。广告的主题应贯穿于广告之中，使组成广告的各要素有机地组成一部完整的广告作品。因此，广告主题策划成为广告策划的重要内容，也是影响广告效果的关键因素。广告主题要因不同性质的企业、产品或服务、市场需求态势及变化，以及广告对象和媒体的差异而精心谋划，有所侧重，突出重点。

**1. 广告主题的构成要素**

广告主题是寓含于广告信息之中的，一则广告往往是广告目标、信息个性、心理诱导等因素的综合。因此，设计广告的主题，必须具体分析广告主题的构成要素，综合有关信息，体现科学性、实用性原则。

（1）广告目标要素。广告目标的实现，对广告主题提出了要求。尽管广告目标多种多样，但在广告目标中表现的主题主要是以下三种，如图 3-3 所示。

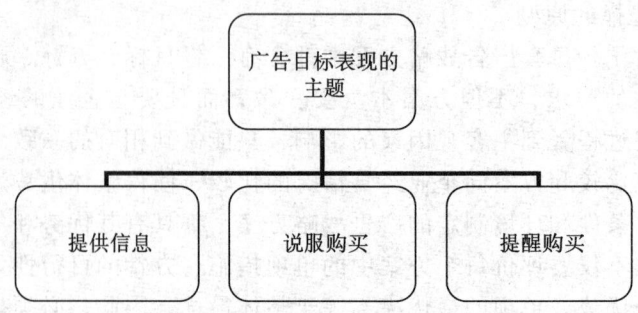

图 3-3 广告目标中表现的主题

①提供信息。当企业初创或产品处于市场开拓阶段，广告目标是传播企业或产品的名声，其广告的主题主要是提供信息。例如，在中国，钻石的广告对象主要是年轻女性，她们的母辈是只戴金首饰的，戴尔比斯（De Beats）的钻石广告以婚姻永久的象征来引导中国的

消费者，广告画面所表现的是一对青梅竹马的夫妇，从孩提时代经历少年时光到婚礼时刻，所赠的礼物由鲜花渐渐变成钻戒。

②说服购买。说服购买通常有两种形式，一种是广告目标是为特定的品牌培植选择性需求，提高用户的购买兴趣，广告主题是显示品牌的特征，激发购买欲望。另一种是广告以增强竞争力为目标，广告采用与其他品牌的特定比较的方式来突出自己的优越性。但第二种形式应注意特定的表达方式，不能有违平等竞争原则。

③提醒购买。对于成熟的产品来说，广告应突出的主题是提醒购买，以维持或扩大产品销量，延缓产品衰退。例如，杂志中成本很高的四色印刷的可口可乐广告的目的是提醒，而不是通知或说服消费者购买可口可乐。消费品中的日用品以培植消费偏好为目标的广告，其主题也大多是提醒购买。

(2) 信息个性要素。广告信息是广告的内容。广告所传递的主要是有关商品、劳务或商誉的信息，从信息本身看，主要表现为消息、情报、信号、资料等形式。不论哪一种形式的信息，都应表达一个主题。广告信息的主题从信息个性看，主要有以下几种：

①性能。广告突出商品或劳务的性能，着重宣传其效用，其佐证资料主要是性能特征，使广告对象明确其优越性。例如，VCD产品广告大力宣传其高清晰度、洗发水介绍其洗发与护发双重效果、食品广告夸赞其独特口味等都是以性能为主题的。

②质量。质量是产品与服务的保证，也是消费者追求的核心。广告突出质量主题，大多是提供产品或服务的标准，使广告对象认清其质量水准，为其购买决策提供依据。例如，产品广告宣称产品免检，突出著名的商标；服务业介绍其星级达标等，都是以质量为主题的。

③价格。优惠的价格是大多数消费者感兴趣的。彩电业降价大战，只宣传其降价幅度，销量就急剧增加；服务业推出让利举措，客源马上发生变化等，都表明价格杠杆在起作用。

④服务。服务作为产品整体概念的重要组成部分，既是消费者关心的重要内容，也是企业竞争能力的一大砝码，是许多企业广告的核心主题之一。例如，作为技术产品的玉柴机器的畅销，其广告宣称的满意服务功不可没。

⑤购买时间与地点。购买时间的合理安排与购买地点的方便是买方市场的客观要求。以此作为广告主题也是众多厂商的明智选择。

⑥观念与意识。广告倡导某种观念与意识，有利于使顾客树立一种新的消费观念，从而刺激需求。例如，旅游业的广告以"见多识广"为主题，民航以节省时间提高效率为广告主题，都是在倡导新的消费观念。

**2. 广告主题设计的要求**

广告主题策划是一项复杂的工程，必须当作一个系统来看待。因此，要在广告目标策划和广告战略策划的基础上，认真分析广告主题的构成因素，精心设计恰当的广告主题。总结有关实践的经验，广告主题设计应注意以下几点：

(1) 诉求明确。广告主题设计首先要考虑的问题就是："这个广告要说明什么？"即广告主题设计一定要反映出较明确、较直观的广告诉求，通过明确的诉求激发消费者的购买动机，或为消费者的购买行为寻找恰当的理由。如果主题设计体现不出明确的广告诉求就难以达到广告的目的。例如，有一种营养品的广告说："看中华美景，喝××补品"，这个广告就没有明确的诉求主题，因为这种营养品尽管名字上也有"中华"二字，但它和游览祖国的名胜景观并没有实质性的联系。作为营养品应该考虑它的健身效用以及孝敬老人、馈赠亲友的情感功能，把它和"看中华美景"硬拉在一起，就产生不了一种明确的诉求效果，反而模糊了消费者对这个产品功能的认识。

（2）重点突出。广告的主题不可能把所有的信息都包括进去，而应该传达最重要、最关键的信息，因此，广告主题设计必须重点突出。要突出重点信息，就必须全面了解市场、产品、企业以及消费者的情况，有针对性地突出自己的优势，宣传自己的长处，否则随意落笔，离题太远就不可能引起人们的兴趣，也就无法使广告在消费者心目中留下深刻的印象。

（3）信息丰富。在宣传重点突出的前提下，广告主题还要尽可能地使信息丰富，特别是广告的目的、对消费者的好处以及对消费者的承诺应该在广告中体现出来。例如，广告目的是促使消费者购买，还是同竞争者开展市场竞争？目的不同在广告主题的选择上是有差别的。另外，能为消费者提供什么利益？向消费者的承诺是什么？这是消费者对广告内容感兴趣，并对广告的宣传表示信服的重要条件。只有在广告主题中使这些要素得到全面的体现，广告设计才会成功。

**3. 广告主题的类型**

从广告主题设计所侧重的不同角度，可以将广告主题分为以下几种类型：

（1）以产品和服务为主题。广告的中心内容是讲产品、服务的优势、特点。如安徽芳草日化股份有限公司的芳草牙膏的广告："芳草、芳草，止血脱敏效果好，若要牙齿好，天天用芳草。"其产品特点十分明显，是"止血脱敏"。

（2）以企业、产品的历史、现状、规模为主题。其中的内容是以企业的悠久历史来提高产品的声望。如四川庐州老窖的广告宣传其窖池是国家重点文物保护单位，以树立产品的声望。

（3）以技术或实力为主题。广告主题体现出企业所采用的高新技术以及企业雄厚的经济实力，在消费者中树立起一种质量可靠、品质优良的形象。例如，2010年年初，格力空调的广告——"掌握核心科技"，宣告格力转型升级的信心和决心，格力正用实际行动践行由"中国制造"向"中国创造"转型的企业发展战略。

（4）以销售状况以及信息反馈为主题。广告将销售的空前盛况以及消费者的积极反映体现在广告中。例如，"海尔电器，全国销量第一"。有一些药品、营养品的广告将服务者的反馈意见在广告上大力宣传，以证明其产品的效能卓越，也属于用这种方法来设计广告主题。

（5）以情感诉求为主题。广告中不对产品本身做介绍，只注意对消费者进行情感诉求，以唤起消费者的共鸣。例如，北大富硒康的广告："母亲，辛苦了！北大富硒康"；威力洗衣机的广告："威力洗衣机，献给母亲的爱"；广州太阳神的广告："当太阳升起的时候，我们的爱天长地久"，等等，都是以情感诉求为主题的。

**4. 选择广告主题应注意的问题**

（1）根据产品的不同性质确定主题。不同性质的产品都有其特定的销售对象，必须把不同产品的目标市场同多种多样的买主利益结合起来考虑。如做生产资料和高档耐用消费品的广告，其广告主题应突出产品的可靠性。重点宣传产品的性能、质量、商标的权威性以及企业向消费者提供售后服务的能力，包括服务网点的多少、服务队伍的大小、服务技术的高低等。而日用消费品，特别是化妆品、服装和"时尚"产品的广告，应以宣传产品的社会价值为主题。应突出宣传使用这种产品能给消费者带来什么希望和满足，获得什么新的价值标准,并引起消费者产生丰富多彩的联想,以促进和强化消费者的购买欲望。

(2) 针对消费心理确定主题。要注意研究买主的消费心理,运用广告宣传去激发它、满足它。首先,向买主宣传产品的独特好处,要避免选用竞争对手已采用的主题。要想唤起消费者的兴趣,就必须着重说明企业的产品有什么与众不同的地方。比如产品或劳务的质量的特点,跟消费者或使用者有什么关系,对他们有什么益处,与竞争企业的同类产品相比又有什么长处等等。人们常常要买的不是商品的本身,而是商品给他带来的希望、信念和价值标准。因此,在选择广告主题时不应忽略从消费心理上牢牢抓住消费者。

(3) 突出宣传品牌。品牌是一个企业或一种产品的质量、特点的重要标志。每当有众多的同类商品同时涌现在消费者面前任其选购,消费者在一时还弄不清每种商品的质量时,往往会凭着对品牌的信任来选购商品。因此,品牌就对产品的销售起了重要的作用。所以,企业必须用自己的高质量去创名牌,同时也要利用广告的形式突出对本企业品牌的宣传。

(4) 每个广告只突出一种买主利益。一个广告的主题最好强调一种买主利益,这样针对性强,易于吸引潜在买主的注意力。如果某一种商品特点很多,就不妨做成一整套广告,每个阶段的广告主题只突出一个特点,这样就能使广告达到"主题明确"。所以,广告的主题应重视整体策划,而不是一次设计、一成不变。

### 同步案例 3-2

**值得尊崇的百事可乐广告策划**

**背景资料:**

20世纪80年代以前,在百事可乐与可口可乐的两乐之战中,百事可乐一直经营惨淡,竞争手法不够高明,尤其是广告的竞争不力,被可口可乐远远甩在后头。历尽坎坷之后,百事可乐终于重新确立了自己的定位——"新生代的可乐"形象,通过对可口可乐的侧翼攻击,从年轻人身上赢得了广大的市场。

百事可乐的定位极具战略眼光,因为百事可乐的配方、色泽、味道都与可口可乐相似,绝大多数的消费者根本喝不出二者的区别。百事可乐选择的挑战方式是在消费者定位上实施差异化。即摒弃了不分男女老少"全面覆盖"的策略,而从年轻人入手,通过广告树立其"年轻、活泼、时代"的形象,而暗示可口可乐的"老迈、落伍、过时"。

百事可乐完成了自己的定位后,基于年轻人现在最流行的东西是酷——独特的、新潮的、有内涵的、有风格,抓住了年轻人喜欢酷的心理特征,开始推出了一系列以年轻人认为最酷明星为形象代言人的广告,如流行乐坛巨星麦克尔·杰克逊,中国香港的张国荣和刘德华之后,又力邀郭富城、王菲、珍妮·杰克逊和瑞奇·马丁四大歌星做它的形象代表。

百事可乐以"新一代的选择"、"渴望无限"做自己的广告语也是颇具特色的。百事可乐认为,年轻人对所有事物都有所追求,比如音乐、运动,于是提出了"渴望无限"的广告语。百事可乐提倡年轻人做出"新一代的选择",那就是喝百事可乐。这两句富有活力的广告语,很快赢得了年轻人的认可。配合广告语,百事可乐的广告内容一般是音乐、运动,比如上述的麦克尔·杰克逊、郭富城都是劲歌劲舞。百事可乐还善打足球牌,利用大部分青少年喜欢足球的特点,特意推出了"百事足球明星",可谓充满洞察力。

百事可乐作为挑战者，勇于创新，通过广告树立了一个"后来居上"的形象，并把品牌蕴含的那种积极向上、时尚进取、机智幽默和不懈追求美好生活的新一代精神发扬到百事可乐所在的每一个角落。

（资料来源：根据有关资料改写。）

**问题：**
百事可乐的广告策划为什么能取得成功？该案例对广告策划有何指导意义？

**分析提示：**
百事可乐广告策划的成功，主要在于：重新确立了自己的定位——"新生代的可乐"形象；通过推出一系列以年轻人认为最酷明星为形象代言人的广告，突出"新生代的可乐"宣传主题，对可口可乐的侧翼攻击，从年轻人身上赢得了广大的市场；作为挑战者，勇于创新，通过广告树立了一个"后来居上"的形象。

指导意义在于：选准广告对象和市场定位；确立广告目标与宣传的主题；勇于创新，使广告表现特色化。

## 3.3 广告预算

广告预算是企业广告活动费用的匡算与安排，是企业投入广告活动的资金费用计划。它规定企业在广告计划期从事广告活动所需的经费总额、使用范围及使用方法。广告预算是企业广告活动得以顺利进行的财力保证。

编制广告预算，可以合理地解决广告费与企业利益的关系。对一个广告主而言，广告费不是越多越好，也不是越少越好。广告活动的规模和广告费用的多少，应与企业的生产和流通规模相适应，在发展中求节约。在正常情况下，产品销售量与广告的相对费用是成反比的。因为广告促进了销售，也就促进了生产成本和销售成本的降低，也包括由于规模经济带来的单位广告成本的降低。但从经济学的角度来考虑，任何现实的投入都存在着边际产出问题，即广告的投入要适度，过度的投入不但不会使投入产出比上升，相反会引起投入产出比的降低，因广告过度而使生产和流通的成本增加。

### 3.3.1 广告预算的内容

广告费的内容，包括广告活动中所需的各种费用，主要有：广告调查与策划费、广告设计费、广告制作费、广告媒体使用租金以及广告机构办公费与人员工资为主的管理费等。依据其用途与性质，可划分为三类广告费用。

**1. 直接广告费用和间接广告费用**

直接广告费用是指直接用于广告活动的设计制作费和媒体租金；间接广告费用是指企业广告部门的行政费用。在管理上，应尽量压缩间接费用，提高直接广告费用的比重。

**2. 自营广告费用和他营广告费用**

自营广告费用指广告主本身所用的广告费用，包括本企业的直接与间接广告费。他营广告费用则是指企业委托其他专业广告部门代理广告活动的一切费用。一般而言,他营广告费用在财务上比自营广告费用要节约,使用效益也更好。

**3. 固定广告费用和变动广告费用**

固定广告费用是自营广告人员组织的费用及其他管理费用,这些费用开支在一定时间内是相对固定的。变动广告费用是因广告实施量大小而起变化的费用,如因数量、媒体、覆盖面、时间等各种因素影响而变化的费用。

### 3.3.2 广告预算的依据

**1. 产品销售额或营业额**

企业根据销售额或营业额预测值来制定广告预算。企业用产品销售额或营业额乘上广告费率即可确定广告预算。例如,某公司下一年度的销售总额预测为2000万元,公司确定的广告费用占销售总额的百分率为2%,那么,下一年度的广告预算就是40万元。这种方法在计算上略有不同,有的根据上年度来计算,有的根据未来的预测值,也有根据两者混合平均数计算的。国外企业一般以销售收入的3%或5%作为广告费用,而我国企业还可以略为降低。

以产品销售额或营业额作为广告预算依据,其优点是:第一,使企业在销售额或营业额和广告预算之间保持比较稳定的比例,计算较为准确。第二,使管理者能正确把握广告费与销售收入之间的关系,有利于制定发展计划。但是,以产品销售额或营业额作为广告预算依据,也有不足之处:首先,逻辑上的不合理,它倒果为因,把销售额等当作广告的原因,而不是结果,从而忽略了广告对销售的主动促进作用。当企业遇有比较好的宣传机会时,往往会因为广告费的限制而失去良机。其次,所有的商品都取同一百分率,当某一种产品存在某种特殊需要时则无能为力。

所以,运用这种方法时,不能把百分率定得太死,而要把各种因素结合起来考虑,使广告预算在不同的市场和不同情况下留有余地,具有一定的灵活性。

**2. 量力而行**

这是按照企业财力情况来决定广告预算多少的方法。这种做法的指导思想是广告不仅可以促成眼前的销售,还可以为产品创造良好的商誉,进而创造未来的销售机会。这样,广告往往被看作是一种投资,一般都是在广告效果无法衡量的情况下采用的,比较适合于资金和财力较少的中小企业。

**3. 均势竞争**

均势竞争就是企业在确定广告预算时,要参照竞争对手做了哪些广告、花了多少费用,然后确定与竞争者保持相当数量的广告预算。其主导思想是为了保持市场竞争中的均势,使自己在广告竞争中不亚于自己的对手。这种以均势竞争为依据确定广告预算的方法,一般是在同一个市场上只有两三家竞争对手的情况下才适用。

这种做法使竞争者彼此看齐,把广告作为竞争的武器实行针锋相对的宣传策略。但是,由于竞争企业之间的资源、声誉、市场机会、销售目标各不相同,使用相同的广告预算并不一定合理、有效。此外,均势竞争可能引发广告大战。

**4. 目标与任务**

依据既定的广告目标与任务,以及所期望赢得的营业收入及利润目标来确定广告预算。

企业应通过测算各项广告费用,匡算广告预算总金额。以目标与任务为依据进行广告费预算最为复杂,但较为科学,其关键在于广告目标是否定得准确。

### 3.3.3 广告预算的方法

**1. 广告费的计算方法**

广告费的计算方法是广告预算依据的具体体现。实际业务中,广告费的计算方法多种多样,这里仅列举常用的六种方法:

(1) 销售额百分比法。销售额百分比法是以一定比率计算出广告费用。在实际匡算过程中,又可分为计划销售额百分比法、上年销售额百分比法和两者综合折中的平均销售额百分比法以及计划销售增加额百分比法四种。很明显,这种计算方法的理论依据是产品销售额。这种方法简单方便,但如前所述它过于呆板,不能适应市场变化。

(2) 利润百分比法。利润根据计算口径不同,可分为实现利润和纯利润两种。因此,这种计算方法也是两种,即实现利润百分比法和纯利润百分比法。这种方法在计算上也较简单方便,同时,使广告费与利润直接挂钩,适合于老产品间的广告费分配,但新上市产品不适用。

(3) 销售单位法。这是以销售单位产品的广告费分摊额匡算广告费的方法,一般以计划销售数为基数计算广告费用。这种方法适合于薄利多销的产品。运用这一方法,可掌握各产品的广告费开支及变化规律。同时,还可方便地掌握广告效果。

(4) 目标达成法。这种方法是根据企业的市场战略和销售目标,具体确立广告的目标,再根据广告目标要求选择广告策略,制定出广告计划,再进行广告预算。这种方法比较科学,适应市场营销的变化而灵活地决定广告预算,尤其是对新上市产品发动强力推销很有益处。

(5) 竞争对抗法。这是根据产品的竞争对手的广告费开支,来确定本企业的广告预算。广告主明确地把广告当成了进行市场竞争的工具,其具体的计算方法有以下两种:

①市场占有率法。

$$广告预算 = \frac{竞争对手广告费额}{竞争对手市场占有率} \times 本企业预期市场占有率$$

②增减百分比法。

广告预算 = 企业上年广告费用 × (1 ± 竞争对手广告费增减率)

(6) 支出定额法。这是根据企业的财务状况,按量力而行的原则,以可能支出多少广告费来设定广告预算的方法,适用于财力一般的中小企业。

**2. 广告预算的分配**

在框定广告预算后,要针对广告计划的各项细目,将广告预算总额分配到各个广告活动的项目中。这是通过广告预算对广告活动进行组织、协调和控制的实施过程。

(1) 影响广告费分配的因素。

①产品生命周期。一般而言,新产品需要花费大量的广告费以建立知名度,并得到消费者的试用,而已有知名度的品牌所需的广告费较低,因此,处于导入期的产品,其广告费应多于成长期、饱和期和衰退期的广告费。

②利润率。利润率高的产品,广告费投入一般较多;反之,低利润产品的广告费投入则

较少。

③销售量。销售量大的产品，投入的广告费多；反之则少。

④市场范围。市场范围大的产品投入的广告费多；反之则少。

⑤竞争与干扰。在竞争者众多、广告竞争激烈的市场上，一个品牌的广告活动，只有高于市场上的干扰才能为人所注意。即使不是本品牌直接竞争者的广告干扰，也可能要大做广告"回敬"。因此，市场竞争激烈，广告费投入多；反之则少。

⑥部门工作任务。各部门任务不同，所负担的工作性质和工作量不一样，广告费的分配额也有所不同。通常应保证媒体费用，使媒体费用占广告预算总额的70%以上。

(2) 广告预算分配的范围。

①媒体间分配。根据媒体策略划块分配。

②媒体内分配。这是同种媒体的划块分配结果，即在不同媒体单位间的分配。

③地域分配。依据需要在各区域间分摊广告费，实行切块分配。

④时间分配。长期的广告计划，有年度广告费的分配；季度广告计划则有季度、月度广告费的分配。此外，还应留有一部分作为机动费。

⑤产品分配。不同广告产品间的广告费用分配。此外，公益广告、企业形象广告和观念广告也需要分摊一部分费用。

⑥广告对象分配。按广告计划中的不同广告对象，如团体用户和企业用户、最终消费者等分配广告费。

**3. 编制广告预算书**

广告预算书的内容是对广告预算的列支、分配等进行详尽的说明。一般应以图表形式列明广告预算的项目列支、项目内费用的分配等内容。广告预算书的基本格式见表3-2：

表 3-2                    广告预算书

委托单位：                          负责人：
预算单位：                          负责人：
广告预算项目：                      期　限：
广告预算总额：                      预算员：

| 项　目 | 开支内容 | 费用（万元） | 执行时间 | 备　注 |
|---|---|---|---|---|
| 市场调查与策划费 | | | | |
| 广告设计费 | | | | |
| 广告制作费 | | | | |
| 广告媒体租金 | | | | |
| 促销与公关费 | | | | |
| 管理费用 | | | | |
| 其他杂费 | | | | |
| 机动费用 | | | | |
| 总　计 | | | | |

日期：　年　月　日

(1) 项目列支。包括市场调查与策划费、广告设计费、广告制作费、广告媒体租金、广告机构办公费（或管理费）与人员工资（服务费）、促销与公关活动费及其他杂费开支（如邮电、运输、差旅、劳务等费用）等。

（2）项目的费用分配。项目内费用的分配，主要指广告预算列支项目的细分项目的分配，或不同工作阶段的广告费分配。

广告预算书一般还应附加说明文字，对预算书的内容进行解释。

### 同步实训 3-2

#### 编制广告预算书

[实训目标]

训练与提高学生编制广告预算书的能力。

[实训内容]

以小组为单位编制广告预算书。

[实训操作]

（1）首先让学生明确广告预算书的编制方法。

（2）将全班学生每5—6人分为一组，并选出小组负责人，练习编制广告预算书。

（3）每个小组分别编制一个工业企业和一个商业或其他服务企业的广告预算书。

（4）每份广告预算书附加说明文字，对预算书的内容进行解释。

（5）小组长汇报训练情况。

（6）教师对训练情况进行总结。

[成果要求]

（1）每个小组编制2份广告预算书。

（2）每人写出训练的体会。

（3）依"预算书"与个人的体会为每位学生评估打分。

## 3.4 广告策划书

广告策划书是广告人员在对市场、产品和消费者进行广告调查的基础上，对广告活动进行全面的、科学的论证分析以后，所形成的总体广告运作的文案；是有关广告调查分析结论、广告目标决策、广告定位策略、媒体策略、创意成果、表现策略、预算方案等总体架构的说明书。广告策划书是广告活动的工作指南。

### 3.4.1 广告策划书的内容与结构

一份完整的广告策划书，尽管其格式与架构可以独具特色，但一般包括以下几个必要的组成部分：前言、市场分析、广告战略、广告策略、广告计划、广告预算及广告效果预测等。

**1. 前言**

前言，作为整个广告策划书的总纲部分，主要介绍广告策划项目的由来、经历的时间、指导思想、理论依据、事实依据以及广告策划书的目录或提纲。

**2. 市场分析**

市场分析部分，主要阐述广告主的内部与外部环境及条件，形成广告调查与分析的结论。其具体内容有：

（1）市场背景分析。它主要是分析与策划的产品或企业广告有关的市场情况，包括有关的国家经济形势与产业政策、市场文化（社会习俗、消费文化、文明程度等）分析、市场变化发展趋势、消费状况、竞争态势等。

（2）产品分析。具体分析产品的优势及不利因素，主要包括产品的历史、品牌形象、个性（原料、产地、工艺、品种、性能、用途、生命周期、服务等）、产品市场适销情况。

（3）竞争态势分析。分析市场的供求状况与趋势、主要竞争对手的优势与劣势、市场占有率状况等，从而从中找准企业所处的位置。

**3. 广告战略**

广告战略作为广告主为实现企业营销目标，对广告活动具有全局性的谋划，成为广告策划书的重要内容。广告策划书中应明确的广告战略内容有：

（1）广告目标。即根据企业目标和营销目标所确定的广告在提高知名度、美誉度、市场占有率等方面应达到的具体要求。广告目标必须有数值或比例等量化指标。

（2）广告对象。根据市场分析和定位研究，找出最有消费潜力的消费群体，明确对象群体的性别、年龄、职业、消费水平与偏好等，进而确定诉求的内容与方式、媒体选择原则和刊播时机。

（3）广告地区。根据市场定位与产品定位研究的结果，决定市场目标，并确定广告定位主要针对哪些地域，为广告的市场覆盖提供依据。

（4）广告创意。根据广告主题所提出的广告表现构思，应主要介绍广告宣传的意境设想、意境表述、意境风格和创意的独特之处。广告创意的要求对广告宣传的诉求具有重要的意义。

**4. 广告策略**

广告策略是企业在广告活动中为取得更好的广告效果而运用的手段和方法。它是广告战略的具体体现，是广告活动成功的关键。广告策划书涉及的广告策略包括如下几种：

（1）定位策略。主要介绍企业形象和品牌形象的定位建议、市场定位、宣传品牌的品质定位、观念定位等。

（2）诉求策略。针对广告主题，介绍广告宣传的诉求对象、诉求符号、诉求信息和诉求方式，明确诉求的重点。

（3）媒体策略。主要说明广告媒体选择的原则、媒体分配规划、媒体组合与搭配规则、拟选用媒体及媒体单位、持续时间与选用次数等。

（4）表现策略。主要介绍广告的主题表述、文案表述（如平面广告文案、影视广告分镜头脚本）、广告媒介的表现方式、媒介规格及制作要求等。

**5. 广告计划**

广告计划是执行广告宣传方案的具体安排与打算，是实现广告预期的指南。广告计划的具体内容有：

（1）广告工作计划。主要表现为进行广告调查、创意、策划、设计、制作和实施的时间安排，以及具体执行部门与人员安排。

（2）广告发布计划。主要介绍广告作品在各种媒介上推出的时机及其文化、心理上的象征意义，广告宣传的持续时间、终止时间和媒体上出现的次数安排。

（3）辅助活动计划。主要介绍配合广告宣传的其他市场促销活动的时间安排，如商品展销、营业推广、公共关系活动等。

**6. 广告预算**

主要介绍广告预算的主要依据和广告预算书的内容。广告预算的具体内容包括项目列支和项目分配。

**7. 广告效果预测**

以"前言"部分规定的任务和目标为准则，展望广告活动的预期结果，佐证广告策划的可行性。效果预测应实事求是，简明扼要。

### 3.4.2 广告策划书的编制要求

广告策划书作为广告活动的设计图纸，对企业具有重要的现实意义。因此，广告策划书的编制必须科学、规范，使之成为真正意义上的行动指南。为此，编制广告策划书应注意下列要求：

**1. 程序操作**

编制广告策划书的基本操作程序是：收集与整理广告调查资料和其他相关资料；拟定写作提纲，确定书写篇幅；进行具体写作与检查核对；修改定稿。程序操作可以避免思路不清、重复或遗漏等问题，保证其科学性。

**2. 内容真实，重点突出**

策划书是实际工作的指针，必须保持实用性，因此，策划书的内容必须真实可靠，具有现实指导意义。同时，策划工作内容有轻重主次之分，必须突出重点，避免包罗万象的面面俱到。

**3. 信息量适中**

策划书要反映一定量的信息，因为信息量是其立论的基础。但是，策划书不是调研报告，对信息的叙述不可过量，能说明问题即可。如果确需较多的相关信息，可以考虑以"附录"的形式单列。当然，缺少足够信息资料的空谈也是不可取的。

**4. 写作规范，可读性强**

策划书的写作必须按其文案格式与要求，注重规范化。层次分明、条理清晰、语句顺畅、中心突出是规范化的基本标准。必须注意其可读性，尽量保证其专业性。此外，策划书的编辑、排版、印制及装订都应符合专业规范。

---

同步案例 3-3

## 高露洁牙膏广告战略与策略策划

**背景资料：**

以下是某专业人士为高露洁公司的高露洁牙膏撰写的《广告策划书》的部分内容：

1. 广告的战略

(1) 用非常有个性和创意的广告语来吸引年轻人的兴趣，在他们心中留下深刻的印象，并改变部分消费者的使用习惯。

(2) 用独特的包装刺激消费者产生购买兴趣。

(3) 聘请当红明星代言，从而改变部分消费者的消费选择，扩大销售范围。

(4) 通过促销活动使部分消费者形成新的购买习惯。

2. 广告对象

(1) 市场调查结果表明销售对象是年轻人，因此广告对象是年轻人。

(2) 由于现代少年儿童家庭生活条件的提高，加之年少爱模仿明星和他人，所以少年儿童是重要的潜在消费群。

(3) 一般一个家庭都用一个牌子的牙膏，如果孩子选择高露洁的话，那么高露洁的销售量会大大提高。

3. 广告地区

(1) 主要在发达的城市，如广州、深圳、上海、北京等。

(2) 其次在各省会以及一些中等发达城市。

理由：因为中国人口主要都集中在发达城市和省一级城市，消费水平也相对较高。

4. 广告策略

广告媒介主要采用电视广告，在CCTV-1、CCTV-2、CCTV-6以及各省著名电视栏目前后插播；在部分城市晚报、《读者》、《青年文摘》等报纸杂志登载；在城市中心高峰路线的公交车车身上喷涂广告。

选用这些媒介的原因是它们接触消费者最多。

5. 广告效果预测

(1) 宣扬了高露洁公司的品牌形象，为高露洁牙膏的销售做宣传。

(2) 使高露洁的品牌更响亮，使销售额有一个飞跃。

(3) 使高露洁牙膏在我国牙膏消费市场上的霸主地位更加稳固。

(4) 使高露洁牙膏得到了消费者的认可，使他们长期购买。

(5) 得到了广告主的赞扬和肯定。

(资料来源：根据百度文库资料改写。)

**问题：**

高露洁牙膏《广告策划书》的战略选择是否科学？为什么？请你对高露洁牙膏广告战略与策略的策划提出补充意见。

**分析提示：**

高露洁牙膏《广告策划书》的战略选择不够科学，原因是其广告创意不明确，即没有明确该广告应该突出什么亮点。

该策划书中，在广告战略上，应该明确广告创意，介绍广告宣传的意境设想、意境表述、意境风格和创意的独特之处；在广告策略上，应补充定位策略和诉求策略。

## 本章知识脉络

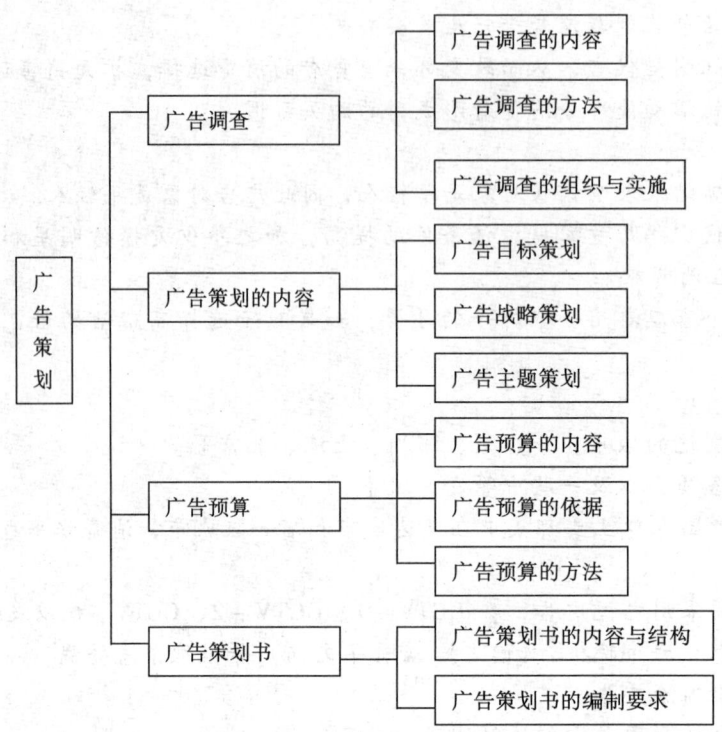

**本章导入案例点评:**

1. "脑灵通"的广告突出了广告的主题,即"30天提高记忆商数18.52",大胆走出常规的健脑益智产品的做法,走细分市场之路,避开当时强劲的对手(脑轻松),集中火力攻打考生市场,与对手打贴身战,使产品迅速崛起。

2. "脑灵通"对营销空间的拓展具有重要意义,以证言式、新闻式广告出击,给考生信心,为考生加油,使产品具有亲和性,使消费者与购买者对产品产生好感,不到3个月,"脑灵通"从一个新品牌快速成长为市场的竞争品牌。

## 思考与练习

**1. 理论题**

**(1) 单选题**

①下列内容中,不属于环境调查内容的是(　　)。
A. 社区　　　　　　　　　　B. 公众与团体
C. 消费者　　　　　　　　　D. 竞争对手

②下列内容中,不属于广告战略规划的是(　　)。
A. 竞争战略　　　　　　　　B. 表现战略

C. 媒体战略　　　　　　　　　D. 品牌战略
③下列方法中，属于定性分析方法的是（　　）。
A. 成本控制法　　　　　　　　B. 投入产出法
C. 比较分析法　　　　　　　　D. 头脑风暴法

**(2) 多选题**
①广告调查中的实验法主要有（　　）。
A. 产品实验　　　　　　　　　B. 季节实验
C. 销售对比实验　　　　　　　D. 品牌实验
E. 对象实验
②从信息个性看，广告信息的主题主要有（　　）。
A. 性能　　　　　　　　　　　B. 质量
C. 价格　　　　　　　　　　　D. 服务
E. 时间与地点
③广告策略包括（　　）。
A. 定位策略　　　　　　　　　B. 诉求策略
C. 成本策略　　　　　　　　　D. 媒体策略
E. 表现策略
④影响广告费分配的因素包括（　　）。
A. 产品生命周期　　　　　　　B. 利润率
C. 销售量　　　　　　　　　　D. 市场范围
E. 竞争与干扰

**(3) 判断题**
①广义的广告调查是指广告活动中搜集、运用材料的行为。（　　）
②广告效果调查是指对某一产品或企业的广告活动的事后调查。（　　）
③通常，每个企业在不同时期的广告目标有所不同。（　　）
④对企业而言，广告费越多越好。（　　）

**(4) 简答题**
①设计广告调查问卷要注意哪些事项？
②广告主题的类型有哪些？
③简述广告策划书的内容与结构。

## 2. 实务训练题

**【案例分析1】**
**案例资料：**

### "宝洁"广告的主题

"宝洁"是世界上品牌最多的公司之一，这源自于宝洁的市场细分理念。它认为，一千个消费者有一千个哈姆雷特，归结出一些不同点，用琳琅满目的品牌逐一击破，如表3-3所示。然而，宝洁并不担心各种品牌在同一货架上的相互竞争，因为宝洁广告已经明白无误地告诉了消费者，该使用哪种品牌。

表 3-3　　　　　　　　　　　　　宝洁公司品牌

| 类别 | 品牌 |
| --- | --- |
| 宝洁洗发水 | 飘柔、潘婷、海飞丝 |
| 宝洁洗衣粉 | 汰渍、碧浪 |
| 宝洁香皂 | 舒肤佳、玉兰油 |

以洗发水为例,海飞丝的个性在于去头屑,"头屑去无踪,秀发更出众",飘柔突出"飘逸柔顺",潘婷则强调"营养头发,更健康更亮泽",三种品牌的个性一目了然。消费者想去头屑自然选择海飞丝而不是飘柔,从而避开了二者的竞争。

宝洁的广告细分,达到了把中国消费者一网打尽的目的。

**设计问题:**
(1) 宝洁的广告是如何确定广告主题的?
(2) 该案例表明广告定位与市场细分、产品定位有何关系?

## 【案例分析 2】
**案例资料:**

### "美菱"电冰箱的广告策划

合肥美菱股份有限公司是中国最知名的电器制造商之一,目前拥有合肥、绵阳、江西三大冰箱(柜)生产基地。公司主导产品美菱冰箱是首批中国名牌产品,"美菱"商标是中国驰名商标,美菱品牌被列入中国最有价值品牌,并通过了 ISO9001、ISO14001、OHSAS18001、IECQ QC080000 等认证,取得了开拓国际市场的通行证。

美菱多年来坚持"自主创新"之路,面对市场竞争以产品为主线,注重产品品质和服务是美菱多年来一直傲立潮头的根本原因所在。无论是"181 效应",还是保鲜冰箱、纳米冰箱,作为一家拥有近 30 年专业冰箱制造历史的企业,美菱一直坚持"自主创新,中国创造",不断加大技术研发力度,不断在产品功能和设计上寻找新的突破,开发出了雅典娜系列冰箱以及 0.27 度等顶级节能产品,用高品质的产品和精准的产品策略保持了市场竞争的优势。作为家电下乡元老级品牌,美菱在着眼一二级市场的同时,也特别关注对三、四级市场产品的研发。美菱充分考虑到农村居民的消费需求和使用环境,不仅将"节能"、"防潮防锈"等个性化功能加入产品当中,还特设防鼠盖板;采用防潮防锈材料;针对农村灰尘较多,采用可拆卸门封便于清洗;根据农村部分地方路况特殊,采用适合农村路况及运输环境的包装设计等。

1. 广告目标

企业在确定营销目标的基础上,确定了如下广告目标:

(1) 巩固品牌地位。"美菱"作为中国驰名商标,美菱品牌被列入中国最有价值品牌,广告目标也要由创牌转变为巩固品牌地位,进一步扩大其知名度,引导、劝服消费者尤其是农村消费者购买。

(2) 增强竞争力。实施扩大认知的广告目标,加强"美菱"电冰箱个性特点——"保鲜"、"节能"的宣传,让人们了解美菱与众不同的功能和品质,增强消费者对美菱的偏爱和信心。

2. 广告主题

围绕保鲜、"节能"和"十年免费保修"的广告主题大做文章。

3. 广告媒体选择

美菱股份有限公司进行媒体策划时,首先做到媒体选择符合广告目标与广告主题的要求。在此前提下,以发挥媒体的整体效益为原则,认真分析各种媒体的优缺点,结合广告预算,有效地选择几种主要媒体。

电视:展示"美菱"品牌和商标,突出企业形象。

电台:介绍"美菱"电冰箱"保鲜"、"节能"的优点。

路牌:展现雅典娜系列"美菱"电冰箱外观形象。

霓虹灯:以"美菱"商标、品牌为主。

(资料来源:根据有关资料撰写。)

**设计问题:**

(1)"美菱"电冰箱的广告目标与广告主题是否科学?

(2) 如果请你策划"美菱"电冰箱的广告,请你提出有关的建议。

### 业务模拟训练

## 编制广告策划方案

**训练目标:**

培养学生编制简单的广告策划方案的能力。

**训练内容:**

以小组为单位编制简单的广告策划方案。

**训练操作:**

(1) 首先让学生明确广告策划方案的编制要求。

(2) 将全班学生每5—6人一组分组,并选出小组负责人。

(3) 小组根据编制提纲进行分工。

(4) 小组长带领小组成员按照分工编制方案。

(5) 小组长组织小组成员进行讨论,汇总。

(6) 对总体方案进行分析、总结。

**成果要求:**

(1) 每个小组撰写出编制提纲。

(2) 每人写出训练体会,含未被采纳的个人建议。

(3) 依小组的总体方案给小组评分。

(4) 依个人的训练体会为每位学生评分。

(5) 每名同学的实训成绩由小组的分数与个人分数各50%组成。

# 第4章
# 广告创意

**学习目标**

**知识目标**：认识广告创意的概念、实质与特征；明确广告创意所需要遵循的原则、广告创意过程的基本理论；掌握广告创意主要方法的基本要求。

**能力目标**：基本掌握广告创意的主要方法，能运用广告创意的基本理论识别和分析具体广告案例，能在广告实务中综合运用创意思维方法，提出广告创意的构想。

**导入案例**

### 玉兰油的"中国式美丽"华彩盛放

OLAY 的广告属于品牌形象广告（如图4-1），其60秒的广告词感动人心："世上什么最美？OLAY 玉兰油会说，是中国女人。你的凤眼，有种灵秀之美。你的肌肤，如白瓷细致光滑。每次见到你，都变得更美。你像水般柔软，也像水般刚强。你，拥有巨大爱的能量。你美，而不自知。18年来，你，一直是 OLAY 的美丽课题。因为懂你的美，OLAY 能让你独特的美，变得更美。让你，继续美上五千年。OLAY，和你一起，活出中国式美丽。"

图4-1 OLAY 玉兰油广告图片

与本土品牌相比，玉兰油的品牌塑造更加感性化，提出了"美丽知己"的概念，强调十八年的相伴相随,表现对中国式美丽的认同、尊重,更着重于对女性"情感世界"的关注。OLAY 玉兰油借助明星之口,说出她们理解的"中国式美丽",讲述中国女人所独具的美丽气质。作为一个国际护肤品品牌,玉兰油在深入了解中国女性对护肤和美的需要的基础上,通过明星的"现身诉求",使中国女性消费者实实在在地感觉到 OLAY 玉兰油产品的特殊功效,还不断扩大产品范围,以帮助她们更年轻、更自信,以焕发从内到外的美丽光彩。

美丽:成功构建"独特的销售主张"。从定位策略上看,玉兰油以"中国式美丽"为主题,以你美而不自知,为中国女性培植自身独特的美丽气质,明确而具亲和力。从理论上说,"中国式美丽"是一个强有力的"独特的销售主张",对中国女性消费者承诺了一个重要的利益点,有效凸显了玉兰油对中国女性独具的特殊功效和利益,这是其他竞争品牌目前无人企及的。

(资料来源:根据有关资料整理。)

从西方到东方,OLAY 玉兰油这个享誉世界的著名护肤品牌,一直演绎着一个个关于美丽的梦想。玉兰油的"中国式美丽"表明,优秀的广告创意是企业广告活动成败的关键。创意是现代广告创作的核心,离开了恰当的广告创意,广告战略和广告主题就难以充分体现。

## 4.1 广告创意的实质与原则

创意就是创造意外、别出心裁、独具风格。创意是广告宣传的生命线。现代广告充斥着我们的生活,因而人们对广告熟视无睹。据有关调查资料,电视台每天播出的广告节目中,一般公众每人只收看了 3% 的广告,而收看后能留下一些印象的只占 1%,能被正确理解的只有 0.5%,能在 24 小时内被记住的仅占 0.05%。平庸的广告是"信不信由你",而出色的广告则是"不由你不信"。广告的非凡影响力,正是出自杰出的广告创意。为此,提高广告的效果,必须把希望寄托于广告的创意,富有创意的广告才能吸引受众的注意力。

### 4.1.1 广告创意的实质

"创意"一词,在中国最早见于东汉王充的《论衡》,有"立义创意"之说,是指文章能有新的意义。在《现代汉语词典》中,"创意"一词,既可指有创造性的想法、构思等,也可指提出这种想法、构思的行为。

不同的人基于不同的实践,提出了许多不同的看法,其中,代表性的意见有两种:一是认为创意就是构思过程(设计剧情、安排情节等),强调以写实化意境来表达某种观念或思想;二是认为创意是创新过程,是提出与众不同的方案或措施的思维过程,以形成某种点子、主意。实际上,创意既有构思的成分,又有创新的色彩,是创新与构思的结合体。因此,上述两种观点都不乏科学性。

**1. 广告创意的含义**

根据创意融构思与创新于一体的特性,可以将广告创意定义为是表现广告主题的艺术构思,是就广告主题、内容和表现形式所提出的创造性的"主意"。具体地,广告创意是以广告调查结果为依据，以广告策划诸环节所确定的广告策略为架构，寻找一个"说服"目标公众的"理由"，并通过视、听等表现来影响目标公众的感情和行为，使之听从劝说，采取购买行动。因此，广告创意的核心在于提出"理由"，继而进行"说服"，以期促成行动。正确理解广告创意，必须把握两个要点：

(1) 广告创意必须以广告主题为核心，紧扣主题。广告创意的功能在于全力表现广告主题。广告策划选择的主题再好，没有很好的表现创意，广告就不可能引人注目。广告主题只有通过创意创造出引人入胜的艺术境界，才能在广告作品中准确地表现出来。

(2) 广告创意必须是艺术构思。广告创意的手法是一种艺术构思，虽然一般化、简单化的构思也能够表现广告主题，但不是真正意义上的广告创意，因为真正的艺术构思必须具有创造性和艺术美，创新是创意的生命力所在。广告创意的目标就是使广告内容与广告形式达到完美的统一。

**2. 广告创意的实质**

鉴于广告创意是通过构思创造意境，表现广告主题，创意的质的规定就是创造意境。据此，广告创意的实质，应理解以下几个层面：

(1) 广告创意的前提是科学的调查分析。广告创意需要"顿悟"，但不能仅靠"灵感"，"闭门造车"无法成就优秀的创意。也就是说，不熟悉市场环境、社会背景、企业地位与品牌形象特征、目标公众需求趋势等，是不可能真正创造性地设计出有市场影响力的宣传意境的。现实经济生活中的一些呆板、雷同广告多是缺乏调查分析的结果。因此，广告创意应建立在充分掌握各方面信息的基础上，如市场自然条件信息、企业营销信息、竞争信息、社会需求信息、目标市场文化信息、市场区域经济信息、政策法律信息等，都是不可或缺的。

(2) 广告创意的过程是创造性思维。广告创意要赋予广告以"精神及生命"，独创性是保证，因为广告创意是一种别出心裁、发人之所未发的新点子的过程。广告创意，一方面表现为创造，另一方面还表现为优化选择过程。就创造而言，广告创意要具有"原创性"和"震撼性"。原创性要求突破常规、出人意料、标新立异；震撼性要求创意能深入人们内心深处、触及人的心灵和精神。就优化过程而言，只有形成多方案，再进行论证、修正，从中找出最佳方案，才能使创意真正具有生命力。

(3) 广告创意的成果是形成富有吸引力的美好意境。广告创意的成果与文学等艺术创意的成果具有一定的相似性，即以构筑意境为目标。一方面，不同的艺术创意强调通过意境表达某种思想、观念，而广告创意则通过意境来展示企业、产品信息和品牌特性。另一方面，艺术作品是通过创意，让读者、观众、听众产生具体的联想，来感染和影响人。广告与此相同，只有通过创意，设计出具体、形象、生动、美好的意境，公众才被影响，并按照意境的暗示，形成心理效应，进而对广告宣传的企业、产品等形成认同好感。例如，玉兰油活肤沐浴露的电视广告："24小时不断滋润，令肌肤持续得以改善。一星期内，肌肤会更有光泽，更富弹性。"润肤沐浴露则阐述其独有的"含75%的玉兰油滋润成分"，"第一次使用，肌肤会感到明显的柔润光滑；使用14天后，能体验到肤质的明显改善和滋润……"。

**4.1.2 广告创意的原则**

广告创意的产生要遵循一定的原则，以免思维发散，脱离了广告主题。总结大量的策划实践经验，成功的广告创意应遵循下列原则：

**1. 目的性原则**

只有先明确广告创意的目的，才可能形成好的广告创意，才可能有一个评价广告创意好坏的标准。沟通是所有促销方式的本质，广告也不例外。在整个营销活动中，广告充当着营销沟通的角色，其任务是提高消费者对产品的认识、改变消费者的态度，或者是让品牌在消费者心目中留下好的印象。广告创意就是要解决如何基于客观基础以艺术的形式向媒体受众传输有关企业、产品或服务的信息，引起他们的兴趣，以达到沟通的目的。广告创意不是完全意义上的艺术设计，而是构思如何利用艺术表现广告主题。正如大卫·奥格威所言："我们的目的是销售，否则就不是广告"，广告创意的目的正是通过沟通而促进销售。

**2. 简明性原则**

广告信息量的多少并不能决定广告效果的好坏，内容庞杂的广告可能是无的放矢，而简洁明快的广告，常给媒体受众耳目一新的感觉。纵观世界广告市场，其经典之作均是创意独特，简单明了的，一句话、一种标志，乃至一个字成就了鲜明的广告效应的比比皆是。简明性原则要求创意指导下的广告作品情节简短，突出诉求主题，语言精练，惜墨如金，构图简明扼要，"疏可跑马"。

**3. 独创性原则**

独创性是指广告创意中不能因循守旧、墨守成规，而要勇于和善于标新立异，独辟蹊径。由于广告效果是以广告给目标公众留下深刻的印象为前提的，独创性的广告必然印象深刻。只有当广告生动逼真，真正打动目标公众时，才能引发其行动。因此，广告创意必须强调独创性。例如，令广告专家推崇备至的美国DDB广告公司制作的"大众汽车广告"，正是其独创性的广告创意，清晰、准确地传达诉求主题，简洁、逼真的风格等特征，其黑白色彩的鲜明对比，大片空白的简洁直视和"小甲壳虫"趣味无穷的逼真形象，造就了震撼人心的创意效果，使媒体受众难以忘怀。

**4. 可行性原则**

可行性是广告创意的现实要求，不可行的广告创意是无意义的。广告创意的可行性，首先体现在其必须符合广告预算的要求，因为广告预算在整个广告运作中具有前瞻性的规定意义。其次，广告创意规划的行动方案必须具有可操作性，脱离市场环境与企业实际的所谓理论方案会使广告创意大打折扣，甚至成为空谈。最后，广告创意必须与企业的总体营销体系相协调，服从于企业营销组合的配套要求。实践证明，光有好的广告创意，没有其他活动的协调配合，很难取得预期的效果。我国前些年中央电视台的"标王现象"，应该说有一个在当时比较好的广告创意，但是因为缺乏其他活动的有力支持，成为导致企业经营失败的典型案例。

---

同步案例 4-1

### 红牛饮料广告创意

**背景资料：**

红牛功能饮料源于泰国，至今已有40年的历史，产品销往全球140个国家和地区，凭借着强劲的实力和信誉，"红牛"创造了奇迹。20年前，风靡全球的红牛饮料来到中国，在中央电视台春节晚会上首次亮相,一句"红牛来到中国"广告语,从此中国饮料市场上多了一个类别叫作"能量饮料",金色红牛迅速在中国刮起畅销旋风。

作为一个风靡全球的品牌,红牛在广告宣传上的推广,也极其具有特色:

1. 独特性。红牛是一种维生素功能型饮料,主要成分为牛磺酸、赖氨酸、B族维生素和咖啡因(含量相当于一杯袋泡茶),红牛功能饮料科学地把上述各种功效成分融入产品之中。与以往普通碳酸饮料不同,红牛从推广之初,就将产品定位在需要补充能量的人群上。"汽车要加油,我要喝红牛",让大家通过耳熟能详、朗朗上口的广告语,接受"红牛"作为功能性饮料能够提神醒脑、补充体力、抗疲劳的卓越功效。

2. 广泛性。"红牛"的消费群体适合于需要增强活力及提升表现的人士饮用,特别适合长时间繁忙工作的商务人士、咨询服务业人士、需要长时间驾驶的专业司机、通宵达旦参加派对的休闲人士、正在进行运动或剧烈运动前的运动爱好者和需要保持学习状态的大中学生。目标对象较为广泛,供不同职业、不同年龄段人饮用。

3. 树立品牌形象,注重本土化。红牛初到中国时,知名的外来饮料有可口可乐和百事可乐,运动类型饮料有健力宝,几大饮料公司的广告宣传力度都非常强,各自占据大范围的市场。红牛饮料"中国红"的风格非常明显,以本土化的策略扎根中国市场。公司在广告中宣传红牛的品牌上,尽力与中国文化相结合,固化在各种宣传文字中。例如,在色彩表现上以"中国红"为主,与品牌中红牛的"红"字相呼应,从而成为品牌文化的底色,顺应中国人万事都图个喜庆、吉利,红红火火,期望越喝越牛。因此,红牛饮料在树立品牌形象上,实现了将红牛自身特点与中国本土文化的完美结合。

(资料来源:根据网络资料整理。)

**问题:**

红牛功能饮料的广告创意对你有什么启发?

**分析提示:**

广告从功能性饮料能带给消费者的利益点出发,主题鲜明。

广告要向消费者传播一种新的生活理念;广告宣传要具有特色;广告要注重辐射、体现本土化。

### 同步实训 4-1

## 奇瑞汽车广告创意分析

[实训目标]

提高学生对广告创意的认识。

[实训内容]

以小组为单位开展查找活动,分别收集奇瑞汽车的广告资料(平面广告、广告语、视频广告等),在此基础上,对其进行分析,得出具体结论。

[实训操作]

(1) 首先让学生明确广告创意的实质与原则。

（2）将全班学生每5—6人分为一组，并选出小组负责人。教师说明训练内容及成果要求。

（3）每个小组分别收集奇瑞汽车的3种广告资料。

（4）根据收集的广告资料，逐一分析其广告创意。

（5）小组长汇报训练内容及成果。

（6）教师对训练情况进行总结。

[成果要求]

（1）每个小组撰写出分析报告，逐一说明其广告创意。

（2）每人写出活动的体会，指出奇瑞汽车广告的优缺点。

（3）依小组报告与个人的活动体会为每位学生评估打分。

## 4.2 广告创意的内容与过程

广告创意是一种非常复杂的智力活动，具有内容多样性和过程复杂性的特征。明确广告创意的内容，掌握广告创意的程序，是广告创意成功的基础。

### 4.2.1 广告创意的内容

广告的目的是实现与目标公众的沟通，进而影响其行为。由于产品的差异、目标市场的变化，以及产品与消费者之间关联因素的变化，广告创意的结果自然是千姿百态。但是，"万变不离其宗"，优秀的广告创意都包裹着同样的核心，即沟通目标对象的方案策划。从这个角度来考察，广告创意包括以下三个层面的内容。

**1. 广告信息的构想**

任何广告都永远是一种信息，广告创意要将有关信息加工处理，并构想有效的传播方案，最后通过一定的广告作品形式经媒体送达目标公众，实现沟通。可见，广告创意首先要进行广告信息策划，其内容有：

（1）信息目标选择。一般来说，沟通消费者的信息目标有多种，如心理反应、行为引发、传播效果、企业形象、市场营销配合及社会公益维护等目标。但是，对于某一个广告创意而言，只能选定某一个或少数几个信息目标，而对所有的广告创意来说，却必须对上述目标逐一进行思考，因而上述信息目标便成为广告创意理论上的内容。以导入期的汽车广告为例，其心理反应目标可能是首选，具体的目标内容应包括引起注意、产生兴趣、激起欲望、确立信心、引发行动（购买）等；对于成熟的品牌，其企业形象目标则往往处于突出的位置。因此，对于具体产品或服务而言，不同的时间阶段，其广告信息的目标选择不一样。

（2）信息主题定位。广告创意要求以调查素材为基础，提炼出一个凝聚性的意义核心，并用最简洁的形式表达，从而形成科学的信息主题定位。定位表述在字面意义上要符合产品特点和消费者需求特性，在深层意义上应体现为利益的承诺。例如，菲利浦公司的广告信息主题定位于"让我们做得更好"，无疑是一种良好的利益承诺。

（3）媒体适应技巧。信息是由媒体负载的，广告媒体确定之后，信息策划必须考虑如何适应媒体特性的问题，只有当信息主题与媒体搭配科学化，才能提高信息传播的效果。例如，服装广告因为要突出色泽与款式，通常利用模特展示在电视、杂志等媒体上传播。

（4）信息传播策略。为了让广告受众更好地理解和接受广告信息，求得更好的传播效果，必须考虑策略问题。根据目标市场的态势，一般可选用理智性策略或情感性策略，也可以二者结合使用。如果从接受效果考察，则通常还要考虑集中传播或分散传播。

**2. 要素组合的构想**

广告创意的重要内容就是通过对原有市场要素的重新组合，对市场要素之间的关系拓展进行构想。从要素组合看，广告创意的内容包括：

（1）调查和了解与宣传对象的销售有关的全部要素，如需求状况、需求偏好、消费习惯、购买时机、品牌形象、竞争产品等。

（2）了解各种要素之间的相互关系，把握其发展变化的规律。

（3）发现知识结点，包括系列知识联系点、事实类比相似点、关系推衍法则适用点。

（4）构想拟定对旧要素进行重新组合和新要素推广的方案。

例如，房地产广告的传统宣传要素主要是住宅面积、结构、设施、方便性等，随着社会经济条件的发展，绿化、交通状况、文化环境、物业管理等与提高生活质量有关的因素日益凸显其价值。因此，按照要素组合理论，其广告创意就必须对上述各种因素进行重新整合，突出提高现代生活质量的主题。

**3. 广告创作的构想**

所有的广告策划活动，最终都必须落实到广告作品上。广告作品的创作必须考虑主题、表现方式、形象塑造、情感效应等，否则难以构成完整的广告作品。广告创意作为广告创作的中心环节，其内容也是由这几个方面所决定的。

（1）题材选择和主题构想。题材选择和主题构想是广告创作的关键，不切题或者题材选择错误是大忌。万宝路广告创意，选择商品性格为题材，构想了"男人的香烟"这一主题；美菱电冰箱广告创意，则选择了商品功能为题材，构想了"保鲜"这一新主题。

（2）表现方式构想。表现方式科学是广告作品创作的客观要求，直接关系到广告效果。例如，梅兰芳到上海首演，剧院招徕观众的广告创意构想了制造悬念的表现方式，连续在各大报刊发"梅兰芳"三个字的广告，制造了"梅兰芳何许人？""梅兰芳怎么样？"等悬念。上海一家公司在房产经营广告创意时也构想了制造悬念的表现方式，在《文汇报》上整版刊出一个特大的孤零零的问号，引起读者悬想。

（3）广告形象构想。广告形象是否贴切同样影响广告效果。这方面通常的毛病是"美女代表一切"，实际上是往往弄巧成拙。大众熟悉的形象往往能提升广告的效果，如台湾有一个喉糖的品牌，借用孟姜女哭倒长城的故事情节，只见孟姜女哭到嗓子哑了，吃一粒喉糖，嗓音恢复，中气十足，长城又被哭倒一段，让工人烦不胜烦，拜托孟姜女："不要再哭了！"这则广告，每播一次，就会让受众感到好笑一次，给人留下深刻印象。

（4）广告情感效应构想。广告情感效应是赢得认可、构成长期效应的因素。安徽的高炉"家酒"，以"让人想家"为情感效应，赢得了许多人的认可。如雕牌洗衣粉的广告，长期以来一直主打情感牌，如"中秋篇"里独在异乡工作的女儿，回到住处，惊喜地发现父亲在做红烧肉，妈妈在洗衣服。女儿热泪盈眶，爸爸腼腆地说："你妈非要来……"场面非常温馨，感人肺腑。合情合理、和谐自然的情感效应构想，是优秀广告创意的要求。

从以上三个层面分析可见,广告创意的内容是构想方案,信息策划、重新组合旧要素也是构想方案,设计作品创作框架同样是构想方案。因此,广告创意必须千方百计地提高构想方案的质量,力图有效地沟通消费者。

> 同步案例 4-2

"人头马一开,好事自然来"

**背景资料:**

"人头马"(Remy Martin XO)应该算是最早进入中国市场的 XO 品牌了。作为知名的洋酒品牌,"人头马"一直深受那些追求卓越品位并且深谙奢华享受之道的各界精英所青睐,在酒类市场中拥有极高的美誉度。作为干邑的灵魂所在,大自然赋予了葡萄原酒无穷的生命力,即被称为"生命之水"。而"人头马"干邑的"生命之水"只选用最优秀的葡萄区——大香槟区(Grande Champagne)与小香槟区(Petite Champagne)所产的葡萄来酿制。

XO 不是一种品牌,它是给干邑等用葡萄做的烈性酒定的一种等级。它是依据酒在橡木桶里存放的时间长短而定的。XO 是存放时间最长的,其次是 XOP、VS,存放时间最短的就是拿破仑。既然 XO 是高规格标号,"人头马"自然不会轻易放手这一重要阵地。他们给出的口号就是:"人头马一开,好事自然来。"

广告带给人的一种感觉,"人头马"是尊贵的,兼具香味与内涵之升华,更为"生命之水"增添天然的金黄色泽、孕育出独一无二的干邑佳酿。因此,喝人头马 XO 一定会有一些不同的感觉;"人头马"给了你一个希望:只要喝"人头马"就会有好事等着到来。有了这样吉利的"占卜",符合祈求命运的心理,大家当然愿意喝人头马。

(资料来源:根据网络资料整理。)

**问题:**

对"人头马"的广告创意进行简单评价。

**分析提示:**

"人头马"的广告创意从广告情感效应构想入手,主题突出。尊贵的人头马非一般人能享受起,喝人头马 XO 一定会有一些不同的感觉。因此,人头马给人一个希望,只要喝人头马就会有好事等着到来。有了这样吉利的"占卜",谁不愿意喝人头马呢?

### 4.2.2 广告创意的过程

广告创意作为一种创造性思维,要想用一种模式来概述其过程并不容易。诚如广告怪杰乔治·路易斯所说:"广告没有一成不变的法则,它需要灵活的思考。"但前人总结的某些经验在实践中依然具有重大的借鉴意义。不同的广告专家就创意的过程提出了多种观点,其中最主要的见表 4-1。

尽管表述各异,但对创意过程的解析思路基本一致。在这些观点的基础上,我们可以将广告创意的过程分解为创意准备、创意酝酿与构思、创意表达三个环节。

表 4-1　　　　　　　　　　　几种创意过程论

| 约瑟夫·华莱士<br>（四阶段论） | 詹姆斯·韦伯·扬<br>（五阶段论） | 奥斯本<br>（六阶段论） |
| --- | --- | --- |
| 准备期<br>沉思期<br>启迪期<br>求证期 | 收集资料<br>品味资料<br>消化资料<br>创意诞生<br>完善并实施 | 定向期<br>准备期<br>分析期<br>沉思期<br>结合期<br>评估期 |

**1. 创意准备**

在创意准备环节，需要大量地收集资料。广告创意建立在广泛占有资料、充分把握相关信息的基础上。按照詹姆斯·韦伯·扬的观点，创意需要收集的资料有两类：一是特定资料；二是一般资料。

（1）特定资料。特定资料即指那些与产品或企业有关的资料，包括以下内容：

产品的主销对象（目标消费群）。即产品主要卖给谁、广告又传递给谁。这些人的年龄、性别、文化层次、职业及购买方式有什么特点。

产品的个性内含。包括产品的档次、所用的原料、所含的成分、产地、用途外观造型、色彩、包装、商标图案、产品知名度、新产品及历史上是否获得荣誉等。

产品的文化意味。即产品能够为人们精神生活带来的利益。有的产品精神价值较为容易找到，如电视机给人们带来可视的信息。有的却未必好找，那就要挖掘它们所具有的精神附加值。如中华牙膏这样的老牌子就要强化它所携带的怀旧感："五十年风尘岁月，中华在我心中。"

（2）一般资料。一般资料即指宏观经济、目标市场及社会环境的一切要素。包括宏观经济的走势、购买能力的增减、目标市场的分割状况、即将进入或准备扩大的市场位置、容量、市场潜力、本产品可以占据的份额等。此外，还应包括相关的自然环境、国际环境、企业环境、广告环境及政治环境等各种资料。

这些资料需要运用多种手段去获得。有的需进行市场调查，获取一手资料；有的则可以利用二手资料；还有一些资料则需要创意者亲自访问来体验。

**2. 创意酝酿与构思**

对收集来的资料，要进行整理、归纳和分析，并依据广告目标，列出广告宣传品与竞争品的共性、优势或局限，通过比较分析，找出广告品的竞争优势及其给消费者带来的利益点，以寻求广告创意的突破口，形成构思。

（1）诉求点的寻找。诉求点即广告主对消费者所做的一系列承诺。承诺的确定取决于产品本身的特性、目标消费群的状况、目标市场的环境等。其中，产品本身的特性具有核心地位，如同奥格威所说："真正决定消费者购买或不购买的是你的广告内容，而不是它的形式。你最重要的工作是决定你怎样来说明产品，你承诺些什么好处。"

（2）定位点的选择。定位点是诉求点选择的结果，主要诉求点选择的过程就是定位点的确立过程。由于现实业务中的广告诉求点可能很多，任何一则广告既不必要也不可能包容所有诉求点，而必须突出重点，这就必须选择定位点。通常情况下，选择定位点有如下几个方向：

情感亲善方向——营造温馨的生活氛围、友善的人际关系，渲染情感主题。

古典怀旧方向——展现过去的某种生活风情，引导公众回忆往昔情怀。

浪漫憧憬方向——营造美好生活情景，给公众提供一个近乎梦幻的空间，引导产生无限遐想。

实用信息方向——向公众传播关于产品性能、原料特性、技术成就、形象特色等实体信息，或者介绍各种促销活动、服务活动的程序性信息。

（3）主题构思。经过长期思考酝酿后，一旦得到外在的刺激或触动，就可能灵感一动，创意跃然纸上。实际上，创意的形成即意味着主题构思的完成。所谓主题构思，就是以广告宣传的定位为基准，明确广告作品和宣传活动的中心思想、主题基调、核心内容的思维过程。具体表现为依托广告定位，分析产品特性、市场具体情况、消费心理、宏观的政治与法律环境以及社会民俗风尚等因素，确定其要素组合方式，从而获得十分合适而有效的广告表现思路。在这个过程中，广告创意人员要善于把广告作品和宣传活动视为文学作品、影视作品等艺术创作活动，这样才能提高主题构思的水平，使广告宣传作品既有明确单一的主题思想，又有内含丰富、吸引力强、感化性明显的表现形式，从而赢得公众的注意，有效地影响公众的消费心理。

例如，美国奥尔巴哈百货公司的广告创意："百万的生意，毫厘的利润"，仅把企业的"大生意"现状与企业的宗旨并列在一起托出，却体现了强烈的艺术化效果；又如，某乳制品厂的奶粉广告创意："每天一杯牛奶，让中华儿女更健壮"，把奶粉的功效与人的健壮有机地联系在一起，宣传企业的社会责任感，令人感动而行动。

**3. 创意表达**

广告创意的主题构思往往与创意表达的形式化过程联系在一起，因为创意的实现必须经过形式化阶段，即创意要通过文本才能得到表现，要通过视觉化才能得到强化，要通过大众媒介才能传达给目标对象。

（1）文本化。创意通过语言才能得以表达。文本化是创意变成广告的必经途径，而且表达过程也是创意不可或缺的组成部分。广告文本的创意非常复杂，但究其要点，一是要有别具一格的标题。有研究表明，大概50%的人看广告只读标题。有时广告还需要副标题，副标题的作用是进一步引起读者的注意，让他有读下去的兴趣。二是要合理安排广告正文，如果正文没有力量，标题就是空中楼阁，成为一个空洞的噱头。许多广告的大标题和正文缺乏紧密联系，标题只起到了吸引注意力的作用，正文缺乏诉求，广告的讯息就会显得苍白无力。要克服这个毛病，就要牢记创意是核心，而创意并不是要噱头。创意一定要使潜在消费者意识到他们会从广告产品中得到利益或者产品可以帮助他们解决问题。

（2）视觉化。所谓视觉化，是指创意不仅通过语言文字，而且通过直观画面传达出来，给目标受众以有力的心理冲击。广告创意的视觉化既是广告表达的重要内容，也是广告艺术化的客观要求，往往涉及构图、布局、图案、色彩等一系列的技术问题，特别是要注意文字和视觉性元素的配合。

## 4.3 广告创意的方法

现代广告的日新月异,使广告创意的方法得以不断发展,因而研究和学习创意产生的方法是很有价值的。广告创意的方法不胜枚举,各种方法别具特色,其中,当今广告公司最常用的是头脑风暴法。

### 4.3.1 头脑风暴法

**1. 头脑风暴法的来源**

头脑风暴法(Brain Storming,简称 BS 法),又称"脑力激荡法"。它是一种激发集体智慧来提出创新思维的思考方法,这是世界上最早用于实践的创意技法。1939 年,被誉为"创造工程之父"的美国 BBDO 广告公司经理亚历克斯·奥斯本,发现传统的商业会议制约了新观点的产生,提出了把自由赋予人们的思想和行动,帮助大家激发新观点产生的规则,逐渐变成"头脑风暴"而闻名于世。

在广告创作实践中,头脑风暴法可以在较短的时间内,开发人的创造潜力,产生创意设想。其特点是:不是由某一个创意人员去单独思考构思,而是组织一批专家、创意人员和有关人员,对广告创意主题进行集中讨论,面对面商量,通过汲取与会人员的建议和意见,依靠集体智慧,最后形成众多创意,并从中选优。

**2. 头脑风暴法的基本程序**

(1) 确定议题。必须在会前确定一个目标,使与会者明确需要通过会议解决什么问题,同时不要限制可能的解决方案的范围。一般而言,比较具体的议题能使与会者较快产生设想,主持人也较容易掌握;比较抽象和宏观的议题引发设想的时间较长,但设想的创造性也可能较强。

(2) 会前准备。为了使头脑风暴畅谈会的效率较高、效果较好,应在会前做一点准备工作。如收集一些资料预先给大家参考,以便与会者了解与议题有关的背景材料和外界动态。就参与者而言,在开会之前,对于要解决的问题一定要有所了解。会场可做适当布置,座位排成圆环形往往比教室式的环境更为有利。此外,在头脑风暴会正式开始前,还可以出一些创造力测验题供大家思考,以便活跃气氛,促进思维。

(3) 确定人选。一般以 7—11 人为宜,也可略有增减(5—13 人)。与会者人数太少不利于交流信息,激发思维;而人数太多则不容易掌握,并且每个人发言的机会相对减少,也会影响会场气氛。只有在特殊情况下,与会者的人数可不受上述限制。

(4) 明确分工。要推定一名主持人,1—2 名记录员(秘书)。主持人的作用是在头脑风暴畅谈会开始时重申讨论的议题和纪律,在会议进程中启发引导,掌握进程。如通报会议进展情况、归纳某些发言的核心内容、提出自己的设想、活跃会场气氛,或者让大家静下来认真思索片刻再组织下一个发言高潮等。记录员应将与会者的所有设想及时编号,简要记录,最好用图影显示,让与会者能够看清。记录员也应随时提出自己的设想,切忌持旁观态度。

(5) 规定纪律。根据头脑风暴法的原则,可规定几条纪律,要求与会者遵守。如要集中注意力积极投入,不消极旁观;不要私下议论,以免影响他人的思考;发言要针对目标,开门见山,不要客套,也不必做过多的解释;与会者之间相互尊重,平等相待,切忌相互褒贬等等。

(6) 掌握时间。会议时间由主持人掌握,不宜在会前定死。一般来说,以几十分钟为宜。时间太短与会者难以畅所欲言,太长则容易产生疲劳感,影响会议效果。经验表明,创造性较强的设想一般要在会议开始10—15分钟后逐渐产生。美国的创造学家帕内斯指出,会议时间最好安排在30—45分钟之间。如果需要更长时间,就应把议题分解成几个小问题分别进行专题讨论。

**3. 头脑风暴法成功的要素**

要想使头脑风暴法达到预期的效果,需要注意以下几点:

(1) 自由畅谈。参加者不应该受任何条条框框限制,放松思想,让思维自由驰骋。从不同角度、不同层次、不同方位,大胆地展开想象,尽可能地标新立异,与众不同,提出独创性的想法。

(2) 延迟评判。必须坚持当场不对任何设想进行评价的原则。既不能肯定某个设想,又不能否定某个设想,也不能对某个设想发表评论性的意见。所有评价和判断都要延迟到会议结束以后才能进行。这样做一方面是为了防止评判约束与会者的积极思维,破坏自由畅谈的有利气氛;另一方面是为了集中精力先开发设想,避免把应该在后阶段做的工作提前进行,影响创造性设想的大量产生。

(3) 禁止批评。绝对禁止批评是头脑风暴法应该遵循的一个重要原则。参加头脑风暴会议的每个人,都不得对别人的设想提出批评意见,因为批评对创造性思维无疑会产生抑制作用。同时,发言人的自我批评也在禁止之列。有些人习惯于用一些自谦之词,这些自我批评性质的说法同样会破坏会场气氛,影响自由畅想。

(4) 追求数量。头脑风暴会议的目标是获得尽可能多的设想,追求数量是它的首要任务。参加会议的每个人都要抓紧时间多思考、多提设想。至于设想的质量问题,自可留到会后的设想处理阶段去解决。在某种意义上,设想的质量和数量密切相关,产生的设想越多,其中的创造性设想就可能越多。

---

**同步实训 4 – 2**

**头脑风暴法训练**

[实训目标]
提高学生对广告创意的思考能力。

[实训内容]
以小组为单位进行头脑风暴活动,讨论"脑白金"的广告创意,得出具体结论。

[实训操作]
(1) 首先让学生明确头脑风暴的特征与要求。
(2) 将全班学生每5—6人分为一组,并选出小组负责人。教师说明训练内容及要求。

(3) 每个小组分别讨论"脑白金"的广告创意。
(4) 根据收集的广告资料,逐一分析其广告创意。
(5) 小组长汇报训练内容及成果。
(6) 教师对训练情况进行总结。

[成果要求]
(1) 每个小组撰写出训练报告。
(2) 每人写出活动的体会,指出"脑白金"广告创意的优缺点。
(3) 依小组报告与个人的活动体会为每位学生评估打分。

### 4.3.2 创意思维方法

广告创意不仅需要创意人员具有较强的创造性思维能力,还需要把握创意的思考方法。最常用的方法有以下两种:

**1. "垂直思考"创意方法**

主要是依据过去的经验、理论、模式来产生创意。其"垂直"的含义在于"心智定型化"、"类推",即"彻底想通",一般而言,这是一种比较成熟、比较有把握的产生创意的思考方法。其缺点在于它离不开旧的框框,只是旧意识的改良,难以产生新颖杰出的创意成果。

**2. "水平思考"创意方法**

这是一种主张从多方位、多角度观察和解决问题的思考方法。其"水平"的含义在于"不连续思考"、"多方向思考",即不必"彻底想通"。这种方法能够摆脱旧知识和旧经验的束缚,突破以往的范围和视角,只求想出此前并没有考虑到可能解决问题的新方法与途径,因而可以弥补垂直思考的不足,以利于"再形成构想"。

垂直思考与水平思考法各有所长,可结合起来使用,关于二者的不同点,如表4-2所示。

表4-2　　　　　　　　　垂直思考法与水平思考法之比较

| 垂直思考法 | 水平思考法 |
| --- | --- |
| (1) 选择性的 | (1) 生生不息的 |
| (2) 在假定有一个方向时思考才会移动 | (2) 在没有任何方向时思考移动,以求找到方向 |
| (3) 是分析性的 | (3) 是激发性的 |
| (4) 按部就班地 | (4) 可以跳来跳去地 |
| (5) 每一步都必须正确 | (5) 不必考虑这一问题 |
| (6) 为了需要封闭某些途径时要使用否定 | (6) 没有否定 |
| (7) 要集中排除不相关者 | (7) 欢迎不相关者闯入 |
| (8) 遵守最可能的途径 | (8) 探索最不可能的途径 |
| (9) 类别、分类法和名称都是固定的 | (9) 不必固定 |
| (10) 是无限的过程 | (10) 是必然性的过程 |

应当说,水平思考法是广告人进行创意的主要思维方法,但水平思考法并不排斥垂直思考法,一旦通过水平思考法获得了某种满意的新构思,要使之深入、具体,还要运用垂直思

考法，进行深入的剖析。

### 4.3.3 "五个阶段"创意法

在广告创意方法中，最具经典意义的广告创意方法是由詹姆斯·韦伯·扬于1940年提出的"五个阶段"创意法。他强调，知识是杰出创意的基础，但不止于此，知识一定还要加以消化，最后以一种鲜活、崭新的相互关系与组合出现。他坚持在发展构想上应当遵循五个特定的步骤，但把握此方法的要点是认识五步骤之间的关系，并绝对遵循五步骤的先后顺序，这就是所谓的"五个阶段"创意法。

**1. 收集原始资料**

这是许多人都想规避的、相当烦人的琐碎事务，但是必要和重要的。要收集的资料包括解决眼前问题的特定资料和平时不断积累的一般资料。通常情况下，有关要素组合的资料收集得越多，有效发展这些要素的新组合或创意的机会越多。

**2. 用心智去仔细检查资料**

这主要是指对收集的原始资料进行鉴别、取舍，正如同人对食物加以消化一样，可以通过多角度思维、比较分析等方法，选定最具影响力与指导意义的资料，为广告创意提供依据。

**3. 孵化阶段**

它表现为完全顺乎自然，使大脑处于完全轻松、不问正事的状态下，让心智在下意识中自然而然地"消化"材料。因为当人们把题目全部放开，尽量不去想这个问题时，反而更能刺激想象力和情绪，让问题在下意识的心智中更好地发生作用，寻求相互关系。

**4. 构想的出现**

如果在上述三阶段中确已尽到职责，那么几乎可以肯定会经历第四阶段，即突然出现了创意。一段休息和轻松之后，创意会在非期望的时机出现。新组合怎样从旧组合中产生至今无法解释。

**5. 最后形成并发展完善创意**

并非每一构想都完美无缺，一个构想常常需要加工或改造才能完全适合具体情况。因此，新生的创意有一个征询意见、修正完善，把它发展成能够实际应用的创意的过程。特别要防止因为没有足够的耐心完成全过程或加工改造时不留神而失去许多好的构想。

以上"五个阶段"创意法既是作者几十年广告生涯艰苦探索的经验总结，并从世界许多著名作家、科学家的创作、发展过程中得到验证，同时也符合现代心理学中所揭示的人的思维规律。其价值在于叙述了广告创意的一种有效方法，并且有经典示范性。

**同步案例 4-3**

### "白加黑"感冒药历久弥新

**背景资料：**

感冒了，流眼泪、打喷嚏、咽喉发炎、嗓音嘶哑，怎么办？

吃药呗。但是不少人都有倦态的体会：这治感冒的药，吃下去总爱犯困，自然影响白天的工作和学习。忽然有一天，电视上有了这么一条广告——

白天吃白片，不瞌睡；

晚上服黑片，睡得香；

清除感冒，黑白分明。

"盖天力"为使"白加黑"杀出一条生路，创立治疗感冒的新概念，刮起了一股"白加黑"的炒风，赢得了广阔的市场。

"白加黑"在不同的市场环境和品牌发展阶段不断推陈出新，推出了一个又一个富有创意而风格隽永的广告片：

上市之初，一身黑衣的白领丽人精力充沛的工作场景与身着白色宇航服的男性宇航员在失重环境下安然入睡的画面巧妙地反映出产品"黑白分明"的特点和白天不瞌睡的产品特性，为产品上市后迅速占领高端市场发挥了极大的作用。

2000年，东盛又斥巨资在澳大利亚投拍了由外籍演职人员担纲的"赛艇篇"广告，精美的画面和宏大的气势提升了"白加黑"的品牌形象，帮助"白加黑"在"后PPA时代"的激烈竞争中脱颖而出。

2003年，东盛又起用了风头正劲的网络歌手雪村及其流行一时的歌曲曲调，轻松诙谐的广告风格和片尾那句极富东北风味的广告语"感冒——上白加黑呀！"迅速在消费者中流传，拉近了品牌与年轻、时尚消费者的心理距离。

2004年，为了增加品牌对于年龄偏大一些的更广泛的销售人群的好感度，香港凤凰卫视著名主播吴小莉又进入了"白加黑"的广告片，她沉稳、端庄的气质准确地演绎出"白加黑""无论白天和黑夜，表现就是这么好"的品牌诉求，进一步提高了消费者的品牌忠诚度。

2004年12月，"白加黑"荣获中国第21次南极科考队"指定感冒药"称号，2005年初，"白加黑"被《健康报》报社等单位联合评为2004年度"百姓放心药"品牌。

经过十年来一波接一波的广告战役，以及整合营销的步步推进，"白加黑"的品牌知名度稳居同类产品的榜首，市场占有率与品牌忠诚度也是名列前茅。"白加黑"已经成为本土品牌中一个历久弥新的典范。

（资料来源：根据有关资料整理。）

**问题：**

"盖天力"的"白加黑"为什么能历久弥新？

**分析提示：**

（1）"盖天力"为使"白加黑"杀出一条生路，创立治疗感冒的新概念，以这种新概念作为"白加黑"飞越当代时空的支点，以"白加黑"命名，极富新意。

（2）广告定位"清除感冒，黑白分明"，恰到好处。宣传新生产品、新观念，刮起了一股"白加黑"的旋风，形成了轰动效应。

（3）"白加黑"在不同的市场环境和品牌发展阶段不断推陈出新，经过十年来一波接一波的广告战役，以及整合营销的步步推进，创造了历久弥新的典范。

## 本章知识脉络

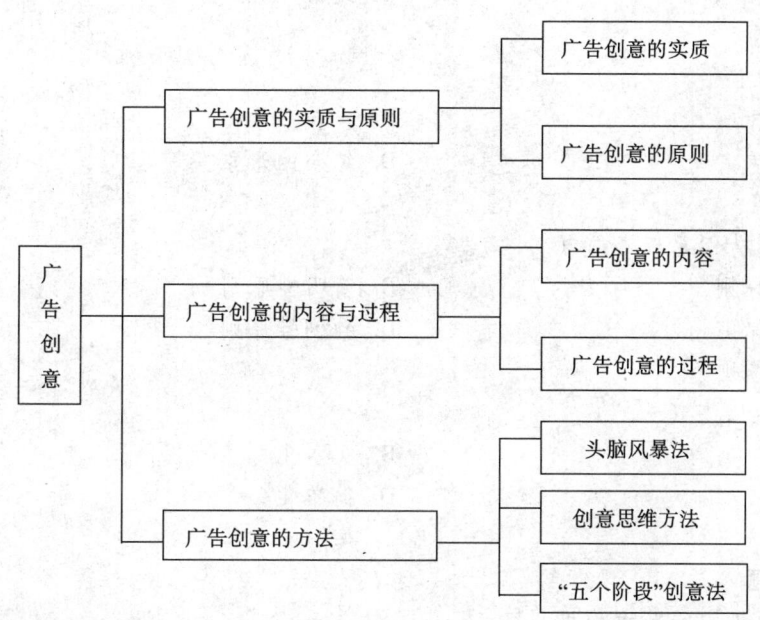

**本章导入案例点评：**

1. 玉兰油的广告创意以"中国式美丽"为核心，致力于为中国女性打造自身独特的美丽气质，突出了广告的主题。

2. "中国式美丽"是一个强有力的"独特的销售主张"，向中国女性消费者承诺了一个重要的利益点，定位于浪漫憧憬方向。对于广大中国女性来说，这一定位明确而具亲和力，对其营销空间的拓展具有重要意义。

## 思考与练习

**1. 理论题**

**(1) 单选题**

①创意的生命力在于（　　）。

A. 想点子　　　　　　　　　　B. 创新

C. 沟通　　　　　　　　　　　D. 应付竞争

②广告创意的成果是（　　）。

A. 实现销售目标　　　　　　　B. 达到企业目标

C. 形成富有吸引力的美好意境　D. 促进企业发展

③以下不属于头脑风暴法要求的是（　　）。

A. 集中讨论　　　　　　　　　B. 择优

C. 禁止批评　　　　　　　　　D. 投票

④按照詹姆斯·韦伯·扬的观点，下列内容中属于一般资料的是（    ）。
A. 色彩  B. 包装
C. 商标图案  D. 政治环境

**(2) 多选题**

①广告形象包括（    ）。
A. 文字形象  B. 声音形象
C. 图形形象  D. 综合的形象
E. 产品形象

②成功的广告创意应遵循（    ）。
A. 目的性原则  B. 简明性原则
C. 思想性原则  D. 独创性原则
E. 可行性原则

③创意表达应该（    ）。
A. 科学化  B. 文本化
C. 视觉化  D. 简单化
E. 通俗化

**(3) 判断题**

①广告创意必须是艺术构思。（    ）
②广告创意的目的正是通过促进销售而实现沟通。（    ）
③广告主要诉求点选择的过程就是定位点的确立过程。（    ）
④"垂直思考"创意方法主要是依据过去的经验、理论、模式来产生创意。（    ）

**(4) 简答题**

①如何理解广告创意的实质？
②简述詹姆斯·韦伯·扬的"五个阶段"创意法。

## 2. 实务训练题

**【案例分析1】**

**案例资料：**

"醉"小巧的酒窖，在江南

宣酒特贡是白酒产品的一种，企业建于1951年，公司位于历史悠久的"江南诗山"敬亭山南麓，风景秀丽的水阳江西岸，占地面积10万余平方米，拥有近1000条固态发酵窖池，10条现代化生产线，年产2.3万吨。宣酒新工业园1000多条窖池，业已建成。2005年10月通过ISO9001:2000国际质量管理体系认证。2010年1月，通过ISO14001环境管理体系。2011年9月，通过ISO10012测量管理体系AAA级认证。2011年12月，国家标准化良好行为AAA级企业。

"宣酒"（如图4-2）的广告语"小窖酿造更绵柔"让人难忘。"宣酒"诞生在江南，是美丽的江南赋予了宣酒诸多神奇的因子。富庶的江南衍生出发达的酿酒业。1962年5月，位于闻名遐迩的江南诗山——敬亭山南麓的宣酒大曲车间工地，发掘出七条古窖池。经考古研究和科学论证，这些呈梯形、体积不到8立方米的"宣酒古窖"属典型的江南小窖池，建于乾隆年间,迄今已有200余年的悠久历史。据检测,窖池中的古窖泥仍然具有良好的活性,令考古界、史学界、白酒界的专家们倍感惊奇,将之誉为"江南第一窖"。江南小窖群的发掘印证了宣城悠久繁盛的酿酒历史。白酒界的专家在反复考证、研究之后发现,作为江南门户的宣城,实在是有着天造地设条件绝佳的酿酒"福地":

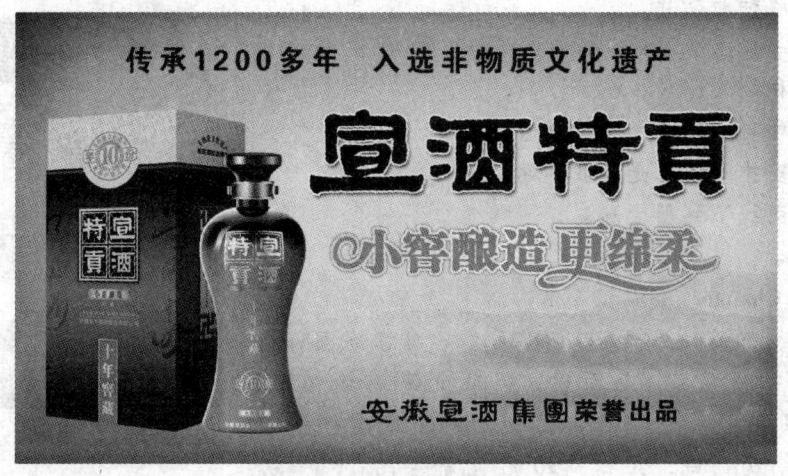

图4-2 "宣酒"的广告图

酿之本,宣城与五粮液产地宜宾同属亚热带湿润季风气候,同处北纬29度。拥有年平均气温19摄氏度、平均湿度0.8的绝佳酿造环境,宣城素有"江南宜宾"之美誉。

酿之根,酿造宣酒的江南小窖池相对于标准窖池容积较小,其独特的梯形设计,大大增加了酒醅与窖泥的接触面积,使酒醅发酵更加充分均匀,同时产生更多的提香物质,酿造出的酒体加倍丰满,香味特别醇厚。

酿之韵,宣酒的酿造车间坐落于敬亭山南麓的红壤转换层之上。酿造所用虎窥泉水,源自于江南诗山——敬亭山。此山常年云生雾起,聚散依依。泉水常温在12.9摄氏度,富含偏硅酸、锶、硒等微量元素,是酿酒的上乘之品。

酿之魂,宣酒独特的"江南小窖古法酿造工艺",被业内人士视作东方固态酿酒技艺的典型代表。此古法始于唐代,共有100多道工序,在长期的生产实践中,宣酒人于传统的泥池老窖、老五甑工艺的基础上加以发展创新,使宣酒品质更加绵甜柔和。

得天独厚的珍贵资源,造就了宣酒特贡小窖绵柔的独特口感与卓然品质,令人一见倾心。"宣酒"的广告正是抓住这一点,主打"小窖酿造更绵柔"牌,成就了"宣酒"神话。

(资料来源:根据有关资料整理。)

**设计问题:**

(1) "宣酒"是如何从宣酒酿造历史中发掘广告创意的?

(2) 从"宣酒"的广告看,广告在品牌建设中具有哪些作用?

## 【案例分析 2】

**案例资料：**

"90 后" 李宁广告

以下是"90 后"李宁广告（图 4-3）语：

不是我喜欢标新立异，
我只是对一成不变不敢苟同。
别老拿我和别人比较，
我只在意和自己一寸一寸地较量。
你们为我安排的路总是让我迷路。
沿着旧地图找不到新大陆。
让改变发生
Make The Change

原李宁标志

现李宁标志

图 4-3 李宁广告图

有人认为，李宁之前的老 LOGO "一切皆有可能"是一种心态，一种境界，厚而稳，但缺少锋芒与力量，正如 30~45 岁年龄的老成；Make the change 则是一种选择，一种行动，力而锐，正如"90 后"新生代。"一切皆有可能"诠释的是"思者无疆"，Make the change 倡导的是"行者有路"。

（资料来源：根据有关资料整理。）

**设计问题：**

（1）"90 后"李宁广告是如何实现创意跨越的？
（2）结合你对李宁运动服的认识，谈谈你对李宁运动服广告的建议。

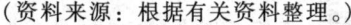 业务模拟训练

评析广告创意

**训练目标：**

培养学生评析广告创意的能力。

**训练内容：**

以小组为单位分别收集两个广告资料，评析其广告创意。

**训练操作：**

（1）首先让学生明确广告创意评析的要求。
（2）将全班学生每 5—6 人一组分组，并选出小组负责人。
（3）小组根据评析的要求进行分工。
（4）小组长带领小组成员收集两个广告资料。
（5）小组长组织小组成员进行讨论、汇总。
（6）形成评析报告。

**成果要求：**
（1）每个小组收集两个广告资料。
（2）每人写出评析体会，含未被采纳的个人建议。
（3）依小组的报告给小组评分。
（4）依个人的评析体会为每位学生评分。
（5）每名同学的实训成绩由小组的分数与个人分数的各50%组成。

# 第 5 章
# 广 告 媒 体

**学习目标**

**知识目标**：认识广告媒体的发展历史，了解广告媒体的功能与特点；明确不同广告媒体的特征，特别是四大主要广告媒体的优点和缺点。

**能力目标**：学会分析广告媒体的功能和特点；熟悉广告媒体的分类，对给定广告媒体能合理进行归类；掌握主流广告媒体的优势，并进行选择；学会辨识广告新媒体。

**导入案例**

## 吴济南药室的灯笼广告

清朝末年，吴济南药室本着药店药材要以行善积德为先的宗旨，在社会上多做好事，提高了药店的声誉，使广大市民在道德信誉上对药店有一种认同感、亲近感，为药店的经营创造了一个很好的舆论环境。有些病人黑夜突然发病，当时城乡尚无手电筒，请医抓药走夜路很不安全。吴济南药室从方便病人出发，制备了一大批纸灯笼，上面写着"吴济南药室"5个朱红大字，送给夜里来抓药的人，深受人们的欢迎。后来，他们又推而广之，在近郊两县四乡交通要道旁的酒店饭庄茶亭里存放灯笼，让走夜路的人取用。这样一来，药店虽然为制作灯笼花费了一笔钱，但当时长沙附近，无论是大街小巷还是田野乡间，每到夜晚，人们常常看到吴济南药室的红字灯笼照耀不熄。药店行善积德做好事的名声越传越广，上门购药者也日踵其门。每到流行病蔓延（如春疫、夏感、秋痢、冬寒）之时，吴济南药室以治病救人为立店之本，走上街头，随时赠送救急药品。各种药品包装纸上都印有"吴济南药室奉赠"字样，使许多得救的病人一辈子也忘不了吴济南药室的美名。

（资料来源：根据百度文库资料改写。）

吴济南药室采用灯笼这样的生活用具作为传播自身形象的媒体，取得了非常明显的效果。虽然古人对媒体并没有形成科学的认知，但是媒体在广告中的作用确是贯穿古今的。尤其在当今社会，了解广告媒体的种类和作用，科学地使用媒体，对于提高广告的效果，确保广告的效益具有非常重要的意义。

## 5.1 广告媒体概述

广告媒体是传播广告信息的媒介物,在广告主与广告对象之间起媒介作用,故又称广告媒介。广告媒体是把广告信息从广告主传达给受众的传播渠道,它是使商品信息得以迅速传播并使之被消费者了解、接受的一种重要的宣传和沟通的工具,是广告主用来进行广告活动的物质技术手段。凡是能传递广告信息的物质技术手段都有可能成为广告媒体。

做广告不仅需要作为载体的媒体,而且需要选择合适的广告媒体。如何正确地认识广告媒体、正确地选择广告媒体、正确地应用广告媒体,以此达到准确传达信息的效果,并以最小的广告支出获取最大的广告效益,从而达到树立品牌形象,促进商品推广、销售的目的,是每个广告主孜孜以求的目标,同时也是企业营销成功的一个重要条件。

### 5.1.1 广告媒体的发展

**1. 古代媒体**

古代早期常见的广告媒体极其质朴简陋,主要有叫卖广告(卖主呐喊)、音响广告(笛子、箫管等乐器吹奏)、招牌、幌子(见图5-1)、旗帜广告等。这些早期的广告媒体,承载信息的量小,传递的范围窄,广告效果十分有限。造纸术的应用使广告媒体材料开始发生第一次质的飞跃,纸是继叫卖、笛子、箫管、布匹、木板、旗帜等材质之后常见的广告媒体材料。

**图5-1 《水浒传》中的幌子广告**

古代中后期常见的广告媒体在原来的材质上更加讲究艺术效果和品牌效应,书画装裱达到极高境界。广告媒体所承载的信息量增大,传递的范围广,广告效果较佳。北宋毕昇发明了活字印刷术。活字印刷术的应用使广告媒体技术开始发生第一次质的飞跃,出现了早期的报纸、杂志、图书、楹联、日历等印刷媒体。

## 2. 近现代媒体

1920年，无线电广播正式问世，随之带来了广告业的飞跃发展，而在此以前的几十年内，广告活动只有通过印刷物来传播广告信息。1940年，电视机问世后，广告的发展更是进入一个新的境界。由于电视的普及，广告的信息传播广泛普及。与此同时，印刷技术的改进，导致了彩色印刷的出现，同样也使广告业得以进一步发展。迈入21世纪的人类社会又迎来了以微电技术和互联网技术为主要推动力的信息时代。

今天，报纸、杂志期刊等印刷媒体的普及，广播、电视、电子显示屏等电子传播工具的应用，特别是互联网、手机等新兴的广告媒体的后来居上，使得现代广告媒体在现代材料科学、光电科学、印刷科技等自然科学和摄影艺术、绘画艺术、音响科技等人文艺术的支撑下影响和诱导着我们的生活消费、思维观念和物质文化领域。而那些早期的广告媒体如招牌、幌子、旗帜等，如今也应用自然科学的新成就，纷纷以新的形式——擎天柱、大型看牌、大型三面翻、霓虹灯、候车亭灯箱、灯杆灯箱、室内灯箱、个性橱窗等婀娜多姿地展示在人们面前。更有DM广告、POP广告、黄页广告、公交广告、文体会展、"景观墙"等广告媒体形式不断涌现（见图5-2），为传播广告信息开辟了广阔的天地。

图5-2 淘宝网的墙体广告

### 5.1.2 广告媒体的功能

广告媒体总是生存在与之相适应的社会环境中，成为社会系统的有机组成部分。在接受社会运行机制的约束时，对社会系统的各个方面也产生了很大的影响。如今广告的力量正随着经济的发展在日益增强，逐渐引领生活消费的潮流。

**1. 经济功能**

现阶段，广告媒体已经成为信息产业的一大支柱，全球各地的绝大部分媒体都是以出售广告版面和广告时间为其经济收入的主要来源。对于专业性的广告公司来说，广告媒体更是他们收入的唯一来源。

与广告媒体刊播广告而使企业获得的经济利益相比，它通过自身的广告条件获得的广告费用还只是杯水车薪。往往企业通过广告宣传产品后可以获得较大的产品销量，从中取得巨额利润，这只是广告媒体所起的间接性经济功能。广告媒体更突出的经济功能也正是表现在对企业经济利益的增值上。

（1）沟通市场关系。生产者的产品与消费者的购买与消费在时间上、空间上都存在着距离。有了广告特别是及时传播的广告，各式各样的产品都可以通过广告向消费者告知。通过广告，企业可以向消费者传递有关产品或劳务的性能、特点、价格、购买方式及使用方法等基本信息，也可以将企业新产品的开发、产品的升级改进、产品或企业的更名、产品价格的变动优惠措施、包装的变化及有利于企业营销的各种信息及时地传达给消费者。

（2）塑造品牌形象。"一声叫卖，十里来客"、"不卖牛排、只卖嗞嗞声"等广告经典宣传语已经充分说明品牌形象在推动企业发展中的重要作用，而品牌的塑造重任很大程度上则由广告媒体肩负。特别是在新产品刚上市时，都需要伴随着一声声的"大喊大叫"。通过广告媒体，产品的有关信息就可以告诉受众，以引起他们的选择性注意和接触，增强他们对产品有意无意地了解，从而在他们的脑海中形成对该产品的初期印象。这样，受众在了解了该产品具备什么功用之后，在购买同类产品时选择该广告产品的概率就大大提高。

**2. 消费者功能**

广告媒体总是要发布一定的广告信息的，受众通过广告媒体可了解到广告的基本信息，并根据广告媒体所提供的信息适当调整个人的消费行为。因此，对于消费者来说，广告媒体的功能主要体现在两方面，其一是认知性功能，可以了解到更多的产品信息；其二是引导性功能，受众通过了解，有选择地接触、购买广告产品，从而引导自己的消费行为和生活方式。

（1）认知功能。广告媒体总是要发布一定的商品信息的，通过对广告媒体的认识，受众就可以获得对该产品信息的了解。这就是广告媒体所表现出的对消费者的认知功能。它指的是广告以传递信息的形式向市场进行诉求认知的方式，主要通过语言、文字、色彩、图像、质感等来揭示信息特征。美国总统罗斯福对广告媒体的认知教育功能给予了十分的肯定。他说，若不是有广告来传播高水平的知识，过去半个世纪各阶层人民现代文明的普遍提高是不可能的。可见，广告媒体的认知教育功能对于普及基本生活常识具有重要的帮助作用。

（2）引导功能。一般人们认识商品有三种渠道，一是消费者亲身体验而获得的商品信息，二是通过亲朋好友的介绍而了解到的商品信息，三是通过广告媒体了解到的商品信息。如前所述，如今的广告媒体遍布大街小巷，已经成为人们获得商品信息的主要来源。在广告媒体所提供的信息中，包含了产品的性能、用途、特点、价格以及如何使用、维护等。这实际上无形当中让消费者提高了对该产品的认知程度。通过这种认知，消费者已经知晓如何购买商品和使用商品了，在内心深处产生了一种购买的心理标尺。

广告媒体所提供的那些基本的商品信息逐渐成为消费者购买商品时的重要参考依据。现在市场上有什么商品、同类商品中又有哪些品牌、在什么地方卖、什么价格、什么时候会有打折或者优惠，这些都是消费者决定购买所不可缺少的必要信息。此外，广告媒体还通过创造流行、时尚，引导消费者行为。比如近些年来，每到西方情人节2月14日，送花、送巧克力总成为广告中最具有诱导性的画面。

**3. 社会文化功能**

自从有了广告，人们的生活面貌可谓焕然一新。在现代城市里，广告随处可见，它已经成为人们生活环境中不可缺少的有机组成部分了。

（1）美化协调外部环境。路边的招牌广告、公交车身广告、礼品广告还有赞助广告等一系列的广告形式让广告处处在、时时有。它们以各种形式交相辉映，美化了市容环境，优化了城市形象，使城市充满了现代化气息。当醒目的街头广告牌、美丽的霓虹灯与一个城市古老的文明结合在一起的时候，当那些单调的围墙被贴上广告画的时候，当广告衫上印上广告图案和广告语的时候，广告媒体已经名副其实地走入了现代文明生活中（见图5-3）。

图5-3 依云矿泉水的定制广告衫

（2）培养高尚的心理环境。在塑造外部广告环境的同时，广告媒体也营造了一个广告心理环境。那些优美的广告歌、动人的广告诗、绚丽的广告画以及精彩的广告词，无不给人以艺术上的享受，使人们可以陶冶在美好的文化艺术海洋之中。广告媒体把人们带进了一个丰富多彩的广告世界，创造了前所未有的广告文化氛围。

特别是一些公益广告，它们直接反映出全社会的优秀美德，提倡新型的价值标准。它们能够更直接地鼓舞人们朝着健康、积极的生活方式不断追求进步，在相当程度上有助于形成良好的社会道德风尚，形成真善美的生活风气。

### 5.1.3　广告媒体的特点

广告从一开始就发挥着巨大的社会效应，对社会生活的各个方面包括政治、经济、文化、军事、科技等都起着积极的推动作用。广告媒体作为物理载体，在日渐发展的社会生活中其功能得到进一步的强化和推进。一般来说，广告媒体具有以下特点：

**1. 传播范围的广泛性**

广告媒体，特别是大众传播媒体，包括报纸、杂志、广播、电视、网络等，由于它们在时空上占据着很大的优势，可以将大量的广告信息大范围地传播。正如现在所流行的说法，大众媒体争夺了大量的受众，结果又把受众高价卖给广告主。当今社会，广告媒体无孔不入，无所不在，不可抗拒；同时，又纷繁复杂，五花八门，各具特色。凡是传递信息的方式，都有可能是广告。

**2. 外在包装的吸引性**

广告主为了追求广告效果，在初期广告制作中总是花费较大代价去做好广告语、广告片等，争取将广告内容做到最易引起注意、能够较好地吸引受众。通过广告内容的吸引性，能够最大限度地争取到更多的受众注意力资源。但是，随着商品竞争的激烈，广告主发现单纯以内容上的吸引已经无法满足市场竞争的需要了。于是，更多的广告主把力气花在广告媒体的外在包装上（见图5-4）。比如在知名大众媒体上做广告、在繁华地段做广告牌、延长广告时间、扩大广告版面、增强广告牌的鲜艳度等，诸多广告媒体的外在包装形式已经成为广告主吸引受众的重要策略。经过如此一番精心打扮，原来不怎么起眼的广告媒体也多增了几分姿色，对于吸引受众的注意力和审美效果着实起到一定的作用。

图5-4 制作成iPhone6造型的印刷广告

### 3. 承载形式的渗透性

广告媒体种类纷繁多样，随着广告资源的不断延伸和拓展，广告媒体形态已渗透我们的生活。在路边有路牌广告，在电梯里有电梯广告，在公交车上有公交广告，甚至有的广告已进入卫生间（见图5-5）。广告的触角和力量已是无处不在。正是这种多元化的媒体类型，使得广告媒体具备了渗透性的特点。因此，对于不同的产品、不同的广告商，广告媒体均可以根据其自身特点提供最具价值的广告形式。

图5-5 麦当劳的地面广告

### 5.1.4 广告媒体的分类

随着科学技术的进步和人民物质文化生活水平的日益提高，我国广告媒体种类、特点、适应性、影响力、覆盖率、受众层次构成等各方面均得到了量的扩张和质的飞跃。我国广告媒体正朝着电子化、现代化和艺术空间化的方向发展。当今广告媒体的总体格局是：传统媒体重新排序，电视、报纸、广播、杂志；新生媒体（网络、手机、DM、POP、黄页等）另辟蹊径；古老媒体改头换面；电视、擎天柱、大型看牌、大型三面翻媒体各领风骚。目前广义广告媒体有数百种，狭义的有表 5 – 1）所列的数十种：

表 5 – 1    广告媒体一览表

| 媒体接触方式 | 广告媒体品种 |
| --- | --- |
| 电子物理方式 | 电视、网络媒体、手机、电子显示屏、霓虹灯、候车亭灯箱、灯杆灯箱、室内灯箱、广播、电影、投影广告、录像广告、电视报纸、电话广告、传真广告 |
| 图文印刷方式 | 报纸、杂志、期刊、DM 广告、电话簿黄页、画册、列车时刻表、票证、标签广告、商品目录、商品说明书、宣传小册子、广告彩页、明信片、海报、招贴、挂历广告 |
| 光色展示方式 | 擎天柱广告、大型看牌、大型三面翻、POP 广告、大型样本模型、陈列、个性橱窗、候车亭广告箱、路灯杆广告箱、室内广告箱、广场公园雕塑造型、公交车厢（站）广告、文体会展、景观墙、门面广告、活人广告、招牌、幌子、旗帜、气球、飞艇、飞机、书法广告、专用广告车 |
| 其他连带方式 | 手提袋、购物袋、包装纸、餐巾纸、实物馈赠、火柴盒、打火机 |

以上这么多的广告媒体，我们还可以按照不同的标志进行分类。

**1. 按照媒体出现的历史序列划分为传统媒体、现代媒体、先导媒体**

传统媒体主要指电视、报纸、广播、杂志这四大媒体和大型看牌、灯箱、商店橱窗等；现代媒体主要指擎天柱、电子显示屏、大型三面翻、DM 广告、POP 广告、霓虹灯等；先导媒体主要指网络媒体、手机、文体会展、黄页广告、公交广告、景观墙等。

**2. 按照媒体的物理属性划分为印刷媒体、电波媒体、感光媒体、光敏媒体**

印刷媒体是经由印刷工艺实施的媒体，如报纸、杂志、招贴、样本说明、企业手册、购物指南、提袋、商品包装、展销会刊等。电波媒体是以电波为载体的媒体形式，如电视、广播等。感光媒体是以感光材料为信息传播载体的媒体，如电影胶片、幻灯胶片、照片等。光敏媒体是以光电效能实现传播的媒体形式，如电子显示屏、激光、光导纤维等。

**3. 按照媒体的传播周期划分，一般分为长时效媒体和暂时效媒体**

长时效媒体广告暴露时间长，可持续数月乃至数年。一般具有固定位置，也就是那些具有相对流动性的自营媒体多属于长效媒体，如路牌、霓虹灯等。暂时效媒体传播周期短，一般为数天或数十天不等，广播、电视、报纸、杂志等，通常比较适宜做时令性强的广告。

□ 同步案例 5-1

同一产品不同媒体广告比较

[实训目标]

提高学生对不同媒体广告的认知。

[实训内容]

将全班分为若干组,每组分别针对一个产品(产品类别如饮料、白酒、电视机等),尽可能多地收集不同媒体广告,并进行比较分析,归纳各类产品最适合的广告媒体有哪些。

[实训操作]

(1) 确定收集的产品对象。
(2) 收集该产品的户外广告。
(3) 收集、保存该产品的网络广告。
(4) 查找、收集该产品的电视、广播、报纸、杂志等媒体广告。
(5) 小组长汇总同学的成果。
(6) 教师对各组情况进行总结。

[成果要求]

(1) 每人列出自己的收集汇总表和心得体会。
(2) 每个小组撰写出同一产品不同媒体广告比较分析报告。
(3) 依小组报告与个人的活动体会为每位学生评估打分。

## 5.2 四大广告媒体

长期以来,电视、报纸、广播、杂志这四种大众传播媒体,一直充当着主流广告媒体的角色。从 19 世纪开始,它们广泛地应用于商业活动,大大拓展了广告的功能和价值,从而成为广告媒体的"四大天王"。进入新世纪,虽然网络和各类新媒体对它们发起了强有力的冲击,但仍不足以动摇这四大媒体的根基。对于广告从业者来说,熟悉四大媒体的特性,了解四大媒体的优势与缺陷,是进行广告策划活动的基础。

### 5.2.1 电视

电视作为科技的产物最早诞生于英国,20 世纪 50 年代在发达国家普及。1979 年 1 月 28 日上海电视台播出了第一条电视广告,揭开了我国电视广告发展的序幕。

**1. 电视媒体三要素**

电视媒体借以表现广告信息的基本要素包括图像(Video)、声音(Audio)和时间(Time)。图像,即呈现在电视屏幕上的映像。它是具体、动态的景物形状与颜色的影像,是摄像机或摄影机拍摄下来,再通过电视机还原的一种幻象。图像是电视媒体的主要构成要素,具有生动、直观、具体等特点,往往一个镜头就可以提供综合多样的视觉信息。声音是声波通过电视机还原的结果,是各种声音信息的再现。声音与图像配合,向观众提供丰富的信息,具有很强的表现力和真实感。电视媒体的广告时间有三重含义:一是指广告的实际长度;二是指电视广告的表现时间;三是电视广告观众的心理感受时间。

**2. 电视在广告传播中的优势**

(1) 电视是具有动画影像、逼真音响、艳丽色彩的电子媒体。电视是视听合一的媒体,既能听,又能看,能直观、生动、形象地传达信息。优美的音乐、生动的形象和丰富多彩的节目形态富有高度的欣赏性和强烈的感染力。电视广告声形兼备,可以突出展现商品个性,如外观、内部结构、使用方法、效果等。既能展示商品,又能配以解说词。电视广告不但可以介绍商品性能、质量、制作特点、使用方法,而且能现场演示操作,形式多样,生动活泼。

(2) 电视信号覆盖范围广,收视率高,受众范围广泛,层次多样。电视由于信号技术上的优势可以实现广泛范围内的传播。电视信号的覆盖面决定收视率。电视广告能为一般日用品及耐用消费品的销售在广泛范围内打开市场。无论城市农村,几乎每个家庭都拥有一台电视机。一台电视机可供所有家庭成员共同观赏,受众范围宽松,受众的总体数量相当可观。可以说,电视大众性强,可以涵盖各个层次的受众,小至学龄前儿童,大至白发老人均可从电视中找到他们喜爱的节目和插播广告,他们都可能是广告信息传达的目标受众。

(3) 电视的时效性强,不受时空限制,现场直播适合展现形象、现场、过程。电视媒体打破了时空局限。对于很多重大经济事件、商务活动、文体赛事等采取现场直播的方式,将大量观众吸引到电视机前面。电视广告的时段可以预先设定,广告长度(秒)和播出时间(次数)可以进行科学计划。在现场直播的节目前中后插播广告,无论针对性和到达率都较佳。

(4) 电视的表现力、吸引力、渗透性强。电视广告的表现力最为强烈,诉求力直逼心情、爱情、亲情、友情,以情动人,借助社会伦理道德和社会舆论,抓住主流文化,引领时代风尚。电视节目的内容与受众之间具有当面交流的亲切感,受众抗拒心理弱,信息比较容易被接收。电视广告投放形式灵活、内容的选择性比较强,这样更加能够提高广告效果。

**3. 电视在广告传播中的缺陷**

(1) 时间紧促,短时间内传递的信息量有限而且稍纵即逝。电视节目严格按时间表进行。结束的时间一到,节目即告终止,一次性地播送内容难以给观众留下清晰而深刻的印象。电视广告以秒作为计时单位,一则电视广告通常的长度多为 30 秒、15 秒和 5 秒。在短时间内能传达的信息量肯定是有限的,无法提供大量而全面的关于产品的信息,因而在播放次数上和对广告内容的详细解释上都形成限制,观众稍不注意就转瞬即逝,不能曲尽人意。必须靠反复的重播来加强记忆,加深印象,这样会导致播出成本的上升。

(2) 制作成本及播出费用高昂。电视广告片的设计很专业,制作周期比较长,制作过程中需要的人力、物力都比较多。演员、道具、场景安排等都得花一大笔投资,摄制费用也很昂贵,整个制作成本比较高昂。由于电视广告比较受企业主和广告公司的青睐,广告时段,尤其是黄金广告时段总处于供不应求的状况,电视广告的播出费用也相当高昂,往往一秒千元。晚间收看电视人数最多的时间称为黄金时间,播出费用更高。高昂的费用促使广告主和广告公司要有效利用时间。

(3) 观众的自主选择性差,难免跳跃换台。自主选择性差主要是针对广告而言,因为节目的播出内容一般是有规律可以依循并且也会有相应的节目预告,但是广告的播出内容是不断变化的,所以,受众无法选择他们感兴趣的广告,有针对性地进行收看。近几年频道资源大大丰富,观众凭遥控器就可以实现在众多频道之间的自由转换。跳跃换台是有线电视和无线电视的共同缺陷,包括观众换台或跳过广告。频道转换多发生在广告时段,这肯定影响广告信息的有效传递和接收。

### 5.2.2 报纸

世界上最早的报纸是中国汉代的《邸报》。早期的报纸主要是社会上层阶级和政党政客获取信息的渠道,内容比较严肃,经营也缺乏灵活性。19世纪30年代以后,在西方主要资本主义国家先后出现了大众化的报纸,报道内容以社会新闻和商业信息为主,售价低廉,发行方式灵活,依靠广告收入作为主要经济来源。廉价报纸的出现使得报纸的发行量迅猛增加,在民众中大量普及,广为流传,报纸广告的作用备受商家青睐。

**1. 报纸媒体要素**

报纸媒体借以表现广告信息的基本要素,包括信誉、版面、印刷和发行。信誉是指这家报纸是否严肃公正,是否在读者中具有权威性和信任感。一般而言,全国性报纸比地方性报纸信誉度高。版面是指适宜刊登广告的位置,可以用图文的形式进行科学布局和编辑设计。印刷水平对报纸广告的影响也是很大的,印刷水平高的报社印出来的报纸清晰、整洁、精致,可以增进读者的阅读兴趣。发行是指报纸发行量、发行范围、发行对象等内容。报纸的发行量和发行范围直接关系到广告宣传所产生的广告效果及广告宣传的影响面。

**2. 报纸在广告传播中的优势**

(1) 版面编辑方面。报纸的版面大,篇幅多,编排灵活,可供广告主充分地进行选择和利用。报纸由于编排灵活,对广告改稿或换稿都比较方便。一般在报社开机印报前或在制版前赶到报社,即可对发现有错的广告进行更改或撤换。

(2) 内容信誉方面。报纸的新闻性、报道性和准确可信度,是其他媒体无法比拟的。报纸上所刊载的消息,具有说服性和记录性以及强烈的说服力。报纸具有保存价值,其内容无阅读时间的限制。读者可以快速阅读,一翻而过,也可以细细品味,甚至加以剪存。

(3) 印刷方面。印刷精细的广告可以把商品和服务的特点逼真地反映出来,尤其是彩印报纸,更能增强广告效果。清晰、整洁的印刷画面对读者具有情感上的影响力。同时,由于画面逼真,因而能对消费者产生强烈的劝诱力,刺激其购买欲望。

(4) 发行方面。发行面广,投递迅速、准确。每份报纸都有自己的发行网和发行对象,能够迅速地通过邮电部门投递到读者手中。当前很多综合性报纸在不同日期推出报道不同的专版,如汽车版、房地产版、金融版等,使得广告发布活动更加有的放矢。报纸具有准确的时效性,信息的传递准确而及时。尤其对于时效性强的广告宣传,报纸是很有价值的。

**3. 报纸在广告传播中的缺陷**

(1) 广告效果经常会受到版面、印刷质量等因素的限制。鉴于报纸纸质及印制工艺上的原因,报纸广告中的商品外观形象和款式、色彩不能理想地反映出来。广告的注目率与其所占的版面大小有关。一般情况下,广告所占版面越小,被注意率就越小,而一些印刷质量粗糙的广告更是难以引起消费者的注意,也不利于产品或企业形象的树立。

(2) 报纸的反复阅读性差。在发行方面,由于报纸出报频繁,使每张报纸发挥的时效性都很短，很多读者在翻阅一遍之后即顺手弃置一边。而且由于顺时接替，前一天的报纸在当天即成历史，再发挥广告效果的机会不多。在编辑方面，由于受版面限制，经常造成同一版面的广告拥挤，影响读者的阅读。在内容方面，一是无法对文盲产生广告效果，另外由于现代社会的人生活节奏都很快，无法对报纸进行详细阅读，造成广告浪费。

### 5.2.3 广播

1920年11月2日第一家商业电台KDKA于美国匹兹堡开播，商业广告是其重要的播出内容之一。20世纪30年代广播在世界各国迅速发展起来，广告业务部分或全部地转向广播电台。就我国来说，因为国家政策的关系，我国是世界上拥有广播电台数量最多的国家，县级及以上城市几乎都有电台（除西藏、新疆等边远落后地区外）。各地为适应经济发展需要，在原有一套地方人民广播电台的基础上，纷纷开办了"经济广播电台"、"交通广播电台"，随后又出现各种专业性广播电台，如音乐台、新闻台、旅游台等。一般来说，地级城市都有2—3个以上的电台，因此，广播广告仍然具有较好的发展条件。

**1. 广播媒体三要素**

广播媒体借以表现广告信息的基本要素包括语言、音乐音响和时段，尤以语言为主体，反映商品的具体信息。广播广告的效果在很大程度上依赖于听众的理解力。广播广告要求语言清晰、明了，准确地表达广告内容，对商标品名、生产厂商及销售点地址、电话等重要内容的播音播放应稍慢，并适当加以重复，以增强听觉效果。此外，要求语言中肯、自然，切忌装腔作势和不着边际的吹捧。音乐音响是活跃听众情绪的必须要素。广播时间分为五个时段：早6：00—早10：00早班车、早10：00—午3：00日间、午3：00—晚7：00下午车或晚班车、晚7：00—午夜夜间、午夜—早6：00深夜。收视率调查公司一般只对前四个时段的受众进行测定，因为深夜节目的听众非常有限，竞争也不激烈。电台根据时段来制定收费标准。

**2. 广播在广告传播中的优势**

无线电广播广告的优越性是：方便灵活、通俗快捷、亲切悦耳、费用低廉。

（1）广播传播的抗拒性小，周期短，可重复性强，传播的灵活性较大。广播主要靠声音传播，诉诸听觉，受众可以边做别的事情边听广播。便携式收音机的出现更加使得随时随地收听成为可能，信息比较容易传送和被接收。广播广告的播出周期比较短，一天之内可以重播几次，没有印刷媒体印刷周期的局限。此外，广播广告的播出时间也比较灵活，可以在正式节目播出之前、之后、中间插播，还可以在不同的时段、不同的版块栏目里反复重播。

（2）广播传播的速度快，时效性强，传播范围广泛，不受时间和空间的限制。广播在四大媒体中率先突破时空限制。无线电广播具有传播速度最快、传播范围最广、不受时空限制的特点。广播以电波作为载体，声音的传送和接收几乎是同步进行的，时效性非常强。同时，电波的传送不受中间物质的阻碍，只要有接收设备，就能接收到信息。

（3）广播节目内容丰富，受众层次多样。广播播音员声音悦耳，可以使人们产生娱乐情感。广播每天都有十几个小时的节目，可供传播的信息容量大，选择余地宽松。电台对观众需求有较强的适应性，可以制作出内容丰富的节目，既有新闻性节目，又有信息类节目；既有教育性节目，又有娱乐性节目；既有嘉宾访谈，又有听众的直接参与，可吸引不同类型的受众。

(4) 广播广告的制作成本和播出费用相对比较低廉。广播广告的制作过程比较简单，成本低廉。广播广告文案（独白或对白）、音乐、音效，这些录制过程都比较简单，所耗费的人力、物力也比较节约。从国外调查资料看，一般广播广告的费用只是电视广告的1/4左右，依据具体情况不同，这个比值可能会更低。所以，广播是广告预算有限时首选的广告媒体。

**3. 广播在广告传播中的缺陷**

（1）保存性差。声音的传播按时间序列进行，不易于保存，因此需要反复重复，以加深记忆。广播广告的时效极短，不能存留，很容易消失，因此，很难传达清楚广告的内容。

（2）选择性弱。广播的受众通常是被动接收广告信息，很难做到主动寻求广告信息，因为广播的节目或节目内容的播出时间是有一定规律的，但广告信息的播出内容经常处于变动之中，这种特性决定了受众在主动选择广告信息方面存在很大难度。广播广告往往很少被听众主动接受，听众一听到广告往往很快换台，转而收听其他节目。

（3）营销促进力度小。广播在城市的传播能力弱，而在乡村的传播能力强，但城市的消费能力比乡村的要高得多。应用广播发布广告的产品，一般都是销往广大乡村或边区地区的大众化产品、农业生产资料等。

### 5.2.4 杂志

杂志也称期刊，是现代人传达信息、传播知识、弘扬文化的主要信息载体之一。国内杂志期刊一般分为政治法律类、工商经济类、电脑科技类、文化娱乐类、体育健康类、学校教育类、综合期刊类、海外杂志类等8类。

最初的杂志与报纸差不多，也是发布广告内容的重要媒体。随着生产力的发展、时代的进步，报纸和杂志逐步分化，报纸以刊登时效性较强的新闻内容为主，而杂志则以刊登论文、小说、散文、诗歌、杂记、故事等时效性不强的文章为主，注重对事件的深度分析和报道。报道内容和性质的不同决定了报纸和杂志的读者对象和覆盖范围等方面存在着差异。杂志的个性色彩比较鲜明，不同的杂志有不同的特点。

**1. 杂志在广告传播中的优势**

（1）杂志媒体的时效性长、传阅率比报纸高。杂志媒体具备较高的文化性，其读者整体文化水准高于电视观众，而一般花费的阅读时间比报纸读者长。杂志不同于报纸，它的可读性比较强，而且保存、携带也比报纸方便，有效传阅时间长，没有阅读时间的限制，重复阅读率比报纸要高，因此杂志广告的内涵更为丰富，效果更为持久。

（2）杂志的编辑精细，印刷精美。很多杂志所用的纸张质量高，印刷精美，能最大限度地发挥彩色传真效果，具有强烈的视觉冲击力，容易引起消费者的认同感和购买兴趣（如图5-6）。一些购买行为理智，需要提供较多信息的产品如汽车、电脑、高档家用电器，或者需要高质量形象展示的高级化妆品、服饰等常常在其广告策划的媒体组合中大量使用杂志。

图 5-6 富有创意的杂志广告

（3）杂志的篇幅利用比较灵活。杂志可利用的篇幅多，可供广告主选择，并自由施展广告设计技巧。封面、封内、封底、中间的插页等都可以用来发布广告。杂志广告的位置可机动安排，可做多种技巧性变化，如折页、插页、连页、变形等，以吸引读者的注意。

（4）杂志的发行面广，专业性强，读者明确。许多杂志具有全国性影响，有的甚至有世界性影响，经常在大范围内发行和销售。杂志的专业性比较强，各类杂志读者比较明确，它相对于报纸具有更为明确和稳固的读者群，有助于增强广告活动的针对性和有效性。专业性杂志由于具有固定的读者层面，可以使广告宣传深入某一专业行业。如医学杂志、科普杂志、各种技术杂志等，其发行对象是特定的社会阶层或群体。

**2. 杂志在广告传播中的缺陷**

（1）杂志的时效性不强。杂志出版周期长，少则七八天，多则半年，信息不易及时传递，不能刊载具有时间性要求的广告。同时，杂志在编辑方面具有截稿日期早的特点，这也使杂志难以接受有时间性要求的广告。大多数杂志的截稿日期大约要提前一个月，即使是周刊，截稿日期也要提前一两个星期，因此，杂志不能像报纸那样争取有时间性要求的广告。

（2）杂志的影响范围较窄。尽管各种杂志都拥有各自的一定数量的读者群，但就整体而言，杂志的发行数量还是比较有限的，影响范围和影响力也相对要弱一些，因此，实际上杂志的阅读率较报纸要低。

同步案例 5-1

### 雕牌洗衣粉的电视广告

**背景资料：**

纳爱斯集团成立于 1968 年，前身是地方国营"丽水五七化工厂"，总部位于浙江省丽水市，在湖南益阳、四川成都、河北正定、吉林四平、新疆乌鲁木齐设有五大驻外生产基地。销售网络遍及全国各地，是目前世界上最大的洗涤用品生产基地，是中国洗涤用品行业的"龙头企业"，实现了洗衣粉、肥皂、液洗剂三大产品全国销售第一，形成了纳爱斯、雕牌两大名牌三大系列一百多个品种产品。其中以"纳爱斯"为著名商标、"雕"牌为驰名商标。

雕牌洗衣粉在激烈的广告竞争中，选择了走情感路线，以情动人，推出了一系列优秀的电视广告，下面以"懂事篇"为例（见表5-2）：

表5-2　　　　　　　　　　　雕牌洗衣粉"懂事篇"广告

| 序号 | 镜头 | 画面 | 配音 |
| --- | --- | --- | --- |
| 1 | 近/平 | 母亲亲吻酣睡的爱女，摇头叹息。小女儿约6-7岁。 | |
| 2 | 叠化 | 《广州时报·求职广场》放于桌上，母女合影照片立于侧。 | |
| 3 | 近/特写 | 小女儿趴在枕头上。猛醒，满脸忧愁，若有所思。 | 女儿：妈妈最近总是唉声叹气。 |
| 4 | 叠化 | 母亲在招工启事广告栏前徘徊。 | |
| 5 | 近/平 | 小女儿的背影，转头微笑，疾跑。 | 女儿：我要给妈妈一个惊喜。 |
| 6 | 近/平 | 小女儿在家中将脏衣服收集于盆中。搬凳子上柜台，拿出一袋雕牌洗衣粉，盛满一勺，放于盆中。随后端盆跑入卫生间。 | 女儿：妈妈说，雕牌洗衣粉只要一点点就能洗好多好多的衣服。可省钱了。 |
| 7 | 平/近 | 小院，小女儿将衣服一件一件地晾于绳子上。 | 女儿：看我洗得多干净。 |
| 8 | 特写 | 小女儿可爱天真的面庞，笑容灿烂。 | |
| 9 | 近/平 | 家中，小女儿坐于沙发上渐渐睡着。母亲自门外归来，见小女儿已睡熟。放下肩上的包，拿起茶几上的纸条。 | |
| 10 | 特写 | 小女儿稚嫩的字：妈妈，我能帮您干活了。 | 女儿：妈妈，我能帮您干活了。 |
| 11 | 叠映 | 母亲的手颤抖，眼泪夺眶而出；低头亲吻睡梦中的爱女；雕牌洗衣粉，字幕：只买对的，不选贵的。雕牌——中国驰名商标。 | 音乐，小提琴独奏。 |
| 12 | 定格 | 商标。字幕：浙江纳爱斯公司。 | 男声旁白：浙江纳爱斯公司。 |

这个广告是在春节期间投放的，与所有欢天喜地的贺岁片造成了强烈反差，让很多人过目难忘，甚至很多家庭主妇为之潸然泪下。也正是由于这个广告，让纳爱斯集团在竞争日益激烈的日化洗涤市场中，一年之内创造了洗衣粉单一产品销售额增幅15亿元的奇迹，令整个洗涤行业为之震惊。雕牌洗衣粉也由一匹黑马一举成为洗衣粉市场的龙头老大，彻底改变了中国洗衣粉市场的格局。

**问题:**

雕牌洗衣粉这则电视广告成功的原因有哪些?

**分析提示:**

(1) 准确地把握了时代的脉搏。广告利用了国企"下岗分流"和一些企业的"关停并转"的背景,为消费者提供一个绝佳的情感诉求平台,勾起消费者的共鸣。

(2) 把握情感诉求。没有运用赤裸裸的商业诉求形式,而是把雕牌的品牌特点和纳爱斯企业文化与人间的亲情紧密地融合在一起,以情感人,以情动人,以情服人。

(3) 把握传统文化。俗话说:百善孝当先。广告创意者深谙"穷人的孩子早当家"的道理,把纳爱斯公司企业文化建筑在中华民族传统文化的基础之上。

(4) 把握画面色彩。全篇画面的色彩柔和协调,并没有过于刺激的颜色和奢华的视觉效果,也没有给人以平淡的感觉,正如母女那平常却又感人至深的亲情一般。

## 5.3 其他广告媒体

传媒业的发展,为广告媒体提供了广阔的发展空间。同时,广告业的兴盛,传统媒体的改革创新,新兴的网络媒体和新媒体的迅速崛起,又促进了传媒业的发展。因此,其他广告媒体成为广告媒体的重要组成部分。

### 5.3.1 户外广告媒体

户外广告媒体是指在城市农村的交通要道两边、街道边、主要建筑物的楼顶、商业区的门前、广场等露天或室外的公共场所设置的向消费者发布广告信息的媒体(见图5-7)。在科学技术迅速发展的现代社会,户外广告是引进新技术、新材料、新工艺的热点,并成为美化城市的一种艺术品,是一个城市商品经济发达程度及居民的精神面貌和文化素养的标志。

**1. 户外广告媒体的表现形式**

(1) 大型看牌、路牌、电脑写真喷绘广告牌。这类户外广告中,路牌广告最为典型。因为路牌的特定环境是街道路口、马路两旁,其展示对象是在动态中的行人,所以路牌画面多以图文的形式出现,画面醒目,文字精练,使人一看就懂,具有印象捕捉快的视觉效应。一般广告牌的画面可以手工绘制、电脑制作或在纸上印刷的方式制作,所用材料也有防雨、防晒功能。另外,有些路牌背面也作了美化处理,成为正反两面可看的路牌。

(2) 电动动态路牌广告。电动动态路牌广告是当今国际上路牌广告流行的一种趋势。人们运用长条连接的立体三面造型手法,用自动电路控制,使路牌广告能定时翻转。这样,一块路牌的位置就可以放置三个不同的广告,而且因其翻动效果更加引人注目。路牌被纸张和柔性材料所代替后,将出现更多的大型招贴广告、大型灯箱广告、三面转体广告牌、三面翻转广告牌、多画面循环广告牌等。这种大型的多画面的户外广告牌,既有动感,造型也极其精美,更具备了多种功能。它不仅传递各种信息,还为行人指路报时及进行天气预报。

(3) 霓虹灯广告。霓虹灯是户外广告中灯光类广告的主要形式之一。它的媒体特点是利用新科技、新手段、新材料,在表现形式上以光、色彩、动态等特点来吸引观众的注意,从而提高信息的接收率。霓虹灯广告一般都设置在城市的制高点、大楼屋顶和商店门面等醒目的位置上。它不仅白天起到路牌广告、招牌广告的作用，夜间更以其鲜艳夺目的色彩，起到点缀城市夜景的作用。

图5-7 富有创意的户外广告

**2. 户外广告媒体在广告传播中的特点**

（1）容易吸引行人的注意力。户外广告面积大，色彩鲜艳，主题鲜明，设计新颖，广告形象突出，因而容易吸引行人的注意力，并且容易记忆。

（2）具有长期的时效性。户外广告一般发布的期限较长，不具有强迫性，信息容易被认知和接收，对于区域性受众能造成印象的累积效果。

（3）画面简洁，内容简单易懂，易为各个阶层的消费者接受。

户外媒体也有自身的局限，一是受场地的限制，受众的数量有限；二是户外广告的内容比较简单，传达的信息量有限，多是企业或商品的形象广告，即时的促销作用差。

### 5.3.2 POP媒体

POP广告（Point of Purchase Advertising）即售点广告，又称为售卖场所广告，是一切购物场所内外（百货公司、购物中心、商场、超市、便利店、零售店等）所做的现场广告的总称。POP广告有助于营造现场的购买气氛，刺激消费者的购买欲望。POP广告的主要功能是利用商品销售点的时空，强烈地吸引顾客，促进消费者产生购买动机。

**1. POP媒体的表现形式**

POP广告是一种陈列式广告，POP媒体可分为立式、悬挂式、柜台式和墙壁式四种。POP媒体可分为室外POP媒体和室内POP媒体两大系统。室外POP媒体包括购物场所外的一切广告形式，诸如条幅、灯箱、招牌、招贴、旗帜、海报、门面装饰、橱窗装饰等。室内POP媒体包括购物场所内的一切广告形式，如购物点展示、陈列柜、柜台陈列、柜台广告、空中悬挂广告、模特广告、货架陈列牌、大幅说明书等（见图5-8）。

图 5-8 麦当劳 POP 广告

**2. POP 媒体在广告传播中的特点**

(1) 售点广告具有小型化的特点，制作简单，成本低廉，又能在最确切的销售地发挥作用。

(2) 售点广告可以提醒消费者购买已有印象的商品，并进行指牌认购。尤其是在报纸、电视等大众化媒体对产品已进行广告宣传之后，更能发挥其配合宣传的作用。

(3) 可以美化零售商店，增加零售点对顾客的吸引力，并烘托销售气氛。

(4) 这种广告形式由于简单易懂，便于识别，适合于不同阶层的消费者，长期重复出现，可以加深消费者对产品的印象，具有广泛性和时效性，能起到无声推销的作用。

### 5.3.3 网络媒体

所谓网络，指的是国际互联网络，是一个全球性的信息系统。网上电子商务涉及乐器、音乐、影视、书报、动漫、娱乐纪念品、时尚、服装等众多商品。网络广告，是指互联网信息服务提供者通过互联网在网站或网页以旗帜、按钮、文字链接、电子邮件等形式发布的广告。国际互联网络广告随着 Internet 在全球范围的发展和电子商务的应用而成长。1998 年 5 月，联合国新闻委员会召开的年会正式宣布，互联网被称为继报刊（报纸、杂志）、广播、电视等传统媒体之后新兴的第四媒体。2014 年，中国国内网络广告收入首次超过电视广告，逾 1500 亿元，在广告领域，网络媒体已经是当之无愧的新贵。

**1. 国际互联网络广告媒体的表现形式**

国际互联网络广告的媒体就是国际互联网络。网上一个个 Web 页面，就是网络广告的载体。当然，准确地讲，那些经过相关部门审定批准可以在特定网站上发布的广告才是合法的网络广告。网络广告媒体的主要形式有：

(1) 内容站点（Banner）。如搜索引擎或者新闻站点页面中的按钮，点击后会出现相应的广告内容，一般翻译为网幅广告、旗帜广告、横幅广告、标题广告等。Banner 横幅广告是一个表现商家广告内容的图片，放置在广告商的页面上，它是互联网广告中最基本的广告形式。尺寸是 480×60 像素，或 233×30 像素，一般是使用 GIF 格式的图像文件，可以使用静态图形，也可用多帧图像拼接为动画图像。除普通 GIF 格式外，新兴的 Rich Media Banner（丰富媒体 Banner）能赋予 Banner 更强的表现力和交互内容，但一般需要用户使用的浏览器插件（Plug-in）支持。

(2) 按键广告（Button）。Button 广告是从 banner 广告演变过来的一种广告形式，图形尺寸比 banner 要小。一般是 120×60 像素，甚至更小。由于图形尺寸小，可以被更灵活地放置在网页的任何位置。Button 一般被用在提示性的场合，如一些著名品牌在打主要的 Banner 广告的同时，为了达到立体的效果，也会运用一些 Button 做辅助性的宣传；Moving icon 是一种会飞的 button 广告，可以根据广告主的要求并结合网页本身特点设计"飞行"轨迹，增强广告的曝光率。

(3) 插播广告（Interstitial）。通常是全屏的广告形式，在两种形式的内容之间（如内容页之间）出现。

(4) 电子看板（E-billboard）。电子看板广告实际上是在一个新的框架里的标题广告，不随屏幕的上下移动而移动，而且因为它是独立的一个页面，所以速度不受主干内容页面的影响。其他众多的广告形式还有软广告、关键字广告、目录广告、频道广告和赞助广告等。

(5) 突然弹出窗口（POP UPS）。它是指广告出现在一个独立窗口，上方的内容已经在屏幕上，基本上和子窗口一样，但是它没有一个相连接的 banner。

**2. 国际互联网络广告媒体在广告传播中的特点**

(1) 实时交互性。这是由网络传播方式的实时交互性所决定的。用户可以在网上自主地选择广告内容，广告信息可以根据用户需要实时地变动，广告传播者与受众随时沟通，可以随时接收反馈的信息和达成购买意向；沟通广告查看无时限要求。

(2) 广告信息数字化。网络广告采用数字视频、音频、图片、动画、文字等数字信息技术，通过电脑显示屏（或其他电子显示设备）播放。这种数字化的广告信息形式丰富，娱乐、动漫、幽默、游戏、美图、生活、贺卡、商城、聊天室等节目交错进行，信息容量巨大，表现力强；可以充分吸收电视、报刊等广告的艺术优势，比如电子报刊、电子杂志、网上电视、网上广播。

(3) 广告对象的广域性。互联网贯通全球，任何一个网站上的广告都能被全球每个角落的网民所看到，关键在于他是否点击你的站点。对于邮件广告，更是可以轻而易举地全球发放，关键在于你掌握多少客户的邮件地址。客户能直接点击感兴趣的广告，进入购买页面、填写订单、签订合同、网上支付，完成消费行为。这种电子商务也是其他广告形式所不能达到的。

### 5.3.4 新媒体

新媒体这一概念的提出可以追溯到近 40 年前。1967 年，美国 CBS（哥伦比亚广播电视网）技术研究所所长 P·戈尔德马克（P. Goldmark）第一次提出了"新媒体"（New Media）一词。1969 年，美国传播政策总统特别委员会主席 E·罗斯托（E. Rostow）在向尼克松总统提交的报告书中，也多处使用新媒体一词。由此，"新媒体"一词开始在美国社会流行，并且扩展到了全世界。"新媒体"一词极具弹性，随着数字技术的急速发展，几乎每隔几天就会出现一种新的媒介产品，这些产品未经精确定位就都被归为新媒体一类之中。

**1. 新媒体的含义**

所谓新媒体就是以数字技术和网络技术为中介，能够同时满足公众或用户信息需求和传播欲望的媒体形态。新媒体也有广义与狭义之分。广义的新媒体包括"新兴媒体"，也包括"新型媒体"。狭义的新媒体专指"新兴媒体"。

新兴媒体是新媒体的典型形态,以网络媒体、手机媒体和(互动性)电视媒体为代表。它们依托全新的传播技术,以改变传播形态为主要诉求点,强调体验和互动,内容生产日趋分散化和个性化。

新型媒体,包括户外新媒体、楼宇电视和车载移动电视等。它是在传统媒体的基础上依托新技术衍生而来的,其传播形态并未发生根本性改变,但是信息质量获得提高,传播范围更加宽广,达到了以前无法覆盖的区域。

**2. 新媒体的特点**

从传播学的角度来看,新媒体主要具有以下特点:

(1)每个人都可以进行大众传播。回顾人类的大众传播史我们可以发现,传播的媒介形态日趋丰富,而传播行为日趋自由。印刷品传播和电子传播的形态、通道是固定的,其传播的专业要求和边际成本都很高,传播者具有较强的垄断性和控制权,而数字化必然带来的网络化,以及网络化必然导致的交互性,使传播者和接收者的身份转换极其容易。如今,一个人通过发送手机短信、撰写博客日志、发起网络群聊,就可以在任何时候、任何地点,对任何人进行大众传播,突破传统主流媒体的话语权壁垒。

(2)"信息"与"意义"无关。文本、声音和影像都只是0和1的组合。传播的信息从传播的意义中抽象出来,使"把关人"的能力大大削弱。因为意义是完整、单一而不能分割成片段来进行传播的,易于甄别,而信息是可以编码、分段、压缩,进行传播,再组合、复原、解码,进行读取的,很难在传播过程中判别每一片断的信息意味着什么。上海目前发展很快的楼宇视频和地铁视频系统是电视还是计算机?曾经就此发生一场定性之争,就是这种突破的生动案例。

(3)受众的主动性大大增强。在传统传媒一统天下的鼎盛时期,传播的效果似乎是无坚不摧的,大众媒体对于公众有着"魔毯"般的效力。但随着数字技术的快速发展和新媒体的不断涌现,信息和"噪音"越来越多,以一个人的接受能力,根本不可能全部进行接收和处理。同时,在技术上对信息进行筛选、复制和传递已经非常容易,因此,信息接收者按照什么样的标准,通过什么途径,如何选择和过滤信息,又如何屏蔽噪音,在最大程度上决定了信息传送者的传播意图能否实现。

(4)大众传播的"小众化"。在数字加网络的新媒体时代,任何一个人通过互联网、手机等,就可以随时进行信息沟通,甚至成为传统媒体的重要信息来源,人际传播的性质得到凸显和强化,传统的、倾向于无差异的普遍的广大受众,开始分割为气味相投的或者利害相关的"小众",如各种各样的网络游戏团体、产外旅游论坛、短信交友俱乐部等。在小众中,人们也许更容易找到声气相投的伙伴,以对抗大众传播所造成的"社会孤立的恐惧",从而形成和坚持与大众舆论未必一致的意见。

**3. 新媒体的类型**

据不完全统计,目前比较热门的新媒体类型不下30种,如:数字电视、卫星电视、移动电视、IPTV、网络电视(WebTV)、电线上网、温暖触媒列车电视、楼宇视屏、移动多媒体(手机短信、手机彩信、手机游戏、手机电视、手机电台、手机报纸等)、网上即时通讯群组、对话链(Chatwords)、虚拟社区、博客(blog)、播客、搜索引擎、简易聚合(RSS)、电子邮箱、门户网站等等(见图5-9)。其中既有新媒体形式,也有不少属于新媒介硬件、新媒介软件,或者新的媒体经营模式。

图5-9 公交车上的移动电视新媒体

以手机新媒体为例,手机在语音信道之外有了专用的数据信道,使手机在数据通信速率上获得较大幅度的提高。其中最突出的是手机报和手机电视。手机报是依托手机媒介,由报纸、移动通信商和网络运营商联手搭建的信息传播平台,用户可通过手机浏览到当天发生的新闻,因而手机报被誉为"拇指媒体"和"影子媒体"。手机电视,指以手机等便携式手持终端为设备,传播视听内容的一项技术或应用。手机电视具有电视媒体的直观性、广播媒体的便携性、报纸媒体的滞留性以及网络媒体的交互性。早在2003年,美国Sprint公司就推出手机电视服务。它在2.5G网络上提供服务,带宽为40kbps—45kbps,有数十万人在使用手机观看直播新闻、体育节目和其他短片。在国内,随着2005年3月上海文广新闻集团获得第一张手机电视运营牌照,手机电视作为一种新型视听媒介开始进入人们的视野。截至2015年,国内手机用户已达12.9亿,随着手机完成由3G向4G的全面转换,手机电视的价值将进一步得到凸显。

同步案例5-2

## "凡客诚品"微博营销案例

**背景资料:**

"凡客诚品"作为最早"安家"新浪微博的广告主之一,VANCL多年来培育出来的成熟的电子商务实战技巧成就了其作为广告主"围脖"明星的天然优势。

微博是一个可供网友们自由选择和交流信息的平台,基于这一特性,如果广告主们试图通过单一地发布品牌硬性广告,进行微博营销,不仅对于品牌内含的深化和宣传毫无作用,还会打搅到用户的浏览体验,从而使他们从品牌的粉丝圈中流失。

而"凡客"充分利用微博账号,通过举办促销活动,及时、实时与网友交流,用人性化的语言精心策划每一条微博,从而最大化地达到其品牌微博+营销平台+族群聚拢的营销目的。

VANCL品牌管理部负责人李剑雄说:虽然从目前来看,微博的营销效果很难评估,但是,相应的投入也很少,只要细心经营,微博对企业形象的构建、品牌内含的宣扬,其意义不言而喻。

在VANCL的微博页面上,可以清晰地看到这家企业对待互联网营销的老练:

——联合新浪微博相关用户赠送VANCL牌围脖;

——推出1元秒杀原价888元衣服的抢购活动来刺激粉丝脆弱的神经;

——通过赠送礼品的方式,拉来姚晨和徐静蕾等名人就凡客的产品进行互动。

除此之外,还能看到凡客畅销服装设计师讲述产品设计背后的故事,看到入职三月的小员工抒发的感性情怀。对于关注话题中检索到的网民对于凡客的疑问,凡客幕后团队也在第一时间予以解答。

(资料来源:根据百度文库有关材料整理。)

**问题:**

你了解微博这种媒体吗?从凡客诚品微博营销的案例中你有何体会?

**分析提示:**

通过微博,企业将自己的积分营销无限扩大,本来只有在消费之后才能得知、得到的积分现在被微博这个放大镜无限放大,并通过各种活动将VANCL的优惠广而告之。

进一步刺激消费者的购买欲。面对各种活动,消费者的响应不是单方面的。

官方微博选取典型的积极的消费者作为正面宣传的典型,频繁的互动不仅能增加现有消费者的忠诚度,更有利于企业的营销推广。

## 本章知识脉络

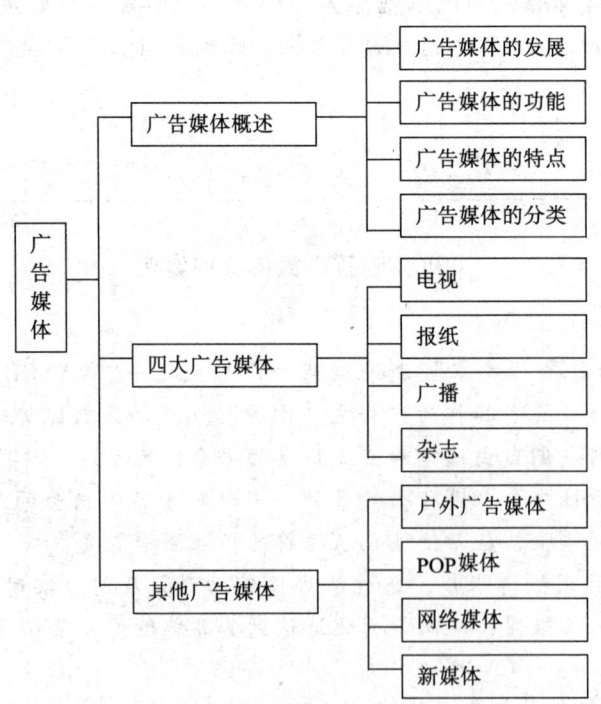

**本章导入案例点评：**

1. 除了老百姓所熟知的大众媒体，事实上广告可以通过任何有价值的媒体进行传播。只要能承载广告信息并发挥作用，就是值得信赖的广告媒体。

2. 理解广告媒体，不能狭隘地把媒体理解为电视、广播、报纸、杂志，应当对媒体的种类有全面的认知，在广告行为中选择最恰当的媒体。

## 思考与练习

**1. 理论题**

**(1) 单选题**

① (　　) 不属于广告的经济功能。

A. 沟通市场关系　　　　　　　　B. 塑造品牌形象

C. 美化协调外部环境　　　　　　D. 认知功能

② 不属于四大广告媒体的是 (　　)。

A. 电视　　　　　　　　　　　　B. 广播

C. 杂志　　　　　　　　　　　　D. 路牌

③ 售点广告的简称为 (　　)。

A. PDA　　　　　　　　　　　　B. POP

C. ATM　　　　　　　　　　　　D. DM

④ 以下不属于电视媒体三要素的是 (　　)。

A. 图像　　　　　　　　　　　　B. 声音

C. 色彩　　　　　　　　　　　　D. 时间

**(2) 多选题**

① 广播媒体的三要素包括 (　　)。

A. 语言　　　　　　　　　　　　B. 音乐音响

C. 时段　　　　　　　　　　　　D. 色彩

② 属于印刷媒体的有 (　　)。

A. 报纸　　　　　　　　　　　　B. 企业手册

C. 照片　　　　　　　　　　　　D. 购物指南

③ 中国古代，已能够满足小商品生产者需要的广告形式有 (　　)。

A. 灯笼　　　　　　　　　　　　B. 传单

C. 音响　　　　　　　　　　　　D. 报纸

E. 杂志

④ 报纸媒体在广告传播中的缺陷有 (　　)。

A. 效果经常会受到版面、印刷质量等因素的限制

B. 反复阅读性差

C. 制作成本较高

D. 传播范围不够广

**(3) 判断题**

①所谓新媒体,是指在传统媒体基础上依托新技术衍生而来的新型媒体。（　　）

②售点广告具有小型化的特点。（　　）

③广播广告的制作成本和播出费用较高。（　　）

**(4) 简答题**

①电视在广告传播中的优势有哪些?

②和传统媒体相比,新媒体具有哪些特点?

## 2. 实务训练题

**【案例分析1】**

**案例资料:**

### WIFI 广告

WIFI 广告经营主要是利用 WIFI 网络,用户可以接收 WIFI 信号的电脑、手机、Pad 等终端来进行广告的发布、展示、推送的一种广告活动。

WIFI 广告目前常用的形式大体有:

1. 做广告展示:如果想要免费上网的用户,在连接热点免费上网之前,必须看够 15 秒到 30 秒商家给出的广告。

2. 做流量引导:商家进行帮助的微信公众账号或者关注商家的官方微博,或者下载对应的 APP。

3. 做用户注册:收集客户手机号码的,在你点击 WIFI 热点的同时,会弹出一个界面,需要输入你的手机号码,随后会给你发送一条验证码短信到你手机上,输入之后就可以进行免费上网了。

在这个数字时代,人人需要移动媒体,手机、Pad;随时随地,人人需要 WIFI。基于这种需求,WIFI 广告应运而生。WIFI 广告强调广告的移动性、定位性、准确性和交换性,是一种崭新的广告表现形式。它具备以下优点:

(1) 移动性:除了发布到笔记本电脑上,WIFI 还可以发布到 PC 设备、手机、Pad,从而充分利用多媒体形式的优点。

(2) 定位性:WIFI 广告发布可以基于用户的具体位置,如 WIFI 热点、特定区域等,开展实际的位置营销和行业应用。比如在餐厅里的 WIFI 推送附近的甜品店、咖啡店广告等。

(3) 准确性:对不同的 WIFI 热点覆盖区域,进行客户群的准确区隔与识别,投放不同广告,类似顾客的行为学研究。比如在商场里的 WIFI,推送零售商品和服装类广告。在旅游景点附近的 WIFI 推送纪念品、旅游门票等广告。

(4) 交换性:要免费上网,必须先看广告。

(资料来源:根据百度文库材料整理。)

**设计问题:**

(1) WIFI 广告和传统的手机广告相比,有什么不同之处?

(2) 尝试前往设有 WIFI 广告的酒店、餐馆,观察其 WIFI 广告。

**【案例分析 2】**

**案例资料：**

"淘宝"广告的形式之一——淘宝客

网民大多希望看到与自身需求相关的广告。网民最希望未来网络广告改进的主要方面为"和用户相关度更高"、"体验式"与"互动式更强"。其中，"和用户相关度更高"是最主要的方面，而"淘宝"首页上的广告就是基于用户兴趣推荐，淘宝以受众为核心的网络广告能够精准定位用户需求，让用户觉得自然和有需要，用户体验和广告效果都非常好。

在"淘宝"的四大广告形式中，值得一提的是淘宝客。淘宝客是指通过互联网帮助淘宝卖家推广商品，并按照成交金额获得佣金的人或者集体（个人、网站、团体、公司）。

在淘宝客中，有淘宝联盟、卖家、淘宝客以及买家四个角色。

1. 淘宝联盟：一个推广平台，帮助卖家推广产品；帮助淘宝客赚取利润，从每笔推广的交易中抽取相应的服务费用。

2. 卖家：佣金支出者，他们提供自己需要推广的商品到淘宝联盟，并设置每卖出一个产品愿意支付的佣金。

3. 淘宝客：佣金赚取者，他们在淘宝联盟中找到卖家发布的产品，并且推广出去，当有买家通过自己的推广链接成交后，那么就能够赚到卖家所提供的佣金（其中一部分需要作为淘宝联盟的服务费）。

4. 买家。

淘宝客的推广主要可以分成如下两大类：

一是拥有独立平台的专业淘宝客：这类淘宝客精通网站技术，搭建专业的平台，如淘宝客返利网站（优秀淘宝站内APP：开心赚宝、惠集网、返利、QQ 等）、独立博客、商品导购平台、用户分享网来吸引客户，赚取一定的佣金。

二是自由的淘宝客：这类淘宝客没有固定的推广方式，不管技术还是实力都不是很雄厚，主要通过论坛、博客、SNS 平台，或者微博、邮件、Q群等作为推广方式，很适合大众新手。

（资料来源：根据百度文库材料整理。）

**设计问题：**

淘宝客利用"淘宝"这样一个具有海量受众的网络媒体平台，是一种成功的广告形式，你还能找到类似的广告形式吗？

### ➤ 业务模拟训练

在现代商业实践中有哪些新兴媒体

**训练目标：**

培养学生认知与应用新媒体的能力。

**训练内容：**

以小组为单位制定新媒体调查方案，收集资料，在此基础上，对新兴广告媒体进行分析筛选，写出调查报告。

**训练操作：**

（1）通过广告公司入手进行调查。

（2）通过网络进行调查。

（3）在大街小巷观察。

（4）在工商企业观察调查。

（5）小组长汇总同学的成果。

（6）教师对各组情况进行总结。

**成果要求：**

（1）每人写出自己的新兴媒体调查情况和个人的活动体会。

（2）每个小组撰写出新兴媒体调查情况报告。

（3）依小组报告与个人的活动体会为每位学生评估打分。

# 第6章
# 广告组织与管理

**学习目标**

**知识目标**：明确企业广告组织、专业广告组织、媒体广告组织的职能；认识广告代理的内容；理解广告行政管理、广告行业自律和广告社会监督等的要求。

**能力目标**：能结合具体的广告组织，分析其组织架构与功能，把握广告代理制的要求，具备从事广告管理的基本能力。

**导入案例**

### 国外广告公司大量进入中国

1979年中国对外开放时，第一家外国广告代理商——日本电通公司，开始为日本家电产品在中国市场做广告。时至今日，日本电通在中国成立了三家合资公司。从20世纪80年代日本家电进入中国市场以来，越来越多的外国品牌来到中国市场，伴随着客户的市场开拓，跨国广告公司紧随而来。1998年全球前10名的广告公司全部在中国设立了合资公司。

根据我国加入世界贸易组织的承诺，从2005年12月11日起，中国将允许外国广告公司以独资公司的身份进入本国市场。2005年5月10日，奥美宣布获得了新联想集团全球品牌广告及联想"Think"系列产品的广告代理业务。以为国际客户服务为基础，快速增加与中国本土企业的"联姻"，这是跨国广告公司在华展开全面竞争的一个重要表现。与此同时，以京沪穗等核心城市为基地，跨国广告集团的触角已开始向中国的二三线城市渗透。

由于大量国际品牌涌入中国市场，跨国广告在中国的发展非常迅速，在中国大陆前50家广告公司排序中，外国公司已占22家。这些广告公司除服务于跨国企业客户外，纷纷争取中国大品牌客户，开发中国市场，也给中国本土广告公司带来了较大冲击。

（资料来源：根据有关资料整理。）

国外知名的广告公司大量进入我国，既给我国广告业带来了巨大的竞争压力，同时它们先进的管理和运行方式，也促进了我国广告组织的创新和发展。广告组织是实现对广告活动进行计划、组织、指挥、监督和调节的机构，是广告行为的主体。一切广告活动都是由一定的广告组织承担完成的。不同的广告经营活动组织，有不同的作用、职能和工作程序，认识这些内容，提高广告管理的效能，在广告的实践活动中具有重要意义。

## 6.1 广告组织

广告活动是通过一定的广告组织进行的。广告组织是从事广告活动的各种类型的企业和组织统称。广告组织是实现广告目标的重要保证,发展健全的广告组织,是顺利有效开展广告业务活动的重要保证。

根据广告组织在广告活动中的职能和任务的不同,可分为企业广告组织、专业广告组织和媒体广告组织等。

### 6.1.1 企业广告组织

现代企业面临的市场竞争日趋激烈,为在竞争中取得优势,并将优势化为胜势,就必须积极开展广告宣传活动。为了使广告充分地发挥作用,许多企业的领导以发展的眼光,把广告的宣传活动放在突出的位置上。企业广告组织是指工商企业内部设置的广告业务机构,专门负责企业的广告业务活动。目前,许多国内企业和国外工商企业一样,大多设有内部广告组织,有的还成立了广告公司。

**1. 企业广告组织的职能**

企业广告组织是企业统一负责广告活动的职能部门,是企业广告计划与战略的制定者、广告策略的谋划者和具体实施广告活动的组织者。它与企业其他职能部门共同构成企业组织系统。企业广告组织应有效地履行以下职能:

(1) 参与制定企业宣传传播决策。宣传传播活动是企业经济活动的重要内容之一,广告活动寓于宣传传播活动之中。为了推动企业生产经营的顺利发展,广告部门要参与制定企业宣传传播的内容、形式、方法与措施,并直接负责广告活动的组织与管理。

(2) 确定广告目标,制定广告计划。为了使广告活动有针对性地开展,企业广告部门必须根据营销战略制定广告活动的计划,包括广告的方针、目标、战略以及具体实施的方法、步骤和措施,并与其他方面的促销活动、宣传活动广泛协调与合作。同时编制广告预算,以便为广告活动的评价和控制提供更为具体、明确的标准。

(3) 选择广告代理公司。在现代企业活动中,企业的广告组织虽然承担的责任是十分重要的,但是,广告部门并不能取代广告代理公司。一般来说,广告主会把监督的责任交付给本公司的广告组织,而把策划、创意、制作等业务委托给外界的广告代理专业公司,其原因主要在于:第一,广告代理公司对于广告主,就像是一个营销推广方面的得力助手,广告主往往可以借广告代理公司的服务,获得市场状况、行业动态等信息,甚至可以得到许多价廉或免费的咨询、协助;第二,广告策划是一件复杂和创造性的工作,需要各专业的配合,广告主的广告组织一般个案经历比较单一,缺乏更精、更专的技术,自然代替不了广告代理公司的工作;第三,广告主自行策划制作广告,势必增加大量投入,造成成本过大,与委托企业外部的广告公司比较起来,自然是不经济的。

(4) 选择广告媒体。企业广告部门必须对所使用的媒体有详细的了解,包括媒体的性质、特点、宣传范围、宣传对象、收费以及最终的反馈效益等,及时与广告公司沟通,选择最能使广告信息有效渗透到目标市场的媒体。

（5）监督和控制广告活动，包括对广告计划的审定、广告作品的审核、广告效果的测定与信息反馈等。通过广告部门对广告的监督和控制，确保广告计划的科学制定和正确实施，及时发现问题并加以解决，保证广告作品的质量和广告活动的效果。

（6）保持与有关广告团体的良好关系。企业广告部门与有关部门的关系是否融洽，也与广告的效果密切相关。就企业与广告公司来说，双方应该是营销的伙伴，平等合作，共同努力，才能达到最佳的营销效果。

**2. 企业广告组织的基本形式**

（1）功能型组织。这一广告组织形式是以广告的职能加以分工确定的。即按照企业广告宣传活动的全过程中，或设计、制作和发布广告宣传活动过程中所必须具备的功能结合而成的广告组织。该广告组织形式的优点是：有利于发挥各广告职能部门的专业特长，提高创造广告的质量，发挥集体协作优势。这种广告组织形式，在大型企业中比较完善，在一些中小型企业中，由于广告业务量不大，广告组织规模较小，采用这种组织时往往要将各种职能合理调配。

（2）地区型组织。这一组织形式是以地区分工确定的，即根据企业产品销往各个地区的业务需要而组建的广告组织。地区型组织的优势在于：可以根据各个不同的地区市场的特点而分别实施不同的广告宣传和各广告发展战略，有针对性地进行广告诉求，强化广告宣传的适应性。这种广告组织形式适用于产品品种单一，而又同时销往各个不同地区市场的企业。

（3）产品型组织。这一广告组织形式是以企业生产经营的产品加以分工确定的，即按照企业所生产经营各种不同性质产品的要求进行组建。产品型组织的优点在于：可以集中企业各种专业广告人才，针对不同性质的产品的不同情况和要求，有条不紊地开展产品广告活动，有利于确定不同产品目标市场进行广告宣传，有利于企业正确掌握各种产品的市场信息。这种广告组织形式，主要适用于生产经营不同产品的大型企业或特大型企业。

（4）对象型组织。对象型广告组织形式是以广告的对象加以分工确定的，即根据产品的最终使用者的不同加以组建广告组织。这种广告组织形式的优点在于：可以根据不同消费对象的消费动机和购买行为而分别采取不同的广告策略、诉求重点、诉求方式等，获得较佳的广告效果。这种广告组织形式，适用于产品销售对象较为集中、销售量较大的工业企业或大型批发企业。

（5）媒介型组织。媒介型广告组织形式是按照企业的广告所采用的不同媒体的需要加以组建的广告组织。优点是：可以集中企业广告调研、设计制作、广告管理、广告分布等各种专业人员，对企业经常采用的媒体分别进行全面的研究，充分发挥各种媒体的功能。与此同时，这些不同广告单位可以根据自己所采用媒体的具体要求和特点，或直接与广告媒体单位进行广告业务交往，或委托广告公司与广告媒体单位进行广告业务联系。这种广告组织形式，适用于广告预算费用较大又采用多种媒体的大型或特大型企业（公司）。

### 6.1.2 专业广告组织

专业广告组织是指专业从事广告经营和制作的营利性经济组织。广告公司是专业广告组织的重要形式。广告公司是站在广告主的立场上确定广告方案并根据这个方案购买媒介、实施广告活动的机构。

### 1. 专业广告组织的职能

专业广告组织即一般的广告公司，其职能是由其代理行为产生的。在国际通行的代理制中，广告公司处于中介地位，是连接广告客户与广告媒介的桥梁，因而其职能主要表现为以下两个方面：

（1）专业广告组织对广告客户的职能。一般来讲，专业广告公司都拥有一大批有经验的专业广告人才和富有创意的设计人员，有较为先进的制作设备，因此，它能为广告客户提供综合性的、全面的、高水平的广告服务。专业广告公司能够为广告客户进行全面的市场调查研究工作，并根据广告客户的要求，为其制定拓展市场的广告战略与策略；能够为广告客户设计高质量、高水平的广告作品；能够为广告客户进行产品分析，从产品品质、生产周期、包装、价格、销售对象、销售手段等多方面提出促销的方法，使广告客户取得较好的广告效果。专业广告公司还能够为客户进行广告效果的测试和评估，通过信息反馈和经验总结，帮助广告客户重新修正其广告计划。

（2）专业广告公司对媒介的职能。专业广告公司可以代理媒介售出版面和时间段，从而保证媒介的广告业务量，并代理媒介向广告主收取广告费，保证媒介的广告收入。同时，广告公司还可以帮助媒介单位守法把关，减轻媒介单位的审查压力，使媒介单位能够集中精力办好自身的节目，以提高媒介自身的吸引力。

### 2. 现代广告公司的组织结构

广告公司是独立进行广告活动的职能机构，其作业方式是高度的专业分工与细密的群体合作。从广告公司组织系统的内部结构上看，通常分为职能型广告组织和群体型广告组织。

（1）职能型广告组织。职能型广告组织是指广告公司应根据其各自职能分设各部，各部同时为所有客户开展广告工作。各部门各司一项工作，这是一般广告公司常用的组织形式。通常按以下模式设置有关的广告职能部门，如图6-1所示：

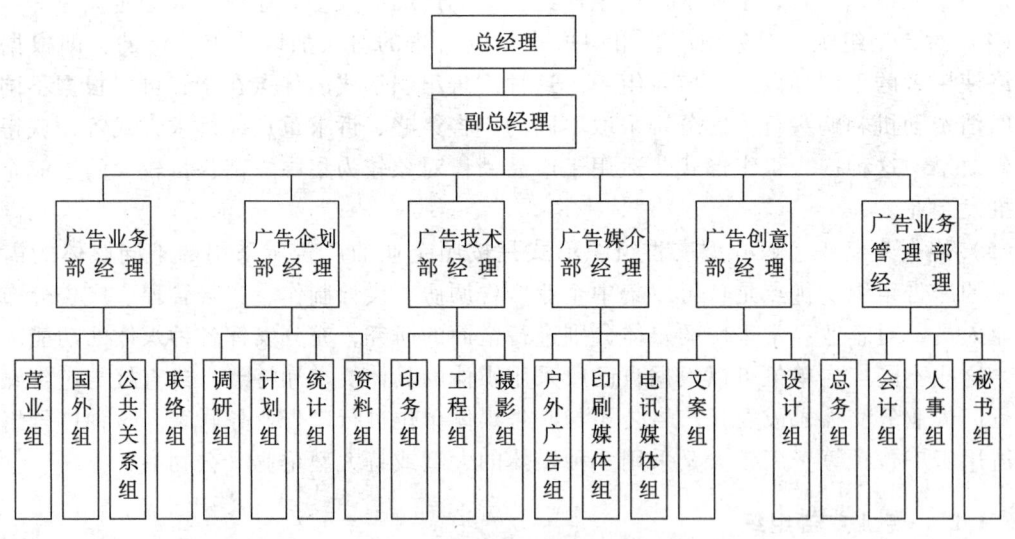

图6-1 职能型广告组织

①广告业务部。它也称客户服务部，是直接与客户发生接触的专职部门，也是广告公司中最重要的部门。因为广告公司的代理功能，必须是双重代理。即首先能代替广告主，替广

告主规划广告活动;其次,要能代替任何一家媒体,向广告主争取广告。基于这种双重作用,作为与客户密切联系的广告业务部人员,对于广告公司的生存和发展起着重要的作用。

②广告企划部。它又称市场调研部。其任务是调查和掌握市场动态和各种产品的供求情况和发展趋势,以及消费者对产品的态度等情况,以提供信息作为广告策划的参考,并拟订广告计划和广告企划案。在广告活动执行过程中,它从事广告文案等测试的调研工作,作为广告内容修改的依据;广告活动结束后,它从事广告效果评估的调查工作。

③广告创意部。其主要工作包括文案与设计两个方面,文案方面一般由文案指导和文案撰写组成,设计方面设有艺术指导、视觉化人员、插图绘制人员等。创意部就是将广告创意具体化——通过文案撰写、图片的选用或绘制,再加上整体的编排,使抽象的创意概念成为具体的广告作品。

④广告技术部。它也称广告设计制作部,主要任务是负责将创意部门交付的广告底稿,制作成媒体传播形式,并负责广告制作的进度,做好与印刷厂等协作单位的沟通协调工作。

⑤广告媒介部。该部主要负责广告传播媒体的选择、评估、拟订媒体选择组合方案等。媒体部必须与各媒体建立良好的关系,并十分熟悉媒体的情况。该部门的最主要任务就是选择媒体和购买媒体。

⑥广告业务管理部。它也称广告业务行政部。其主要任务是从事广告公司的全面行政管理工作。多数广告公司的业务管理部下设财务会计、人事劳资、文字秘书、出纳、总务等室组,行使公司的全面行政管理工作职权。

(2)群体型广告组织。群体型组织又称小组作业式组织。即根据客户的种类和要求,在公司内设置资源共享的若干管理职能部门,而将公司的工作人员划分为小组,每个小组单独从事广告的联络、文案、编排、企划。一个小组负责一个以上的联络和设计,企划和设计好的广告交由上级最高审议人员审定后,转交各职能部门分工制作和实施,如图6-2所示:

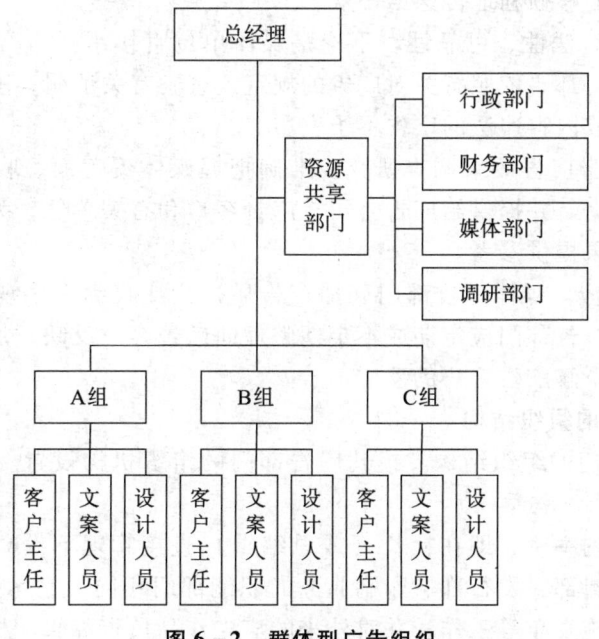

图6-2 群体型广告组织

这种组织形式通常适用于规模较大的广告公司,由于这类广告公司业务范围大,内容多,使它不得不再细分出更小的组织体,以适应不同广告客户的不同业务特性的需要。这种广告公司各小组的主要业务,重点放在广告活动的企划、设定以及对内对外业务的协调。至于公司内部各小组的规模大小与人员的多少,要根据具体情况和业务需要而定,其小组之间的差异也比较大。

### 6.1.3 媒体广告组织

工商企业的广告通常是通过多种渠道发布的,由新闻媒体发布是主要渠道。随着市场经济的不断发展,新闻媒体传播信息的作用日益重要,借助新闻媒体传递广告信息的活动也日益频繁。为此,各个新闻媒体单位都成立了自己的广告组织。

**1. 媒体广告组织的职能**

现代广告媒体主要有报刊广告组织、广播广告组织和电视广告组织等。在现代广告媒体中,报纸、杂志、广播、电视已成为发布广告的主要工具和技术手段,因而在这些新闻媒体单位中成立了专门的广告组织,负责广告经营活动,完成工商企业和广告公司的广告发布任务。其具体职能包括:

(1) 制作广告。新闻媒体广告组织承接工商企业广告时,有的广告已设计和制作出广告作品,只是负责安排播出时间和版面;有的广告客户只提出广告资料和提出某些要求,要由媒体广告部门设计与制作,如报纸广告的文稿撰写,美术设计,电台、电视台广告的脚本撰写,录音与拍摄,剪辑,演员排练等。

(2) 发布广告。四大媒体是实施广告的工具和技术手段,是广告的主要发布渠道。媒体广告的来源主要有两个方面:一是来自各广告代理公司的推荐;二是直接受理广告客户的广告。媒体广告组织是同广告公司和广告主接洽广告业务的中介部门,没有它们,广告公司和广告主的广告就不能够顺利地传送给公众。

(3) 检查广告的合法性、可靠性。不论是媒体单位直接承揽广告,还是广告公司代理的广告,媒体广告部门都要依照有关对广告的规定,查验有关证明,审查有关证明,审查广告内容,对证明不全或内容违法的广告不予发布。

(4) 开展媒体本身广告效果调查研究。准确把握媒体覆盖面、收视率、发行量、视听受众数量和构成等数据,并提供给广告公司、广告客户和有关单位,为他们制定广告媒体计划和检讨广告运作效果提供参考。

(5) 收集广告反应。媒体广告部门刊播广告后,往往收到许多视听者和读者来函,提出询问或投诉,媒体广告部门应定期或不定期整理向广告客户反映,加强与广告或广告代理业之间的联系,及时了解广告客户的反应。

**2. 媒介广告部门的组织结构**

(1) 报刊广告部门的组织结构。报刊广告部门的组织机构设置一般有两种类型,即列举制和综合制。

① 列举制。所谓列举制,即在社长(或总编辑)直接管理下设立独立的广告部门,与报社的其他部门如编辑部、发行部、印刷业务的职能部门相同。它承担着广告业务的接洽、洽约、设计制作和实施发布等工作,并对外来的广告作品负责编辑、检查审核和安排发布时间与版面的事宜,下设调研、策划、制作、管理等科(组)。

我国的报刊广告组织,因其广告业务的规模不同,有的比较精简,有的比较齐全。一个较完善的报刊广告部门起码要有业务经营科、调查计划科、设计制作科、编排校对科与财务管理科等五个部门,其组织结构如图6-3所示:

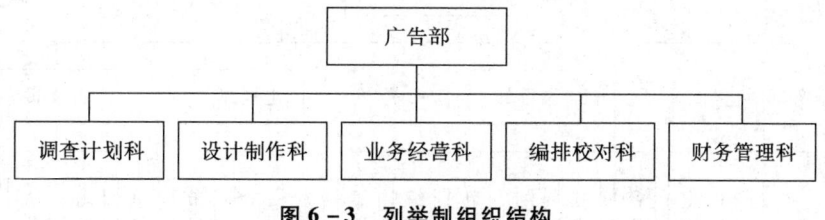

图6-3 列举制组织结构

②综合制。这种体制一般为一些小型报社所采用,即在总编辑下设编辑部,编辑部内设广告组,下设编排、营业、分类广告等组。如图6-4所示:

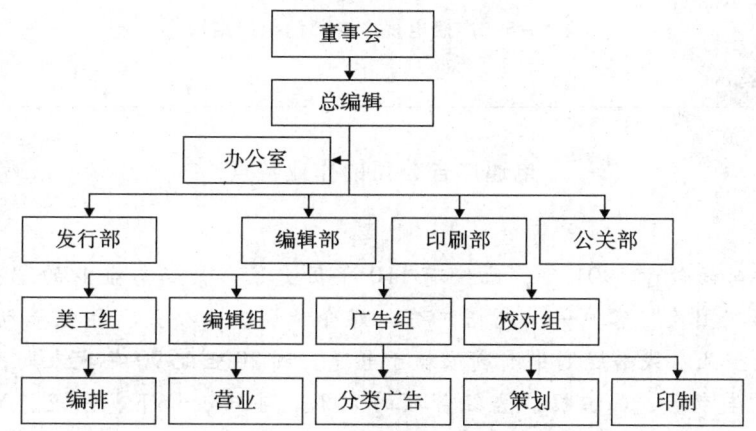

图6-4 综合制组织结构

(2)广播电视广告部门的组织结构。我国的广播电视广告部门,一般属于电台、电视台的业务部。通常在业务部下设广告科(组),下设业务人员、编导、美术、财务人员若干人。大型的广播电视组织也有隶属于台长(社长)的独立广告部门,统称广告部,下设营业、编导、制作、管理等科。我国多数采用广播广告科或电视广告科形式。广播电视广告部门的组织结构,如图6-5所示。

广播电视广告部门经营广告的形式,一般与报社广告部门经营广告的形式不同:报社广告部门经营广告的形式,主要表现在任何在报纸上安排适当的版面,保证广告文稿按广告客户的要求刊出;而广播电视广告部门经营广告的形式则主要表现在如何在广播、电视节目中来安排"广告节目",使广告按广告客户的要求播出。一般来说,广播电视广告的播出形式主要有三种:节目广告、插播广告和共同广告。节目广告也称定时广告,就是将广播电视的某一个节目时段全部售予广告客户做广告,既可以单独售予某一家广告客户,又可以售予若干家广告客户;插播广告,是指在广播或电视的节目与节目之间的交换时间所做的广告,一般为3—5分钟;共同广告,即在某一广播或电视节目中,由数种广告交叉播出,多为临时性的特别节目(如球赛、精彩电视剧、广播剧等)。

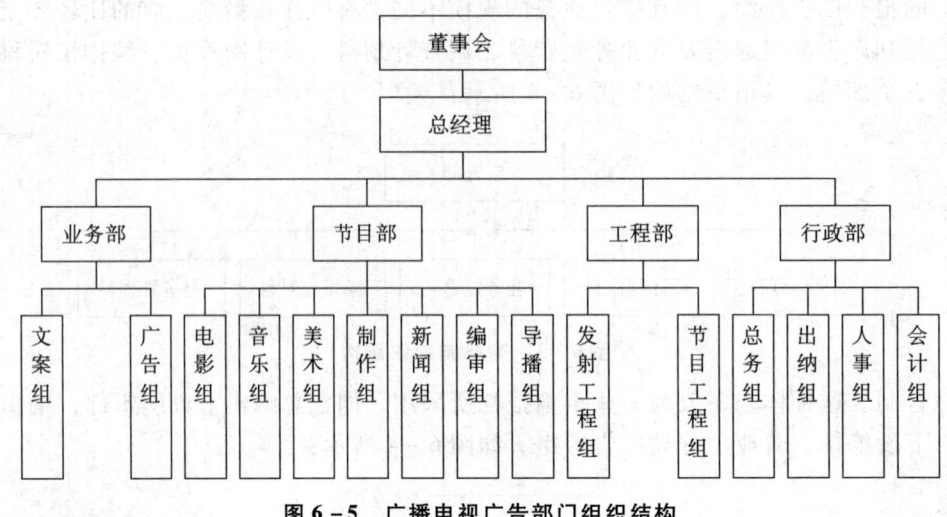

图 6-5 广播电视广告部门组织结构

### 同步案例 6-1

## 电通广告公司的作业特点

**背景资料:**

电通广告公司始创于 1901 年,已经有 110 年历史了,崇尚与企业的"全面接触",从每一个有利地形"围攻"客户——包括广告、媒介、调查、公关、促销活动和宣传活动的多角度接触,使企业在战略规划中渐渐依赖于电通。到 20 世纪 90 年代末期,电通公司在竞争激烈的日本广告市场,已占据广告经营额的 20%,丰田、松下、东芝、NEC、佳能、花王等世界知名企业都是其合作伙伴。

电通公司是第一家进入我国的广告公司。1980 年,电通最早在北京和上海设立了事务所,1994 年成立了北京电通公司。北京电通公司和电通总公司有一个共同点,就是注重与公众的"全方位信息交流",整合所有的媒介功能。而西方的广告公司,媒介功能与公司功能是脱离的,比如奥美只是做品牌代理公司,不负责媒介购买,只是负责创意,但是广告在什么地方投放,投放多少,是另外一家公司决定。电通的作业特点是采用"一贯制"的作业方式,一条龙完成作业,在创意的同时,媒介的最佳组合方案在公司的内部实现讨论和决定,"所以我们认为我们的公司比欧美公司的效率更高些,这也是客户对我们最认同的一点,但这就有别于其他欧美广告公司了"。

(资料来源:赵海风. 如何选择广告代理商. 北京:中国商业出版社,2007.)

**问题:**

电通广告公司的运行有何特点? 通过查找资料,以奥美为例,说明欧美广告公司的特点。

**分析提示:**

电通广告公司属于职能型广告公司。职能型的优点是:可以将公司的人力物力资源加以集中利用,并且便于公司的有效管理。缺点是:容易形成公司内部的沟通障碍,影响工作效率。

欧美广告公司大都是做品牌代理,不负责媒介购买,只是负责创意等说明。

## 6.2 广告代理

广告主、媒介和广告公司三者是相互依赖的，三者之间如何才能良性运转，发挥各自的特点，从而促进广告业的健康发展呢？发达国家业已形成的广告代理制度是合理解决这些问题的一种机制。

### 6.2.1 广告代理制的产生和类型

**1. 广告代理制的含义**

广告代理制是国际上通行的广告经营体制。它是以广告公司为中心，联结广告主与广告媒体的广告经营体制。具体来说，就是在广告活动中，广告主委托广告媒介的广告公司实施广告宣传计划，广告媒介机构通过广告公司承揽广告传播业务。广告公司处于中间地位，为广告主和广告媒介双向提供服务，起着主导作用。在广告代理制下，广告公司为广告主和媒介双重服务，也称作"广告代理公司"或"广告公司"。

广告代理制是现代广告业发展到一定阶段的必然产物。它是衡量一个国家或地区的广告业是否走向成熟的主要标志之一。广告代理制作为国际广告成功的经验和先进的运作方式，被许多经济发达的国家所采用，并为各国广告业参与国际广告竞争创造了必要的条件。

广告代理制产生的原因表现在以下两个方面：

（1）现代广告活动的复杂性。现代的广告活动，已纳入企业整体营销计划，其运作手段越来越复杂，对广告的要求也越来越高。一方面是企业不能将广告作为孤立的活动来进行，而是应将广告与整体市场营销活动结合起来，使之成为一个有机的整体；另一方面是现代广告的操纵方式复杂化，从市场调查到制定广告计划，制定广告创意策略、媒介策略和促销策略，并将其付诸实施，都是高度专业化的。对于企业来说要专门设立一个部门和聘用一批专业人员来从事此项工作是不经济的，只有委托给专业的广告公司，才能保证广告运作的效果。

（2）现代广告活动的范围扩大。随着现代市场营销活动范围的扩展，尤其是全国性的甚至是国际性的市场营销活动的广泛出现，广告活动也扩大了自己的范围，区域市场具有不同的特征，只有通过专业广告公司代理才能更好地实施。所以，企业常常在不同地区选择不同的广告代理，以利用其经验。广告代理制的形成，进一步明确了广告主、媒介和广告公司的不同角色，有利于广告活动的良性运作。

**2. 广告代理制的产生**

广告代理制度是伴随着广告经营规模的扩大和专业化分工而自然形成的制度安排，产生于十九世纪初期。当时广告媒体主要是以相当大众化的报刊、一些报人或与报业有关的人士。为了替报刊招揽广告生意，逐渐形成从事代理业务的专业化公司，广告公司便以"版面推销商"（Space Seller）或"版面捐客"（Space Broker）的形式应运而生。当时这些公司主要代理业务是从报社以"批发价格"大量购买版面，然后再将其分割高价零售给广告主，以买卖差价获取佣金收入。这样，既为报社确保了广告生意，又为广告主提供了方便，节省了交易费用。

随着广告日趋大众化、广告业务日益频繁及广告活动规模不断扩大，只以报社业务代理者的身份推销"白版"（White Space）的广告代理已不能满足广告客户的市场需求。于是，以面向广告主，主要提供"黑版"（Black Space），即广告制作服务的广告代理组织便应运而生，并逐步取代推销白版的广告代理，成为广告代理的主流。20世纪60年代的所谓"营销导向时代"以及其后的所谓"生活导向"时代，整合营销传播（IMC）理念逐渐深入人心，广告代理业务逐渐扩展，先是扩展到营销所有领域，而后转为"从外向里"的定位策划业务，最后扩展为整个"整合营销传播"系统。这样，广告代理业进入了一个所谓的"新广告"（New Advertising）时代。

全面代理是现代广告经营业的最主要特征。现代广告代理业务是一种"整合营销传播"活动，广告公司协助和参与广告主的经营管理过程，帮助广告主为其产品进行潜在市场调查和营销策略制定，包括广告作业、促销、公共关系、CI设计、包装设计、商业计划等，实行全面代理制。关于广告代理业的发展进程，如图6-6所示：

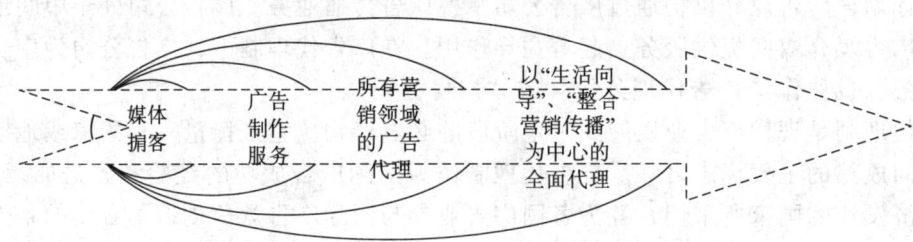

19世纪→20世纪初期→50—60年代→70年代以后

**图6-6 广告代理制的历史演变**

### 3. 广告代理制的类型

20世纪80年代以来，广告代理制得到蓬勃发展，特别是随着企业的集团化、跨国化，广告业也相应地进入全球化、多样化与专业化。随着个人消费时代的来临和整个市场的细分，不同的企业需要针对不同的市场提供目标顾客所需的产品或劳务。广告代理制也根据广告主的不同需求提供相应的服务，从而形成了多种形式的广告代理制，其常见类型有以下四种：

（1）独立媒体代理。广告代理商专门进行媒体计划和购买媒体版面，不负责广告的设计与制作的工作。最早的广告代理多为这种形式。

（2）点菜式代理。广告代理商按照广告主的需求提供专门服务，如新产品投放市场的宣传攻势 CI 计划、促销活动的开展等。但这类代理往往因为服务活动缺乏综合性而影响广告的促销效果。

（3）大众传播的广告代理。广告代理商的业务范围包括公关活动、市场调研、直效广告、促销活动等。这种非大众传播的广告表现出较快的增长势头，多样化的宣传形式日益受到广告主的重视。

（4）专业性的广告代理。这类广告代理经营特定专业领域的广告业务，擅长某类商业广告或某种媒体的广告业务，如工业品广告代理、消费品广告代理、金融业广告代理、娱乐业广告代理等。

### 6.2.2 广告代理制的内容

广告代理制是指由广告主委托广告公司实施广告宣传计划,广告媒体通过广告公司承揽广告业务的一种广告经营方式与制度。在广告代理制下,广告公司处于中介地位,为广告主和广告媒体双方提供服务,成为真正意义上的广告中间商。

我国目前试行的广告代理的基本内容包括以下四个方面:

**1. 广告主必须委托有广告代理权的广告公司代理广告业务**

广告主不得直接通过报社、广播电台、电视台等发布广告。但分类广告不在此列,即广告主发布简单的礼仪、征婚、挂失、喜讯、节目预告以及开业广告等,可直接委托报纸、广播电台、电视台办理广告发布业务。

**2. 广告媒体本身不允许直接承揽广告业务(分类广告除外)**

兼营广告业务的报社、广播电台、电视台发布的广告,必须委托有相应经营资格的广告公司代理。国家允许媒体成立广告公司,但要求媒体广告公司是真正的实体,独立核算,自负盈亏。

**3. 代理广告业务的广告公司要为广告主提供全面服务**

这包括市场调查、广告策划与制作、提供落实媒体计划。广告公司为广告媒体承揽广告业务,应有与媒体发布水平相适应的广告设计、制作能力,以提高广告的促销效果,并能提供广告主对广告费支付能力的担保。

**4. 广告主和广告媒体可以自主地选择服务质量好的广告公司为其代理广告业务,实行双向选择**

目前,我国广告代理制的试行范围包括报纸、广播、电视三种传播媒介。凡在这三种媒体上发布分类广告以外的广告,必须委托广告公司代理。广告主利用其他媒体发布广告,目前仍可直接委托媒体办理,也可以委托广告公司代理。

---

**同步案例 6-2**

### 广告主和广告公司

**背景资料:**

客户时常定期对自己的广告代理公司进行审评,有时还邀请其他公司进行创意作品的竞赛,而有意参赛的广告公司又怕白费力气,失去最后入选机会。

广告主应该对自己的现任代理公司表现出一定的信任,但现在广告公司正强烈谴责一种令人忧虑的趋势——广告主中途变卦,而指定一家最初并没有参赛的公司入围。首先,广告主可以压根儿不在乎一家新广告公司的诚意;其次,广告主没有财务上和法律上的义务为广告公司的提案活动支付费用。据悉有些广告主同时看好几家广告公司的提案,对各公司的部分内容加以综合和剽窃,对美术和文字内容进行重新设计,却从不对广告公司的调查和创意进行补偿。

这些年,广告主比过去更聪明了,他们已经控制了付酬主动权,这使得广告公司的传统收益体系开始土崩瓦解。美国一家权威广告顾问公司认为,广告主和广告公司关系破裂,90%都是因为双方关系恶化,如果关系不好,广告再好也无济于事。现在一些广告公司寻求向法院提起诉讼，要求广告主赔偿其经济损失，而广告主往往选择庭外和解和给予一定赔偿。

（资料来源：赵兴元. 广告原理与实务. 大连：东北财经大学出版社，2002.）

**问题：**
如何解决广告主和广告公司之间出现的令人不愉快的问题？

**分析提示：**
广告主和广告公司是广告界中永不可分离的一对利益组合，应该充分重视双方的合作，一个没有信誉度的广告主和广告公司到头来损失的是自己。

## 6.3 广告管理

狭义的广告管理专指国家工商行政管理部门依据广告法及其他有关的法律、法规，对从事广告活动的广告主、广告经营者和广告发布者的广告宣传和广告经营活动的管理、调控、监督和指导。

广义的广告管理是指国家、社会和广告业对广告的组织、指导、管理和监督。国家对广告业的管理，包括广告法规定的各级工商管理部门对广告的管理和相关政府机构如国家卫生部、国家广播电影电视总局等部门对广告的管理。

广告管理包括国家的行政管理、行业自律和社会监督三个方面。国家的行政管理是依法进行的一种外在的、刚性管理；行业自律是一种行业内依照自律章程进行的自我约束管理；社会监督是利用新闻媒体的舆论监督、社会团体的参与监督、公民的举报投诉等手段进行的管理。三个方面的管理互为补充，形成一个有机的管理体系。

### 6.3.1 广告行政管理

广告的行政管理是国家的行政管理部门依法进行的一种外在的、刚性管理，是国家对广告管理的基本手段。它通过制定和颁布有关广告法规，使广告活动有法可依、有规可循。

**1. 国家对广告实施管理的手段**

（1）制定和颁布广告法规。国家对广告的管理的是依法进行的，制定和颁布有关广告法规，是国家对广告管理的基本手段。

党的十一届三中全会以后，我国广告事业出现了前所未有的兴旺发达的局面。1982年，国务院颁布了我国第一部全国性法规《广告管理暂行条例》，统一了广告管理工作的范围、内容、制度、办法和广告管理组织机构，使我国广告管理工作初步走上法制化的道路。1994年10月27日，第八届全国人民代表大会常务委员会审议通过了《中华人民共和国广告法》（以下简称《广告法》），从1995年2月1日起正式施行。2015年9月1日新修订的《广告法》开始实行。

2003年9月，国家广播电影电视总局颁布了《广播电视广告播放管理暂行办法》，于2004年1月1日起正式实施，这是广告媒体管理的一部重要的行政规章。2009年8月25

日，国家民政部民间组织管理局核准通过了《中国广告协会章程》，重新修订了《中国广告协会分支机构管理办法》、《中国广告协会会员管理办法》等。

（2）建立专门的广告管理机构。国家对广告的管理，必须具有组织的保障。需要建立专门的广告管理职能部门或机构，负责对广告活动进行管理和监督。广告活动是集信息传播活动、经济活动、社会活动、文化活动于一身的综合性活动，但是其最终的目的还是为经济发展服务，因此，广告管理属于工商行政管理的范畴。在我国，1982年颁布的《广告管理暂行条例》就从法律上规定了代表政府对广告进行管理的部门是各级工商行政管理部门；《广告法》第一章第六条又进一步规定："县级以上人民政府工商行政管理部门是广告监督管理机关。"这些规定为各级工商行政管理部门作为广告的管理机构提供了法律依据。

国家对广告的管理，还必须依靠有关行业的行政管理。除法律规定的广告管理机构外，由于广告的涉及面广，还必须依靠相关的行业，对有关特殊商品或特殊媒体的广告性行为进行行政规范。如国家卫生部、国家医药管理局有对食品广告、药品广告管理的职能；国家广播电影电视总局有对广播、电视广告的传播行为进行规范管理的职能。

（3）查处违法广告行为。对违法广告行为进行查处，是广告管理的基本手段。广告管理要维护广告的正常秩序，保障广告行为的健康发展，就必然要对违法广告行为进行查处。查，是调查研究、弄清事实；处，是根据具体情况进行适当处置，包括改正错误、停止侵害、经济或行政处罚、刑事责任等。查处工作属于广告管理机关依法行使权力的职能活动，是保护消费者和社会公众利益的最有效手段，也是预防违法广告行为的发生、保护合法广告行为的重要措施。

**2. 国家对广告行政管理的主要内容**

（1）对广告经营和广告发布者的管理。管理的主要内容包括广告经营者的资格、广告发布者的资格和广告经营者、广告发布者的责任和义务等。

①广告经营者的资格。广告经营者是指受委托提供广告设计、制作、代理服务的法人、其他经济组织或者个人。从事广告经营活动，必须具备资金、专业技术人员和专业制作设备等条件，符合广告业登记的有关要求，并依法办理公司或者广告经营登记，经过工商行政部门审批，并发给经营证照之后才具有合法资格，方可从事广告活动。

②广告发布者的资格。广告发布者是指为广告主或者广告主委托的广告经营者发布广告的法人或者其他组织。因为广告的业务性较强，为了便于管理，《广告法》规定，所有的广告业务，应当由其专门从事广告业务的机构办理，并依法办理广告业务的登记，还必须到工商行政管理部门进行审批登记，经审查合格后，发给广告经营证照之后才具有合法资格。

③广告经营者、广告发布者的责任和义务。关于广告经营者、广告发布者的责任和义务，有关管理法规有着相应的规定。主要包括：负责查验广告证明文件，核实广告内容，不得从事超出经营范围的广告业务、不得在广告活动中进行不正当竞争、从事广告活动要订立书面合同、建立健全广告业务档案、收费公开，标准合理、提供真实的资料和信息。

（2）对广告主的管理。广告主是指为推销商品或者提供服务，自行或者委托他人设计、制作、发布广告的法人、其他经济组织或者个人。管理对象主要包括广告主的资格、广告主的责任和义务等。

①广告主的资格。广告主是指为推销商品或者提供服务，自行或者委托他人设计、制作、发布广告的法人、其他经济组织或者个人。因为广告主是提出发布广告的要求者，又是

广告内容的决定者,也是广告的出资者,所以,广告主还必须具有行为责任能力,能够对自己的行为负责、对广告可能会产生的法律后果负责,能够承担发布广告所引起的法律责任。

②广告主的责任和义务。确保发布广告的内容应在自己的经营范围和国家许可的范围内。广告主自行或者委托他人设计、制作、发布广告、所推销的商品或者所提供的服务应当符合广告主的经营范围。如果超出其经营范围进行经营,就属于违法经营,为其违法经营行为进行广告宣传,其行为当然也是违法广告行为,政府管理要进行查处。

此外,即使广告主在广告中所推销的商品或者服务属于自己的经营范围以内,其广告宣传也应当在国家许可的范围内进行。广告主自行或者委托他人设计、制作、发布广告,应当具有或者提供真实、合法、有效的证明文件,包括:营业执照以及其他生产、经营资格的证明文件;质量检验机构对广告中有关商品质量内容出具的证明文件;确认广告真实性的其他证明文件。

**3. 广告审查**

国家对广告的管理,除了上述对广告经营、广告发布者及广告主进行管理外,还要对广告活动进行有效的管理,这就是广告审查。

(1) 广告审查制度。广告审查制度包括委托代审制度和验证审查制度。

①委托代审制度。由于广告监督管理机关本身承担着对广告经营者和广告发布者的审批登记、对违法广告行为的查处等项工作,任务非常繁重。同时,国家对广告的监督管理是一种外部的行政管理,通常由广告经营者、广告发布者,或者有关行政管理部门,按照广告法规的要求对广告内容进行审查,这就是广告委托代审制度。

②验证审查制度。验证审查是指广告经营者、广告发布者对广告主所提供的证明文件和资料的完整性、真实性、合法性和有效性所进行的审查。广告主在要求广告经营者、广告发布者为其设计、制作、发布广告时,必须按照广告法规的要求,提供各项证明文件和有关资料,由广告经营者、广告发布者依照有关法律法规的规定进行审查,并建立广告业务档案存查。

(2) 广告审查标准。广告审查标准分为共同标准和特殊标准两个方面。共同标准是所有广告都必须遵守的要求,特殊标准是指除共同标准外某些特殊类别的广告还应当遵守的标准。这些标准都是以《广告法》等有关法规的形式颁布的。主要有共同标准和特殊标准两种。

①共同标准。共同标准要求广告内容应当有利于人民的身心健康,促进商品和服务质量的提高,保护消费者的合法权益,遵守社会公德和职业道德,维护国家的尊严和利益。

②特殊标准。对于一些特殊内容的广告,除了要遵守上述关于广告发布的一般标准之外,国家还作了一些特殊的规定,主要包括:禁止或限制某些商品做广告,如有毒、有害、用途特殊的药品;对某些内容禁止在广告中出现,如烟草、烈性酒、利用国家领导人的形象或国家机关的名义做广告等;对某些特殊商品的广告实行广告内容事先审查制度,如药品、医疗器械、农药、兽药等商品的广告,以及法律、行政法规规定应当进行审查的广告;对某些特殊广告媒体的广告活动有特殊的规定,如出租车广告、公共汽车广告、灯箱广告、互联网广告等。

**4. 对违法广告行为的查处**

(1) 违法广告行为的类型。违法广告行为有违法经营广告和违法发布广告两种类型。

违法经营广告主要是无证经营和超越经营范围经营，是指广告经营者从事超过广告登记机关批准经营范围的广告业务的行为。

违法发布广告是指广告主、广告发布者违反广告法规的规定发布广告的行为。违法发布广告是违法广告法规行为中比较多见的，其危害也是最大的，特别是发布虚假广告。违法发布广告的行为，有很多不同的表现：第一种表现是广告本身不合法。如广告主不具备合法的生产经营资格，其发布行为是违法的，此外应该报批未履行报批手续的广告也属于违法广告。第二种表现是广告内容违法。如欺骗、损害消费者利益的虚假广告，不按有关行政主管部门审定的广告内容发布或对审定内容私自添加改动的广告，有贬低同类产品内容的广告以及采用他人形象或名义，而未经他人同意的广告等，见图6-7所示。

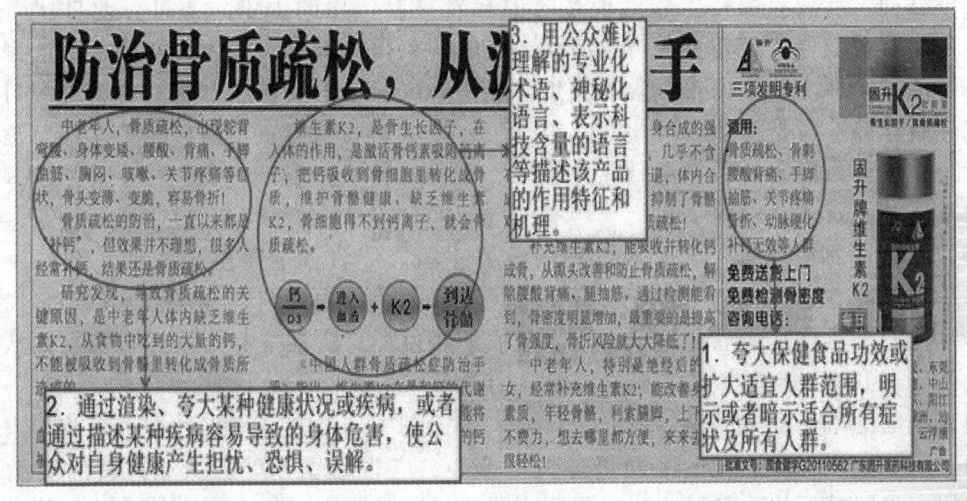

图6-7 违法广告

（2）违法广告行为的处罚。对违法广告行为的处罚，分为行政处罚、经济处罚和追究民事、刑事责任等。

行政处罚和经济处罚，都是由广告监督管理机关做出的。行政处罚包括针对广告主、广告经营者和广告发布者进行的停止发布广告、责令公开更正、通报批评、停业整顿、吊销营业执照或者广告经营许可证等形式的处罚，也包括对有关管理责任人的行政处分；经济处罚的主要形式是没收违法所得、罚款等。

追究民事责任或刑事责任，是由人民法院对违法的广告行为进行追究的违法责任。追究民事责任的形式一般为更正、道歉、挽回影响、补偿、赔偿等；追究刑事责任是针对违反法律规定、情节严重、构成犯罪的广告行为而由司法机关实施的刚性处罚形式，包括没收财产、刑罚等。

需要指出的是，对违法广告处罚的手段一般都不是单一的，往往是复合的，如行政处罚经常是多种手段并举，刑事处罚往往附带民事责任。

### 6.3.2 广告行业自律

**1. 行业自律的意义**

行业自律是行业的各类组织或个人自发组织成立行业组织，通过制定有关规章约束成员的行为。行业自律的目的是使成员的各类活动符合法律与道德规范,确保行业健康发展并保持企业与社会共同进步。广告行业组织一般由广告经营者、广告发布者组成。

(1) 行业自律是广告业健康发展的标志。广告业是一个联系广泛、影响较大的企业群体,更要注意与社会的关系,应该承担起自己应负的社会责任,不能只顾本企业的利益,而对社会公共利益置之不理。广告企业的发展应和社会的发展保持同步,这样企业才能获得更大的发展空间。行业自律,体现了整个广告业具有较高的社会责任感,是广告业健康发展的标志。

(2) 行业自律是国家广告管理的重要补充。国家对广告的管理是保障整个广告事业发展在法制轨道上正常进行的基础,起着保障作用,但是广告管理是一个系统工程,只有国家管理是不够的,行业自律是广告管理系统中起着重要作用的因素。通过行业自律,使广告主、广告经营者、广告发布者在广告活动中自觉约束自己的行为,主动按照广告法规的要求从事广告活动,减少违法广告行为的发生,既是广告活动的要求,也是广告管理的目的。其实,广告管理并非只是为了处罚违法广告行为,更主要的是为了预防、减少、甚至消灭违法广告行为,使广告健康发展,而行业自律正是这种思想的体现,所以,行业自律是国家广告管理的重要补充。

(3) 行业自律是保证广告健康发展的重要手段。广告业能否健康发展,既取决于广告的外部运行环境,也取决于广告业自身条件。广告主、广告经营者、广告发布者是广告活动的主体,他们是具体广告业务的承担者。他们能否按照广告法规和公认的道德准则从事广告活动,是广告健康发展的重要基础之一。

随着我国的市场经济的良性发展,目前广告业发展的外部环境正处在一个前所未有的良好时期。但是,广告业出现的问题仍是触目惊心:广告组织和广告从业人员的资质良莠不齐、虚假广告屡禁不绝、各种违法广告层出不穷,这些都大大损害了广告业的整体声誉。尽管国家加大了对广告行业的管理和对违法行为的处罚力度,但是更需要广告业提高认识,共同努力通过行业自律达到广告业自身净化的目的。行业自律,既是广告管理的需要,也是保证广告业健康发展的重要手段。

**2. 行业自律的形式和内容**

(1) 行业自律的形式主要有建立行业协会、制定自律规章和自检互检。

①建立行业协会。行业自律首先要成立行业组织,广告业的行业组织一般是以行业协会的形式出现。有了行业协会这样一类的组织,行业自律也才能从组织上得到落实。在我国大陆,广告界在1983年就成立了"中国广告协会",其中包括了客户委员会、广告公司委员会、报纸委员会、电视委员会、广播委员会、公交委员会、铁路委员会、学术委员会等专业委员会,在各地还设有地方广告协会。此外,在外经贸界,有"中国对外经济贸易广告协会"。这些行业协会都制定了协会章程,其中包含了行业自律的内容。

②制定自律规章。除协会章程包含自律条款外,广告行业协会还制定自律规章,使行业协会成员有了共同遵守的规范,并且对整个行业(包括未参加行业协会的成员)形成一种行业导向,使整个行业都能够自觉按照自律规章开展业务。如中国广告协会(简称"中广协")在1990年召开的第三次全国代表大会上通过了《广告行业自律规则》、《广告行业岗位职务规范(试行)》两个重要的行业自律规章,又在中国广告协会第四届理事会第四次会议通过了《广告行业公平竞争自律守则》;1997年中国广告协会还制定了《广告宣传精神文

明自律规则》。2005年6月1日,"中广协"发布《广告专业技术资格评定试行办法》;2008年7月1日,"中广协"发布《中国广告行业自律规则》、《广告自律劝诫办法》、《奶粉广告自律规则》、《卫生巾广告自律规则》等。这些都对中国广告业的行业自律起到了重要的作用。

③自检互检。行业自律是一种自发的自我约束,所以,它主要是通过自我检查、自我约束和行业组织成员之间的互相检查来达到自律的目的。所以,有了自律规章,还要进行检查。对不按照自律规章开展业务的成员,协会可给予相应的处分。例如,《广告宣传精神文明自律规则》第十五条规定,"对违反本《规则》的会员单位,中广协将情节轻重给予批评、通报批评、除名等处分"。

(2)行业自律的内容。行业自律的主要做法是遵纪守法、保证广告真实可信、遵守公认的道德准则、成员之间互相监督和成员之间交流沟通经验。

### 6.3.3 广告的社会监督

社会监督是广告管理的重要手段,是依靠社会和公众主动参与的管理行为。广告管理是关系到全社会公共利益的大事,必然要求社会和公众共同关心与参与,社会监督就是社会和公众主动参与的重要手段。社会参与广告管理,让全社会都认识到广告管理的重要性,社会各个层面都来关心广告,对违法广告行为进行揭露,营造一种违法广告无法生根遁形的环境,是广告管理的社会基础。社会监督的主要途径有:

**1. 新闻媒体的舆论监督**

新闻媒体的舆论监督是指通过新闻媒体的报道和揭露,使违法广告行为公之于众。新闻媒体的舆论监督,一方面可以为广告管理机关提供线索;另一方面也可以使消费者了解真相,以免上当受骗。此外,也促使违法广告行为的制造者迫于舆论压力,而采取措施,改正错误。

**2. 社会团体参与监督**

对于广告活动进行社会监督,社会团体的积极参与是必不可少的。社会团体通常是指依法成立的非政府性质的社会组织,这类团体高于一般的社会认知水平,其宗旨往往包含关注社会公众利益,保护公民的合法权益的内容。有些团体的活动有法律的保障,如消费者协会、妇女联合会等。对涉及危害消费者权益的违法广告行为,消费者协会会主动介入,依法对广告活动进行监督、干预,必要时可以给消费者维权提供一定的关心和帮助;对损害到妇女和儿童合法权益的违法广告行为,妇联的参与有时是必要的或必需的;此外,残疾人联合会关注损害残疾人利益的违法广告行为;宗教界联合会关注损害宗教界合法权益的违法广告行为等等,这些都属于社会团体正当的监督行为。

**3. 公民的举报投诉**

公民是社会的基本元素,政府、新闻媒体、团体组织都是由公民组成的,很多违法广告的发现和处理也是从公民举报开始的。对于违法广告活动,无论是政府的查处、媒体的曝光,还是社会团体的介入,往往离不开公民个人的参与,每个公民都有责任和义务对违反法律的广告行为进行揭露,如图6-8所示。

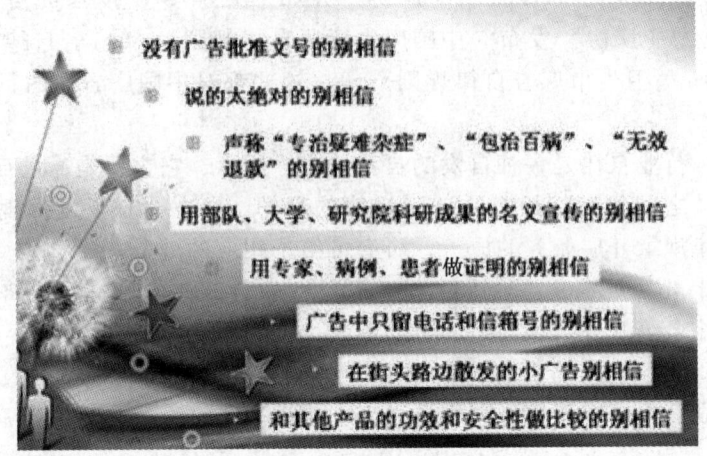

图 6-8 虚假广告识别法

当公民发现有广告违法行为或违法广告活动使公民个人的合法权益受到不法侵犯时,可以直接向广告主、广告经营者或广告发布者投诉或交涉,也可以直接向广告管理机关、新闻媒体或有关团体组织举报或投诉,或者向司法机关提起法律诉讼。

广告管理是关系到全社会公共利益的大事,也是关系到广告健康发展的大事,需要政府、广告业、广告主三个方面共同努力,也离不开全社会的共同参与。

### 同步案例 6-3

#### 强身牌鹿鞭补酒广告

**背景资料:**

《深圳晚报》刊登的强身牌鹿鞭补酒广告的用语有多处对性行为和感受的描述。中国广告协会秘书助理李方午表示,这些广告语不堪入目、低俗,违反了药品管理和广告的多项规定。"强身牌鹿鞭补酒"(OTC)的广告中宣称:"服用鹿鞭补酒1个月,身体明显感觉年轻10多岁……"该广告的内容大大超出了食品药品监管部门批准的该产品的功能主治范围以及核准的广告内容,并且对产品的功效进行了不科学的断言和保证,违反了《广告法》、《药品管理法》、《药品广告审查发布标准》的相关规定。

(资料来源:根据有关资料整理。)

**问题:**
强身牌鹿鞭补酒广告语中违法了哪些法律规定?
**分析提示:**
广告内容应该具有内容真实、合法,不得虚假、欺骗和误导消费者;内容和形式要健康、积极;表述和允诺要清楚明白;数据和资料要真实、准确;不得贬低其他产品或者服务;不得侵犯他人的合法权益。

▶ 本章知识脉络

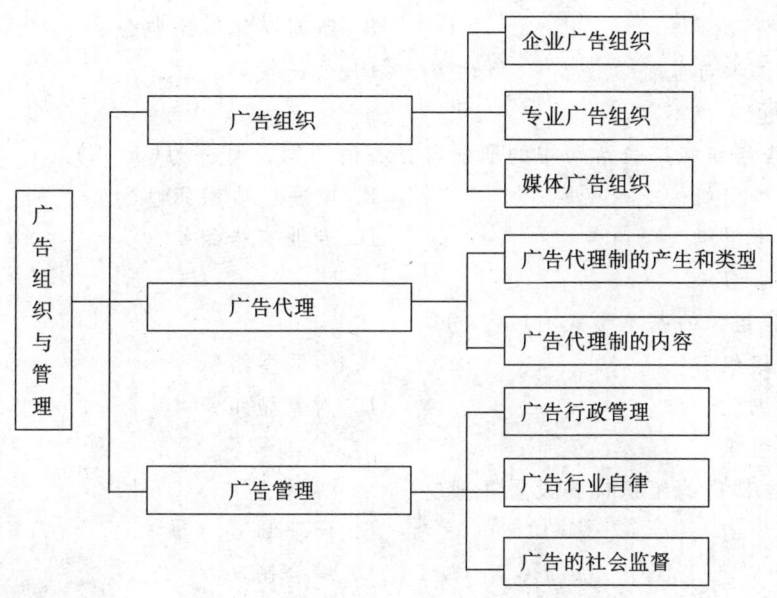

**本章导入案例点评：**

在经济全球化过程中，国外广告公司必然大量进入我国，在给本土广告企业带来了激烈市场竞争的同时，国外广告公司的规范化管理、科学的研究方法和严谨的作业流程等，给本土广告公司提供借鉴和学习机会，从而提高本土广告公司的水准，也为我国的广告公司走向世界提供了平台。

▶ 思考与练习

**1. 理论题**

**（1）单选题**

①生产经营不同产品的大型企业或特大型企业的广告组织形式采用（　　）。
A. 媒介型组织　　　　　　　　　　B. 对象型组织
C. 产品型组织　　　　　　　　　　D. 功能型组织

②对于广告预算费用比较大又采用多种媒体的大型或特大型企业，宜采用（　　）。
A. 媒介型组织　　　　　　　　　　B. 对象型组织
C. 产品型组织　　　　　　　　　　D. 功能型组织

③以下属于国家对广告审查制度的是（　　）。
A. 验证审查制度　　　　　　　　　B. 建立共同标准
C. 查处违法行为　　　　　　　　　D. 建立特殊标准

④以下对违反《广告法》的行为属于经济处罚的是（　　）。

A. 通报批评 B. 停业整顿
C. 吊销营业执照 D. 罚款

⑤以下不属于社会监督的是( )。

A. 通报批评 B. 新闻媒体舆论监督
C. 社会团体参与监督 D. 公民投诉

**(2) 多选题**

①根据广告组织在广告活动中的职能与任务的不同,可分为( )。

A. 企业广告组织 B. 电视广告组织
C. 媒介广告组织 D. 专业广告组织
E. 职能广告组织

②企业广告组织的基本形式有( )。

A. 功能型组织 B. 地区型组织
C. 产品组织 D. 对象型组织
E. 媒介型组织

③报刊广告部门的组织机构设置一般有( )类型。

A. 列举制 B. 代理制
C. 专业制 D. 综合制
E. 客户制

④广告代理制的类型有( )。

A. 独立媒体代理 B. 外资独立代理
C. 点菜代理 D. 大众传播广告代理
E. 专业性广告代理

⑤广告行政管理的主要职能是( )。

A. 控制和协调 B. 道德监督
C. 监督和检查 D. 指导和服务
E. 罚款

⑥广告行政管理的主要依据是( )。

A. 广告法 B. 法规
C. 相关政策 D. 自定管理办法
E. 罚款

⑦广告管理的主要形式有( )。

A. 国家监管 B. 行业自律
C. 企业内部控制 D. 社会监督
E. 自己定

⑧广告审查的主要依据是有( )。

A. 法律规范 B. 道德规范
C. 专门制定的广告审查标准 D. 公司标准
E. 自己定标准

**(3) 判断题**

①国外工商企业都成立广告公司,不设内部广告组织。（  ）
②广告主可以直接通过报社、广播电台、电视台发布广告。（  ）
③沃尔玛出售过期食品被客户投诉,新闻记者曝光属于社会监督。（  ）
④中国广告协会对某广告公司的某种广告行为予以处罚是不恰当的,该广告公司认为不属于协会管理。（  ）
⑤某广告公司为某酒厂做广告,为了突出宣传效果,将国家领导人来酒厂参观的照片发布在广告中,属于违法。（  ）

**(4) 简答题**

①推行广告代理制有何重要意义?
②媒介广告组织的职能和任务有哪些?
③试说明国家对广告行政管理的主要内容。
④什么是广告审查?说说广告审查都有哪些标准,具体内容是怎样的?
⑤违法广告行为有哪些?试举出具体的事例,谈谈如何追究其违法责任。

## 2. 实务训练题

**【案例分析 1】**

**案例资料:**

### 2015 年十大违规广告之一:"金斗寻宝"

2015 年 9 月 1 日,我国新《广告法》正式实施了。9 月 28 日,据央视财经报道,国家工商总局首曝 2015 年涉嫌违反《广告法》的十大典型案例。"虎符兵印大阅兵纪念宝玺"、"金斗寻宝"、"十大传世名画"等十大广告榜上有名。同时,国家工商总局也提醒消费者,如果在生活中遇到了违反广告法的案件,请及时举报。

广告内容大致如下:2015 年 1 月 2 日上午,某学会常务副会长作为易学专家应邀出席《金斗寻宝》电视栏目,该栏目由中国著名的相声大师李金斗主持、中藏联盟主办。本期栏目中各嘉宾就当前的红木艺术品收藏领域展开讨论。

在红木艺术品的设计开发与风水易学原理之间的关系的问题上,相关人员做了详细的讲解,并认为,很多人购买红木艺术品用于把玩、装饰、品鉴或收藏,红木艺术品与人体接触非常密切,如果这些红木艺术品的设计开发上能充分考虑风水易学原理,则能够给人带来持久的良好的心理暗示,从而促进运程的改善,比如弱火之命的人,年份逢水年而伤,肯定运程不好,容易生病、办事不顺或出意外伤灾等,这时如果佩戴、把玩或者家中摆设一些非常符合易学风水原理的红木艺术品,则可以增强命主的木的能量,从而形成水生木、木生火的局面……

根据主办单位中藏联盟官方人员表示,为了更好地回馈与支持国家藏宝于民活动,收藏五行开运中国五大投资手串,有机会获得李金斗老师书法真迹(特邀李金斗老师书写"日进斗金"书法,赠送前十五名订购者)。该违规广告视频截图如图 6-9 所示。

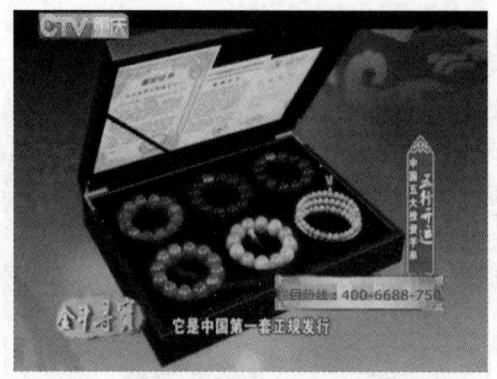

图6-9 违规广告"金斗寻宝"视频截图

(资料来源：根据网络资料整理。)

设计问题：
(1)"金斗寻宝"广告中有哪些违规之处？
(2) 该案例对你有何启示？

【案例分析2】
案例资料：

### 凡客诚品的"仰望星空"系列T恤广告

据新华社2012年4月24日报道：凡客诚品服装网站2012年3月28日宣布，2012年新款VT系列T恤正式上线销售。但随后便有网民发现，凡客诚品的"仰望星空"系列T恤是以中国热点事件和人物作为素材，即以仰望星空、忘记我、人格独立、找寻梦想、反思、脚踏实地、让梦想照进现实等为主题，推出"VT之宝宝"系列T恤。

凡客诚品官方网站推出系列T恤，并用国家领导人图片做大幅广告，遭到网民批评。工商部门表示，该广告已经违反法律，将依法对相关企业进行查处，并特别提醒各商业企业在广告发布中要严格遵守《广告法》的有关规定，对违反规定发布广告行为，工商管理部门将依法进行查处。

(资料来源：根据网络资料整理。)

设计问题：
(1) 凡客诚品的广告违反了《广告法》哪些条款？
(2) 随着互联网的快速发展、日新月异，你对互联网广告的管理有何看法与建议？

## 业务训练

### 广告公司业务流程调研

**训练目标：**
培养学生认知广告公司业务流程能力。

**训练内容：**

以小组为单位就本地区典型的广告公司开展实际调研，收集第一手资料，并进行分析对比，得出分析报告。

**训练操作：**

（1）教师说明训练内容及成果要求。

（2）将全班学生每5—6人分为一组，并选出小组负责人。教师说明训练内容及成果要求。

（3）每个小组通过调研2—3家企业的广告业务流程规范性情况，对其进行分析。

（4）从公司广告策略和广告计划、市场调查与分析、广告策划、广告创意、广告设计制作、广告运动的具体执行和广告作品的发布、广告效果测定和反馈等方面进行分析。

（5）各小组写出报告，由小组负责人进行口头或书面汇报，并在全班级交流。

**成果要求：**

（1）每个小组撰写出《××公司企业广告业务业务流程调研报告》。

（2）每人写出实训体会。

（3）依据小组的活动情况和调研报告给小组评估打分。

（4）依据个人的实训体会和所在小组得分为每位学生评估打分。

# 第7章
# 广告表现与广告策略

**学习目标**

**知识目标**：认识广告表现的方法与形式；明确广告表现的策略；理解广告的市场策略、广告实施策略和广告媒体策略。

**能力目标**：掌握广告表现方法和广告表现策略，具备对广告市场策略、广告实施策略和广告媒体策略分析与应用的能力。

**导入案例**

## C罗代言"清扬"

图7-1 "清扬"男士系列洗发露广告图片

2009年7月，联合利华集团重金邀请世界足球先生C罗代言"清扬"男士系列洗发露（见图7-1），铺天盖地的广告来势占据全国各大重要媒体及终端。而"清扬"重金邀请C罗作为品牌代言人，正是征服更多年轻、有作为的消费群，以彰显"清扬"固有的张扬个性。"去赢，去征服"一句话，便可道出年轻精英白领内心的呼喊，找到了消费者的买点。

"清扬"广告片寻找到了最能打动消费者的功效诉求,即专注于具有双重强健头皮、持久去屑功效的清扬科技2.0以上,运用时尚、健康和活力的形象来呈现,无疑符合"清扬"的品牌定位及所要传达的高效去屑概念。

(资料来源:根据网络资料整理。)

"C罗代言'清扬'"告诉我们,任何一个广告要表现它的目的和意图,都要借助语言文字、图形、色彩,将其转化为文稿、图像、声音等信号,而后传达给消费者,这一过程,就是广告表现和广告策略。本章我们将主要介绍广告表现和广告策略。

## 7.1 广告表现

把广告的"创意"写成一个方案,是广告撰文人员的事;把广告"创意"予以视觉化,是美术指导人员或技术人员所要做的工作。用"语言"来表现广告的一个创意、一种观念,最后被视觉化,就是现代广告表现。

### 7.1.1 广告表现的含义

广告的本质是传播,即欲传递的"想法",借助语言、图像等被"符号化"之后送达对方;对方对接收到的信息进行"符号解读",从而使"想法"得以"再现"。

所谓广告表现就是根据广告媒体的传播特点,将广告的主题意念、创意构想,充分运用语言、文字、音乐、图片、画面等信息传递形式表达出来的过程。

广告表现在广告的整体策划工作中承上启下,处于广告主题策划、广告创意构想和广告制作之间。在早期的广告活动中,由于广告信息内容简单、可借助的表现形式单一,整个社会广告活动相对稀少,就不存在广告表现,它包含于广告制作过程中。随着商业社会中广告信息传递的日益膨胀,就需要精心地设计广告信息的内容和形式,否则,就会使广告效果受到很大影响,这样,广告表现才从广告制作过程中独立出来。广告表现和广告制作虽然都是对广告主题和广告创意的表现,但广告表现着重于通过形式表现广告的主题和创意。

### 7.1.2 广告表现的方法与形式

广告创意讲究创意诉求策略,然而在具体实施中,仍然需要广告表现的方法和策略的支持。广告表现方法的运用,除了能引起注意外,还能达到提升广告创意的认知强度、强化广告创意认知深度、延长广告创意认知时间以及增加广告创意认知兴趣等效果。因此,应根据广告创意策略,选择相应的广告表现策略,采用恰当的广告表现方法和技巧,从而使创意的效果得以提升。

**1. 广告表现的方法**

常见的广告表现方法有以下10种:

(1)商品本身表现法。说明商品最简单的方法就是展示商品本身,尤其是广告商品具有其他商品绝无仅有的外观时,采用本法最为有效。如果商品被包装所包裹,为了刺激消费者的购买欲,仍应设法展示出商品的本来面目,包装上如印有厂商的名称,也可对此点加以特写。

(2) 衬托商品表现法。虽然商品本身具有特殊功能,但在外观上与竞争品类似,如果只拿出商品本身易与竞争商品混同。因此,必须在陈列出商品的同时,用某种背景加以衬托,用背景的特征显示出商品的形象。采用此种方法,背景尽量简单,不要过分醒目,商品与背景互为协调,背景必须与商品印象有关。

(3) 使用中的商品表现法。只是看某种手机的静态画面,和其他手机的画面毫无二致。如果是实际使用手机的景象,感觉就不同了,视觉印象就很深刻,因为映入受众眼帘的是时尚的通讯。这种表现使人感到商品与日常生活的密切关系。

(4) 强调使用方便性表现法。当说明商品功能时,强调消费者使用该商品可能得到很多方便,从而对该商品会产生浓厚的兴趣。即使商品形态、颜色无任何出奇之处,但若能充分表现出使用时的方便,就能加强受众对商品的印象。"不用该商品而感到不便",这种表现法也有效果。

(5) 戏剧型的标题表现法。把大标题加以视觉化,譬如以"半价廉售"作为大标题,用剪刀把一元的钞票剪成两截的画面来表现。

(6) 某一场面戏剧化表现法。把方案中有趣的景象用新闻照片、图画等表现的方法。此时,犹如强调商品特征一样,须选择其重点,选择富有戏剧性的适当场面。譬如当广告商品发生了某种惊人新闻时,最好用该项新闻照片或新闻较有效果。

(7) 证据表现法。如果能把商品使用后的结果,在广告上显示出来,其说服力将会更高。例如用试管、显微镜等仪器,做各种实验,用科学的方法,以证明商品的特性;如强调马达振动力小,可在散热器上竖立一支铅笔的照片;表示电冰箱涂漆之耐热性,可用一支未熄灭的香烟放在电冰箱上的照片,标题用"电冰箱毫不在乎",即能达到说服的效果。

(8) 连环图表现法。一幅印刷广告,有时也可用很多画面。此时,广告的创意可能是一个有趣的故事,这个故事本身要有一贯性,要把所强调的场面归纳起来,以掀起高潮。连环式的表现,大都采取下面的形式:发生问题;解决问题;问题解决后的喜悦;劝购商品。在某些场面中,开头时如果用照片,其他的场面也可用手画,以求变化。

(9) 图解表现法。当顾客在商店购买某种商品,即使这种商品被准予任意抚摸观赏,但和其他商品究竟有何不同,有时亦难了解。因此,可将商品某一局部加以特写,做具体的表现。当然所特写的部分应当是该商品最重要的部分,或是它发挥功能的所在。此种方法用作表现该商品在构造上较其他商品特别之处时,非常有效,或将所强调的部分用箭头表示,或用圆圈圈起亦可。

(10) 比较对照法。我们说明某种物品时,常会举出其他物品作为证明,广告表现也可用此种方法。为了强调广告商品的销售重点,不妨举出某种类似品用作比较,可以说得更明确、更具体(当然要注意不能违反《广告法》的规定)。最常见的对商品使用前后的效果比较就是属于此种范畴。此时,须将两种商品置于同样状态,并须彻底明了其不同点。

### 第7章 广告表现与广告策略　141

```
同步案例 7-1
```

**长裤使审判中断**

图 7-2　美国长裤广告

**背景资料：**

这是一则美国男式长裤的平面广告（见图 7-2）。法庭正在审理案件，本来正襟危坐的法官、唇枪舌剑的律师以及旁证旁听席上的证人和听众，个个都变成惊叹不已、忍俊不禁哄笑的样子，原来被告穿着一条十分漂亮的西式长裤。

广告画面以暖色调为基调，造成一种热烈喜悦、异常活跃的气氛，大大增强了喜剧的效果。为了将人们的视线引到长裤上，画面将被告身体以上部分隐去，而使下身长裤占据画面中央位置，突出展现广告对象即长裤的形象：造型潇洒、外表熨帖、做工精美；被告者双腿站立、双手叉腰，一副自信高傲的样子，产品形象塑造得十分直观注目。

（资料来源：李宝元．广告学教程．北京：人民邮电出版社，2005.）

**问题：**

该广告运用什么广告表现方法？运用该表现手法应注意什么问题？

**分析提示：**

某一场面戏剧化表现法。应注意：寓庄于谐，但切忌离题；与受众文化背景相贴近，须有美感内含；出其不意，而不媚俗。

### 2. 广告表现的形式

广告传播的形式是多种多样，广告表现的形式更是层出不穷。一方面，从报纸广告、电视广告、广播广告和杂志广告到户外广告、POP 广告、直邮广告、网络广告以及各种新的媒介广告，传播形式越来越丰富多彩；另一方面，为了实现 AIDMA 法则，设计人员几乎借用了所有的表现手段如文学、诗歌、电视、音乐、摄影、绘画等。从某种角度上说，广告是一种艺术。

然而，广告与其他艺术有着根本的区别，广告表现的最终目的还是为了促进销售。美国奥美广告公司的创始人大卫·奥格威曾经说过："广告不应被视为一种艺术形式的表现。广告唯一正当的功能就是销售而不是娱乐大众，也不是运用你的原创力或美学天赋，使人们留下深刻的印象。"因而，广告表现应紧紧围绕促销这个中心目标。根据这一原则，可以将广告的表现形式分为三类：

（1）生活信息型。这是一种从消费者的利益出发，宣传商品或服务带给消费者的价值、利益和欲望的满足和给生活带来方便，使生活变得丰富的生活情报，将商品与用户的生活联系起来描述，提出更好的生活方式，同时可做到把商品放到更贴近生活的位置上，以展现商品与消费者生活的关系，从而达到刺激和引发消费者对商品的兴趣，最终促使其购买该商品或服务的目的。

生活信息型广告表现可分为四类：

①使用者印象：以品牌使用者与生活形态为焦点，且以使用为中心进行广告表现。

②品牌印象：传达品牌个性，以品牌印象为中心诉求。

③使用情景：以使用该品牌的场面，为第一重点进行表现。

④一般生活信息型：以商品种类为中心，并以使用者的亲身消费体验为重点进行广告表现。

（2）商品情报型。这是以直接传播广告商品的性能、特点、功效等信息的广告表现形式。这种广告表现以突出商品本身的信息情报为主，达到传播信息，引发消费者兴趣，促进商品销售的目的。

早期的广告都是以商品情报型表现居多。一些新产品面市为了让消费者了解其作用和特点，常常运用这种方法。如电视机、VCD等家用电器刚进入市场时，人们还不了解其性能、特点和作用，通过商品情报型广告对这些功能的介绍或在电视媒体中实际操作给大家看，使消费者逐渐了解并接受这类商品，进而购买。可见，这是一种向消费者推荐新产品的广告表现方法。

商品情报型广告表现可分为五类：

①比较：与其他商品相比较，突出明显的区别；

②USP（Unique Selling Proposition Strategy）从客观的立场，证明其独特的程度。

③先下手：并不诉求独特程度如何，只诉求客观事实。

④夸张：无法客观地证明其特点，采用适当夸张表现。

⑤一般商品情报型：以商品种类的特长，取代品牌本身的特长而进行诉求，而且其诉求属于情报型。

（3）附加价值型。这种广告表现形式是通过广告商品或服务的附属信息进行强化和宣传，使之具有一种新的附加值，产生新的魅力或强烈的印象，从而吸引消费者的注意，并因此购买该商品或服务。在现代企业竞争中，企业间的生产技术已非常接近，产品质量也无太大的差别。消费品购买商品时，往往是根据其对某个企业或品牌形象的印象做出购买决定。因此，企业形象和品牌形象对消费者的影响就显得格外重要。消费者常常凭着对某个企业或品牌的印象好坏，去购买、选择商品。如："桑塔纳"轿车、"联想"电脑、"海尔"彩电、"科龙"空调等，这种原本属于非商品属性的附加价值起着重要作用。

### 同步案例 7-2

## 奔驰 SLK 汽车"刹车痕"平面广告

**背景资料：**

这是 1998 年度获戛纳广告节平面广告大奖的作品——刹车痕。一辆漂亮的 SLK 型敞篷汽车停靠在路边，周围没有一个人，只看到经过奔驰车的道路左前方，有着深深的刹车痕迹（如图 7-3）。

图 7-3 奔驰 SLK 广告

酷酷的外形，正是这则奔驰广告的诉求点和创意点。作为一个享誉全球的"汽车专家"，"奔驰"已经无须强化其品牌的知名度，也无需强调其性能的优越。在当时 SLK 系列诞生之初，奔驰要做的，就是靠外形的新颖和气派制胜，从而达到宣传这一新款车并为人所知的目的。

该广告就是立足于这个基点，阐述了一个故事：酷酷的外形使得路经的汽车司机纷纷刹车观赏，似乎还能看到司机们惊叹和美羡的眼神。正是这一"故事诉求"，弥补了平面广告的不足，让有限的空间在读者的脑海中无限延展，而对角线的构图、刹车痕的冲力，也让这个有限的平面充满了张力和动感。

奔驰的魅力在这一静一动、一明一暗的比较中，让受众心领神会，过目不忘，堪称优秀的创意；构图和色彩的运用带来的视觉冲击力，与产品有着良好的关联性。

"刹车，不要犹豫！"广告中，停在路旁的奔驰车正是这样告诉过往的司机的。诉求点的明确单一让此则广告获得了第 44 届戛纳广告金奖。

（资料来源：根据有关资料整理。）

**问题：**

该广告优秀之处表现在哪些方面？并举 2—3 个生活中的例子加以说明。

**分析提示：**

从广告表现形式的附加价值等方面进行分析。

### 7.1.3 广告表现的策略

广告表现策略，也称广告诉求策略，是指表现或诉求广告内容时所采用的技巧和方法。它是决定广告信息能否有效地传达给消费者，能否影响其对产品的印象和态度并采取实际的购买行动，进而决定广告效果的重要因素。一般地说，应根据不同的产品特点、不同的消费者特点，采取不同的表现方法。常见的广告表现策略主要有以下几种：

**1. 象征广告策略**

心理学的研究表明，消费者在决定购买某种商品时，并不只是靠眼前所呈现的信息刺激，往往要将过去很长一段时间所累积下来的商品信息从记忆中抽取出来，然后加以综合整理，再做出购买决定。而在这一过程中，某种象征性物品会通过使人产生联想进而影响人们的购买行为。象征广告策略就是为增加消费者记忆力、增加联想而产生的策略。它是通过借用符号、动物、人物、自然或形象的语言来代表某种商品，以此给消费者以情感的感染，充分调动消费者的心理效应，最终达到树立企业形象和推销商品的目的。

**2. 引证广告策略**

该策略是指通过引用正面或反面、正确与错误的事实及第三者对企业或企业产品的评价为广告内容，从而增加消费者的信任程度，影响他们的购买行为的一种策略。这种策略主要应用消费者信任他人或信任某种事实的心理，用旁证增强说服力，从而达到广告效果。运用这一广告策略，可引用专业人员证言、权威机构证言、消费者证言、名人证言等，但切记要精确，不能过多过滥。

**3. 情感广告策略**

该策略就是把人类心理上复杂的情感变化加以提炼和概括，营造一种感情氛围，把广告宣传内容融于这种氛围之中，情感吸引达到广告目标的一种策略。这种策略主要是运用感情对购买行为的支配作用，通过以情感人的方式求得广告效果的完善。对于化妆品、食品或礼品等都可以运用这一策略。

**4. 比较广告策略**

该策略是将不同企业的相同商品或同一企业的系列商品进行分析比较，从而激发消费者信任的一种方法。它所依据的就是人们惯有的"货比三家"的购物心理，通过广告商品的比较，突出所要宣传的商品的功效等特点，把消费者的可得比较利益揭示给消费者，从而达到广告宣传的目的。通常所用的方式主要有：功效比较、商品结构比较、质量比较、可得利益比较等几种。运用这一策略时，千万要注意不能对其他商品进行贬低性比较。

**5. 保证广告策略**

该策略是在广告中做出某种承诺式的保证，以增强广告对象的信赖程度，吸引消费者的一种方法。其做法就是在广告中做出某种明确的保证，如保证商品的生产条件、生产工艺、物理化学成分，商品本身的质量（寿命、性能），商品的售前、售中、售后服务，商品的销售价格等。在强化消费者对商品的认知和纠正消费者对商品和企业的不正确评价时，可采用这一策略。需要注意的是，广告中所做出的各种承诺性保证，必须以可靠性、真实性、可操作性为前提，绝不能凭空捏造，更不能失信于民。否则，只能取得相反的效果。

**6. 正向与反向的理性劝导策略**

该策略是指运用正向和反向的从科学道理角度的劝说、引导、吸引消费者，增强其对企业或产品的信任,从而达到广告目标。正向劝导是一种激励形式,其主要是告诉消费者购买或使用某一产品可能得到的好处,赞许消费者的选择是正确的。反向劝导是一种警告的形式,其主要是告诉消费者不购买或不使用某一产品可能遇到的不便或丧失的某种利益。一般说来,正向劝导是消费者乐于接受的,而反向劝导则应慎重。通常是把二者结合起来运用。

### 同步案例 7-3

#### 威力洗衣机电视广告

**背景资料:**

春天的田野;

挺拔的白杨;

欢快的溪水;

慈祥的母亲。

——画外音传来一个轻柔的女声:

妈妈,我又想起了家乡的小河,想起了奶奶,想起了您。

妈妈,我给你送去一样好东西。

伴随着画面上的一家人围绕着"威力"洗衣机的欢声笑语,广告故事定在一个淳厚的男中音:

"威力洗衣机,献给母亲的爱!"

(资料来源:根据网络资料整理。)

**问题:**

该案例使用了什么广告策略?举例说明2—3个其他广告表现策略。

**分析提示:**

洗衣机越来越多之后,针对洗衣机的广告也令人眼花缭乱。在关于洗衣机的广告争先恐后的撷取着"大容量、不缠绕、省电、节水"等特点大做广告之时,如果再从这些方面着手,已经不能够吸引广大消费者的注意力了。而威力洗衣机的广告商则以情感诉求的方式来另辟蹊径,从而以情感广告策略打动了电视机前的许多观众。

## 7.2 广告策略

为了使广告活动取得更好的广告效果,合理制定广告策略也就变得越来越重要。广告策略是广告主在广告活动中为完成广告目标而选用的手段和方法。广告目标是制定广告策略的前提,而广告策略是实现广告目标的方法和手段。

广告策略的运用,重点应解决以下问题:一是怎样让产品在消费者脑海中留下深刻印象;

二是怎样刺激消费者产生购买欲望；三是怎样扩大产品销售额；四是怎样提高产品的知名度。

广告策略主要有三种形式：广告市场策略、广告实施策略和广告媒体策略。

### 7.2.1　广告市场策略

广告市场策略是根据目标市场情况以及产品在目标市场中所占的地位而确定的广告方法和手段。广告市场策略是广告策略的重点。广告市场策略大致可分为目标市场定位策略、广告促销策略和产品市场生命周期策略。

**1. 目标市场定位策略**

目标市场定位是指经过市场细分，企业准备以自己的产品和服务去适应一个或几个市场，从而使产品和服务在市场上确定适当的位置。目标市场确立以后，就应当选择相应的营销策略和广告策略。广告的目标市场定位策略就是指广告主为自己的产品选定一定的范围，满足一部分人需要的方法。广告的目标市场定位策略主要有三种方法：无差异市场广告策略、差异市场广告策略、集中市场广告策略。

（1）无差异市场广告策略。无差异市场广告策略是指广告主在一定时期内，面向一个整体目标市场，运用不同广告媒体搭配组合，做同一主题内容的广告宣传的方法。这种策略一般常用于产品在引入期和成长期，或产品供不应求、没有竞争对手或竞争不激烈时期的广告宣传。

无差异市场广告策略的优点是可以同时运用多种媒体，播出频率高，覆盖面广，能迅速提高产品知名度，广告制作方式较单一，消耗的人力、物力少，成本低、收效大。缺点是在市场竞争激烈、产品供过于求的情况下，这种策略就不完全适应了。因为无差异广告策略不能满足消费者的多种需求，其他生产者易于参加竞争。

（2）差异市场广告策略。差异市场广告策略是广告主在一定的时期内，针对细分的目标市场，运用不同的媒体组合，做不同内容的广告宣传的方法。这种广告策略一般常用于产品在成长和成熟后期（或竞争较激烈的时期）的广告宣传。

差异市场广告策略的优点是能同时引起同类产品多个细分市场上消费者的注意，提高企业知名度，扩大产品销售量。缺点是企业产品品种多样化会增加企业广告费用，减少利润。因此，企业运用差异市场广告策略要分析利弊，做出合理选择。

（3）集中市场广告策略。集中市场广告策略是广告主把广告宣传的精力集中在细分的市场中一个或几个目标市场所采用的广告方法。这种广告策略一般多用于资源有限的中小型企业。

集中市场广告策略的优点是广告目标市场小，广告制作较单一，广告费用低，可以迅速提高企业知名度，扩大产品销售量。缺点是企业承担的风险较大，一旦目标市场打不开或打开了又出现强大的竞争者，企业来不及应变将陷入困境。因此，采取此种策略选择的市场面不能过小，并且要随时注意市场的动向。

由于整体市场和细分市场是相对而言的，因此根据企业的具体情况，上述三种策略既可以独立适用，也可以综合运用。

**2. 广告促销策略**

广告促销策略是在一般营销策略的基础上，利用各种推销手段，在广告中突出消费者能在购买的商品之外得到其他利益，从而促进销售的广告方法和手段。它既要告知消费者购买商品所能得到的好处，又要给予消费者更多的附加利益，以激发消费者对商品的兴趣，在短时间内收到即效性广告效果,从而推动商品销售。广告促销策略主要包括:馈赠型、直接型、示范型和集中型。

(1) 馈赠型。主要分为赠券广告、赠品广告、免费试用广告等。

①赠券广告。利用报纸杂志向顾客赠送购物券。报刊登载商店赠券,赠券周围印有虚线,读者沿虚线将赠券剪下即可持券到商店购物。赠券一般优惠供应商品。赠券广告的作用可概括为三个方面:第一,薄利多销;第二,提高商店和品牌知名度;第三,赠券吸引顾客到商店来,从而带动其他商品的销售。

②赠品广告。将富有创新意识与促销商品相关的广告小礼品,选择时机在较大范围内,赠送给消费者,从而引起轰动效应,促进商品销售。如可口可乐公司制作一种印有"Cacocala"字样小型红色手摇广告扇,选择亚运会时机,赠送给观众,顿时观众席上成了一片"Cacocala"的红色海洋,极大促进了商品销售,而每把手摇扇的成本只有0.2元。

③试用广告。将商品免费提供给消费者,一般让消费者在公众场合试用,以促进商品宣传。例如日本东京PI广告社,设计出一项新颖的试用广告,向车迷们免费出借全新名贵跑车。每辆跑车在不同部位按照所出广告费多少贴上企业的名称。车迷们在规定时间开着车子到事先指定地点亮相替企业做广告,产生了不同凡响的广告效应。

(2) 直接型。大致可分为上门促销广告和邮递促销广告两种。

①上门促销广告。促销人员不在大众媒体或商店做广告,而是把商品直接送到用户门口,当面向用户做产品宣传,并给用户一定的附加利益的一种促销方法。这种促销广告能及时回答顾客的问题,解除顾客的疑虑,直接推销产品。

②邮递促销广告。促销人员在促销期间将印有"某商品折价优惠"或"请君试用"等字样,并备有图案和价目表之类的印刷品广告,通过邮局直接寄到用户家中或工作单位的一种促销方法。为了减少邮递促销广告的盲目性,企业平时要做经常性的资料收集工作,掌握用户的姓名、地址和偏好,双方保持一定形式的联系,提高用户对企业的信任感。

(3) 示范型。大致可分为名人示范广告和现场表演示范广告。

名人示范广告就是让社会名人替商品做广告(见图7-4)。现场表演示范广告是选择特定时间和地点,结合人们的生活习惯,突出商品的时尚功效,做公开场合示范表演。

图7-4 陈佩斯代言的新时代系列立白洗洁精

（4）集中型。利用大型庆典活动、赞助公益事业、展销会、订货会、文娱活动等人群集中的场合进行广告宣传，就是集中型促销广告，其广告形式多种多样，如图7-5所示。

图7-5 王老吉、加多宝汶川特大地震捐赠广告

**3. 产品市场生命周期策略**

产品市场生命周期指产品从引入市场到失去市场直至淘汰的整个过程。不同的产品有不同的生命周期。同一产品处在不同的生命阶段，它的工艺成熟度、消费者心理需求、市场竞争状况和市场营销策略等都有不同的特点。因此，产品处于生命周期的不同阶段需要不同方式的广告策略。

产品的生命周期一般包括投入期、成长期、成熟期和衰退期等几个阶段。

（1）投入期。新产品刚刚进入市场，产品的品质、功能、造型、结构尚未被消费者认识，产品销量不大。这一时期的广告要以创牌为目标，适合运用各种媒体组合宣传，加大刊播频率，造成广告声势，培养消费者的需求，以促使新产品迅速打开市场。具体要抓住两点：一要扩大广告受众范围，突出产品品牌，提高知名度，引起购买欲望；二要对已经使用过本产品的消费者，广告宣传要帮助他们归纳总结产品的优势，巩固品牌在他们心目中的地位，使他们从偶然的使用者变成习惯使用者。

（2）成长期。产品品牌和商标已经被相当数量的消费者接受，产品销售量以一定速度增长，利润也相应提高。但此时同类产品开始纷纷投入市场，竞争日趋激烈。这一阶段应该扩大广告投入费用，利用更多的宣传媒体，提高刊播频率，使企业在同类产品的市场竞争中处于有利地位。

（3）成熟期。产品品牌已经被广大消费者接受，产品销售量大且稳定。这一阶段市场已趋于饱和，原有产品已逐渐变成老产品，经营者应该保持清醒的头脑。产品成熟期是销售高峰同时也是销售量下降、产品被淘汰的起点。这一阶段的广告要以保牌为目标，巩固已有市场，挖掘市场潜力。广告要有创意，要突出产品优越性，要充分利用统计数字和顾客的赞誉信任等，使消费者对老产品有新的感受，巩固消费者的使用习惯。

（4）衰退期。产品销售下降幅度逐渐加大，替代产品大量进入市场。这一阶段的广告应以延续市场为目标，采取长期间隔定时提醒消费者的办法，千方百计利用老顾客的怀旧心理，达到预期的销售目标。同时逐步减少老产品广告，引导好新老产品的过渡。

同步案例 7-4

## 乘用车生命周期调查——畅销产品案例分析

**背景资料：**

民族品牌代表：荣威750

上市日期：2007年1月31日

上市价格：23.18万元—27.68万元

引入期：2006年10月—2007年1月31日

荣威750自2006年10月发布以来，就受到了国内消费者的强烈关注。从11月至12月的短短2个多月时间，累计收到意向订单超过10000份，还成为几省政府采购的重点车型。

成长期：2007年1月31日至今

2007年1月31日第一款在国内量产的具有纯正英伦血统的中高级轿车——荣威750上市，随后上汽为荣威打造了一系列的推广活动。首先是4月的上海车展，全新混合动力车、概念车荣威W2和荣威750一起亮相，很好把荣威整个品牌形象建立了起来。9月初，荣威把质量担保期升级为"3年或8万公里"，消除消费者买车的后顾之忧，这一举措一经推出便得到了业内的高度评价。9月20日，荣威750"贵雅亦激情"驾控巅峰中国巡演首站登陆成都，通过专业车手和车主们的精彩特技表演，大家亲眼见证了荣威750的卓越品质。再看荣威的销售业绩：上市一周，平均每天800张订单；上市四个月销量突破万辆大关；7月份销量跻身同级车前三甲。应该说荣威取得如此辉煌的成绩，上汽本身强大的实力和荣威自身过硬的品质是不可少的，但营销策略的成功运用同样也是功不可没。

荣威走的是英伦贵族路线，按它自己的说法它的车主群体是在传统文化熏陶下长大但又富有创新意识的人。在我们看来荣威采用英国设计风格，工艺考究配置比较高，正适合具有领袖气质，又崇尚内涵、讲究生活品质的精英阶层。

合资品牌：POLO

上市日期：2002年4月18日

上市价格：两厢12.75万元—14.8万元/三厢13.09万元—16.19万元

目前价格：两厢9.08万元—11.98万元/三厢9.28万元—13.30万元

引入期：2002年

POLO以其高科技装备备受瞩目。上市仅半年多，销量就达近3万辆。

成长期：2003年

此阶段POLO的货源一度紧张，市场供不应求，2003年销量一举突破6万辆。

成熟期：2004年至今

由于原先价格制定过高及众多新对手的上市，POLO市场后续发展受到极大挑战。上海大众重新调整战略，2006年推出全新POLO，产品性价比进一步提升，POLO市场份额再次呈增长态势。目前处于市场稳定发展态势。2011年，融入全新家族式前脸设计的第五代POLO正式上市，相比老款车型新款POLO显得更加时尚、前卫。

（资料来源：根据有关资料整理。）

**问题：**
合资品牌和民族品牌汽车的生命周期有什么不同？
**分析提示：**
民族品牌的成长期长于合资品牌的成长期，两种车型所代表的文化和价格区间不同。

### 7.2.2 广告实施策略

广告策略要实现由观念形态变为现实的行动，就必须有具体的实施策略。广告实施策略就是按照竞争制胜的原则，科学合理地筹划广告在时机上有序推进的策略，从而使广告策略克服种种因素的制约发挥最佳效应。

广告实施策略主要包括广告区域策略和时机策略。

**1. 广告区域策略**

正确选择广告的区域，确立广告送达对象的范围，利用广告的空间效果，促进商品销售是广告区域策略的关键所在。检验广告成败的重要准则就是能否实现销售额的扩大。广告区域的选择，也必须遵循这一原则。

（1）影响广告区域选择的环境因素。由于广告仅仅是市场营销组合的一个子系统，而市场营销组合是为了适应市场环境，增强企业活力，实现企业目标。因此，广告区域的选择，要充分考虑广告环境。广告环境对广告主来说是一个不可控因素，对广告起着极大的制约作用和导向作用。广告环境主要包括自然环境、国际环境、产业环境、企业环境和商品环境等内容。

①自然环境。自然环境主要指气候、季节、节气等自然因素，这些因素会影响到许多商品的销售及广告宣传。例如空调、啤酒、冷饮、时令糕点等商品，如果在自然环境不理想的地方发布广告，是没有多少价值的，只能造成浪费；又例如，在海南做暖气设备广告，显然不合"地利"。所以，自然环境因素是制约商业广告发布的重要因素之一。

②国际环境。随着通信与交通的飞速发展，全球贸易一体化的国际市场正在形成。企业尤其是外向型企业要着眼未来，放眼世界，营销的目光不仅要盯住国内市场，还要盯住国际市场。各国的贸易政策、经济发展水平、文化风俗习惯、较大的政治活动等，都必须作为选择广告区域的重要因素。例如用猪肉制成的火腿肠广告就不能在伊斯兰教国家和地区发布，这样做非但不能带来经济效益，相反还会引起民族仇视。

③产业环境。产业环境关系到行业的竞争、投资的转移、产业的兴衰更替等，能否准确地把握这些因素，对企业广告区域的选择是很有影响的。把握得好，广告区域的选择成功，无疑会给企业带来营销上的成功。

④企业环境。企业环境主要指企业的社会地位、市场地位、竞争关系等。选择商业广告的发布地点，应充分分析这些因素，才能避实就虚，出奇制胜。

⑤商品环境。商品的特性、生命周期、售后服务、消费者的购买习惯等因素对广告区域的选择也有影响。例如，某种在发达地区已淘汰的商品，在落后地区可能是先进的，若将广告在后者的地域中发布，就有可能取得预期的广告效益。

（2）广告区域策略的选择。广告主在什么区域开展广告宣传，主要是根据产品供求状况、竞争对手的情况而确定的。从区域的角度看，凡是产品有销路或尚未打开销路的地区，都应该进行广告宣传。从竞争的角度看，为了培植消费偏好，提高市场占有率，广告主也应该加强宣传。所以，企业应根据不同目标和任务的要求，借助于多种广告媒体，选择适当的广告区域策略。

在广告活动中，对产品区域推进路线应有战略上的考虑。比如，先重点开拓哪些地区，再扩大到哪些范围，如何占领与转换市场等，这些都涉及广告策略的运用与配合。

选择广告区域的策略可以从两个角度去考察，一是广告的覆盖方式，二是广告的传播范围。

①从覆盖方式看，有以下几种：

全面覆盖。指集中一段时间对某一目标市场进行突击的广告攻势，以迅雷不及掩耳之势全面覆盖目标市场。这种广告策略讲求神速和整体性，采取覆盖面大的媒体及媒体组合，对某一地区展开大规模的广告活动，像闪电一样在市场全面展开，多频率、多方位刺激视听，增强形象和品牌的知名度。

重点覆盖。指选择销售潜力大的子市场即重点区域，有目的、有重点、有选择地进行广告宣传活动，能起到节省广告费、提高效益的作用。

渐次覆盖。指对几个不同地区的广告宣传分阶段循序渐进，逐一覆盖。有的采用由近及远的市场策略，与此相适应广告也逐一推进，慢慢渗透，而不必在目标市场范围内全面展开。

特殊覆盖。指在特定的环境条件下，对某一地区或某种特定的消费群体有针对性地进行覆盖。

脉冲刺激。一件事物，对人的感官刺激的次数越多，人们对它的记忆就越深。对同一地区采取脉冲式的广告形式频频刺激该地区的受众，将起到意想不到的效果。

②从广告传播的范围看，选择广告区域的策略有以下几种：

地方性广告策略。它是当产品或观念仅在一个城市或乡镇、直接贸易区域、某一生活范围内传播时所采取的广告策略。企业一般较重视选择地方性的广告媒体，如户外广告媒体或地方性新闻媒体。另外，有些行业的新产品，为了试探一下市场反应，有时需要在某个地方或商店开展试销，也可选择此策略，采用当地报纸、大众读物、售点广告、展销会广告等。

地区性广告策略。它是在某种产品或消费观念适用于某个地区，具有共同特征的自然地理、风俗习惯、民族或语言等条件时所采取的广告宣传策略。地区性与地方性相比，范围更大，可能包括几个省（市）或者一些毗邻的贸易区。地区性广告宣传，可以选择地区性广告媒体，如全国性媒体的地区版或地区节目。

全国性广告策略。有的商品或观念适宜在全国性范围内传播，这时采取的广告宣传媒体应是针对全国范围的全国性报纸杂志、广播电视，也可以选择户外、交通、电影等流动性范围大的媒体。

世界性广告策略。通常是在主销市场或欲打入的市场，确定适当的媒体开展广告宣传。这可以通过国际广告咨询机构或使馆商务部门的参赞等途径来加以选择。

选择性广告策略。有的产品或观念广告，适应特殊的对象。这些特殊对象可能存在于某个地方、地区，也可能存在于全国和全世界。在选择广告媒体时，要注意其专有性，如某些专业性杂志。

## 2. 广告时机策略

正确地把握广告的时机，是提高广告宣传的效果，促进企业产品销售的重要一环。过时的广告，意味着广告费的浪费。因此，广告主必须恰当选择广告时机策略。

（1）节假日时机。节假日有政府法定的和民间风俗形成的等形式，由于人们闲暇时间增多，往往形成某种消费高潮。节日消费一般具有明显的特点，如传统的春节、元宵、清明、中秋等，这类广告要求有自己的特色，推动节日消费形成高潮。假日消费以日常生活用品和娱乐性消费为多。零售企业和服务行业一般在节假日数天前便开展广告宣传，让消费者有充裕的时间酝酿和形成消费动议。节假日过后，宣传便告一段落。

（2）季节时机。季节性商品一般有淡旺季之分，企业往往抓住旺季销售的大好时机，投入较多的广告费，增大广告推销力度。转入淡季后，广告宣传在数量和频度上都适当减少。当然，目前少数商品也采用反季节广告宣传方式。比如，珠海格力空调在冬季也大做广告，以价格优势为主要诉求点，让用户"冬备夏凉"，从从容容地得到更多的实惠。

（3）"黄金"时机。电视和广播均有广告发布的最佳"黄金时机"。在这些时段上发布广告接受率最高，广告传播效果最好。许多企业不惜重金，以竞争投标方式取得这些时段。如中央电视台黄金时段的广告竞拍引起广告界和企业界的高度重视。许多省（市）的电视节目也纷纷效仿中央电视台拍卖广告的黄金时段。

（4）重大活动时机。企业每年的几次重要节日，如企业的开张、庆典或获奖时机，以及某些重要文化或体育赛事等活动，都是推出广告的极好时机。这些广告由于注意融入节日或文化气氛，使广告信息具有易被接受、传播面广及效果好的特点。

---

**同步案例 7–5**

### 红楼梦酒联袂《红楼梦》

**背景资料：**

在第十届中国西部博览会上，四川宜宾红楼梦酒业集团与《红楼梦》剧组联袂亮相。红楼梦酒业集团的战略合作伙伴——新版50集电视剧《红楼梦》制片人李小婉率剧中主演现场助阵。

在西博会红楼梦酒展区现场，广告片中两位女主演的衣着引起了观众的注意。宝钗扮演者李沁透露，广告是从古到今的时空穿越，寓意红楼梦文化、红楼梦酒的历史传承与创新，古代部分的衣装正是他们在剧中的经典代表服装，而她在"红楼梦酒"广告中所穿的现代礼服，更是经过精心设计的，力求与红楼梦酒红瓷瓶体达到神似。

2009年是红楼梦酒焕发强大新生力步入新前景的关键一年。2009年3月春季糖酒会之际，红楼梦酒业集团召开新品发布会，集中国传统经典文化与国际化元素于一身的新产品以"美貌"夺人眼球，红瓷瓶的"中国红·红楼梦酒"彰显了红楼女性婀娜倩影优雅风韵；蓝色烤花瓶的"红楼梦金钗酒"古色古香。

随着2010年新版电视剧《红楼梦》的全国热播，红楼梦酒伴随红楼梦文化香飘万家。

（资料来源：根据有关资料整理。）

**问题:**

四川宜宾红楼梦酒业集团为什么要和《红楼梦》剧组在第十届中国西部博览会上结成战略联盟?

**分析提示:**

红楼梦酒业选择《红楼梦》电视剧热播进入市场,正是利用了红楼梦是我国四大名著的非凡的影响力,来用以迅速传播红楼梦酒的知名度,在高品质、高品位、深厚文化渊源上下足了功夫,从而达到和别的品牌酒业的差异化区隔。

### 7.2.3 广告媒体策略

广告媒体策略是指在广告传播要素的制约下,如何通过媒体的选择和组合,把广告信息最有效地传达给受众。事实上就是指如何巧妙、艺术、灵活地运用媒体,达到或提高广告效果。

**1. 影响广告媒体选择的因素**

广告作为一种传播行为,面对现阶段纷繁复杂的广告媒体,必须考虑到媒体具体特性的差异,以最小的投入换取最大的广告效果。影响广告媒体选择的因素很多,主要有:

(1) 广告目标决定了媒体的选择。一则广告,总是具有明确的广告目标。根据时间的长短,广告目标可分为长期目标、中期目标、短期目标。如果是确立企业形象或是巩固品牌忠诚度等长期目标的广告在媒体选择上,可以选用户外广告、报纸广告,兼顾电视广告等其他形式。如果是新产品上市或是超市开业,目标就是在短期内提高知名度,扩大影响,这时我们可充分利用电子媒体快速直观的优势,在很短的时间内造成轰动效应,达到短期广告目标。根据地区性不同,广告目标又分为国际性、全国性、区域性、地方性。这就要求我们结合媒介的覆盖面选择广告媒体。

(2) 广告受众决定了媒体的选择。广告总有确定的目标对象,目标对象决定了媒体选择的范围。比如生产体育运动器械的厂家的广告就适宜刊登在体育类期刊上,而不是刊登在服装杂志上,因为体育运动的广告目标对象是体育运动爱好者,而这正是体育类期刊的主要读者。

(3) 产品特点决定了媒体的选择。广告产品本身的特点也与媒体选择高度相关。不同的产品有不同的特性,价值不一样,消费者在购买时重视的程度不一样。高卷入产品,如家电、汽车,消费者在使用或购买之前会仔细评估品牌的差异,进行决策所需的时间较长。对于此类产品的广告,应以印刷媒介为主,详细说明优点,并辅以其他媒体。低卷入产品,如洗涤用品,消费者的购买决策显得较简单和不太重要,决策所需的思考时间也比较短。对于此类产品,往往通过电视媒体,烘托一种作用范围,以激发人们愉快的情绪体验。

(4) 媒介自身决定了媒体的选择。不同媒体都有自己独特的优势及不可克服的局限性,在选择媒体时必须充分发挥其优势。

(5) 竞争对手决定了媒体的选择。竞争对手的广告媒体对自己具有重要的借鉴作用,它可以强化广告媒体的针对性和对抗性,提高广告效果,根据对手选用的媒体,我们可以采用两种方法:

① 求同法。在可能的前提下,竞争对手采用何种媒体,自己也使用该媒体。这样可减少

媒体投放风险,搭别人便车。但产品如没有个性,几种相同产品挤在同一时段、同一段位,效果会大打折扣。

②求异法。在其他因素许可的情况下,避开竞争对手使用的媒体,往往可出奇制胜。

(6) 广告费用决定了媒体的选择。一次广告活动的费用总是一定的。费用不仅影响广告媒体种类的选择,进而也影响到不同时段、不同版面的选择,而这些都影响着广告效果。广告应充分考虑到经济因素,合理调配,使媒体运用达到最佳效果。投入少,产出不一定就小。因此,具有不同经费的广告主应根据自身财力,对媒体做出合适的选择。

**2. 广告媒体选择的方法**

广告媒体的选择,仅仅依靠经验或直观感受是不够的。它必须采用科学的方法,用量化指标,才有可能好中选优。

(1) 媒体接触机会选优法。即根据媒体的覆盖面的大小,收视(听)率与发行量的高低作为衡量指标,从而选出理想媒介。

媒体的覆盖面是指媒体在理想状态下可达到的最大区域里所包含的总人数。

收视(听)率指在某一特定时间内,收视(听)某一特定电视(广播)节目的个人(家庭)数目占某一受众群体总数和百分比。

收视(听)率(%)= [收视(听)某一节目的人数(家庭数)/某一区域(群体)的人数(家庭数)] ×100%

(2) 信息到达程度选优法。即根据到达率、开机率和基本读者量为衡量指标,从而选出理想媒体。

开机率指在某一特定时间内,打开电视机(收音机)的个人(家庭)数占拥有电视机(收音机)的个人(家庭)总数的百分比。

到达率是指在某一区域进行广告传播后,接受信息的人数占特定消费群体总人数的百分比。

(3) 诉求定位选优法。以广告诉求定位为衡量指标,从而选出理想媒体。生活资料、日用消费品等感性诉求为主的广告,可选择视听为媒介,而生产资料、耐用消费品等为主的广告应以印刷媒介为主。

(4) 千人成本选优法。即根据广告信息到达每千人所需费用为衡量指标,选择千人成本较低、传播效果较好的理想媒体。

**3. 广告媒体选择原则**

广告媒体的选择,必须根据科学的方法,遵循一定的原则,使媒体在传达广告信息时,发挥积极的作用。

(1) 效益原则。效益原则是媒体选择的最重要原则,它首先要求选择的媒体能将所传的信息准确地传达到它的目标受众。随着科技的发展,大众传播逐步向"小型传播"过渡,受众不同群体间有各自不同的生活习惯及媒介接触习惯。这要求我们对受众的媒介接触习惯进行细分,从而有的放矢,有效地进行广告传播。例如对儿童零食的广告,可充分利用电视媒体的优势,在时机选择上又搭"小儿节目"的便车,这种选择无疑是适当的。

效益原则要求确定广告媒体时注重经济效益,力争以小投入换取大回报。广告主在媒体投入上总有一定限度,广告媒体的选择必须受此制约。在能够到达广告对象的媒体中,应该选用成本费用较低的广告媒体,比如一些专业性强的硬性产品,应考虑专业媒体,因为专业性不强的大众媒体虽然覆盖区域大，但针对性差，费用又高。

（2）科学原则。广告媒体的选择在传播学中就是指对传播渠道的选择。广告传播也符合传播的一般规律。因而，媒体的选择，受到广告内容、受众特性、媒介自身特性等因素影响。这都应以科学的态度去对待。

广告媒体的选择，必须遵循受众心理规律。不同的受众在接受信息时思维方式不同，这就影响到媒体的选择。作为人类接受心理学研究内容，如认知规律、学习规律、记忆规律都影响到媒体的选择。

（3）创新原则。在进行媒介选择时，我们必须有创新观念，其一是创造新媒体，结合当代科技发展，利用科技的力量进行创造。其二是创新运用媒体，即将旧媒体新运用，它往往能收到奇异的效果。其三是媒体策略的创新。

**4. 广告媒体的组合策略**

广告媒体的组合策略，是指运用多种媒体同时发布同一商品（服务）或同一类商品（服务）广告信息的策略。

（1）广告媒体的组合原则。

①互补性原则。先要了解各种媒体的优缺点，进行媒体组合时要注意两种或多种媒体的优势互补，一般组合 1＋1＝2，优化组合 1＋1＞2。要达到多种媒体的优化组合，需要在实践中不断探索，不能仅仅停留在理论分析上。

②适应性原则。产品的优点和所选择的媒体的优点相适应。媒体的优化组合效应是和产品的特性相辅相成的，没有媒体，产品的特性无人知晓，离开了对具体产品的传播效应，也谈不上媒体的组合效应。因此，必须反复衡量产品和媒体的适应性。

③习惯性原则。要了解消费者接触媒体的习惯。任何消费者接触媒体的种类和频率总是有限的，这就需要进行深入的调查研究，掌握消费者接触媒体习惯和频率的习惯，这样才能使企业选择的媒体组合最接近消费者，最能为消费者接受。

（2）媒体的组合方式。

①媒体类别组合。可分为同类媒体的组合和不同类别的媒体组合。同类媒体的组合方式，如店铺类广告可以把橱窗、门面、广告牌、旗帜、标语、幌子、柜子、墙壁、营业员服饰等多种媒体组合起来共同宣传同一商店的商品和商店形象。再如书籍类广告可以把电话簿、挂历、年鉴、列车时刻表等几种媒体组合起来作为一个内容的广告宣传。这样的组合比单个媒体的宣传效果好。不同类别的媒体组合形式多样，如报纸和广播组合、视觉媒体和听觉媒体组合、交通工具媒体和店铺类媒体组合等。

②媒体的特征组合。主要分为以下 10 类：

点线组合型。售点广告是一切购物场所内外，包括零售店、商场、百货公司、超级市场广告的全称。"线"上的媒体指路牌和马路两侧的霓虹灯、旗帜、招贴、标语、幌子等。点线组合不断延伸。

线面组合型。这里"线"上的媒体还包括火车、汽车、轮船和飞机等交通工具媒体。交通工具媒体可以把广告直接带到万里之外。"面"上的媒体指报纸、杂志、电视等大众传播媒体。线面组合形成网络。

地空组合型。如大型运动会做饮料广告，地上的媒体有广告牌、招贴、旗帜、运动衣等。空中媒体可以利用各种飞行器在空中垂挂广告条幅。地空组合具有立体感。

大小组合型。大型媒体包括大型广告牌、大型电子屏幕、大型霓虹灯、空中和高层建筑的垂挂广告,小型媒体如纪念品、儿童玩具、小型日用品等。大小组合可以使消费者从宏观和微观两个层次接受广告信息。

详简组合型。报纸杂志、书籍、说明书等文字广告应该详细些,以便消费者深入了解商品的各种特性,坚定消费者购买商品的决心。路牌、霓虹灯、灯箱广告等应简洁明了。详简结合使消费者对产品有比较完整的了解,加深对产品的印象。

动静组合型。动态媒体大致有四种:屏幕上的动;广告随交通工具运动;广告自身的机械运动,如智能机器人用操作表演;用真人做广告。静态广告媒体指一切不动的文字、图像和形状的广告。动静组合能提高广告的感染力。

长短组合型。报纸杂志、书籍、挂历、商标等媒体可以作长期保存,这些媒体上做的广告对消费者有长期的信息发布作用。电视、广播、电话等媒体传播转瞬即逝,虽然生动但时间短促。只有长短结合才能使消费者得到既生动形象又持久的广告信息。

视听组合型。可视媒体包括电影、电视、录像、文字、图案等等。听觉媒体有广播、录音、电话等,电影、电视等媒体又可视听两用。视听组合能集中人的注意力。

新老组合型。以购物点广告为例,老式广告包括标语、招贴、幌子、旗帜等。新式广告包括大屏幕彩电、光纤广告牌、三维电脑动画广告等。新老媒体组合融传统古色古香与现代化设施于一体,能激发消费者的思维联想。

雅俗组合型。雅性媒体包括专业性杂志,如理论报纸杂志、音乐杂志和文化艺术场所等。通俗性媒体如晚报、通俗文字杂志、青年杂志和杂货店等。两者组合做到雅俗共赏,能吸引更多广告受众。

### 同步案例 7-6

**高露洁媒体组合广告案例**

**背景资料:**

高露洁通过印刷品、电视以及在线广告来宣传他们的全效牙膏产品。商业活动的目标是:提高消费者的购买欲。消费目标人群:18—49岁,很少或是从没有使用过高露洁全效牙膏的成年人。

对应于每种媒体自身成本,通过衡量其在增加消费者购买欲的能力和增强品牌标准的能力,高露洁希望能确定一种最优化的广告媒体组合方式。

通过传统的测试方法和分析,高露洁确定了对于不同品牌衡量广告所带来的利润。公司在网络广告上加大投放,然后又做了 ROI 评估分析,通过这种方式来研究品牌影响和每种广告媒体的投放。

高露洁的数据表明,用电视广告和网络广告组合的方式说服消费者购买比仅用电视广告方式说服消费者购买要节约23%的成本。对于他们的多渠道商业活动而言,重新对网络广告进行市场资金分配,在驱动消费者购买欲和增强核心品牌标准上会明显的更加划算。

通过分配7%的媒体资金给网络广告,购买欲增加了3.8%,比仅用电视和印刷品广告的计划提高了9%;通过分配11%的媒体资金给网络广告,购买欲增加了4.3%,比仅用电视和印刷品广告的计划提高了20%；而且，公司在不增加任何附加资金的情况下，获得了明显的品牌提升。

网络广告也是吸引一些很少看电视的消费者注意的一个有效方式，这些消费者很难被电视所吸引却习惯使用网络。实际上，除了在线广告方式而仅通过电视广告方式，只能将购买欲提高3.4%。

（资料来源：根据有关资料整理。）

**问题：**
高露洁为什么选择电视广告和网络广告组合的方式发布广告？

**分析提示：**
组合广告可以充分发挥各自媒体广告的优点，避免各自的缺点，可以降低成本的同时，提高消费者的购买欲望。

### 本章知识脉络

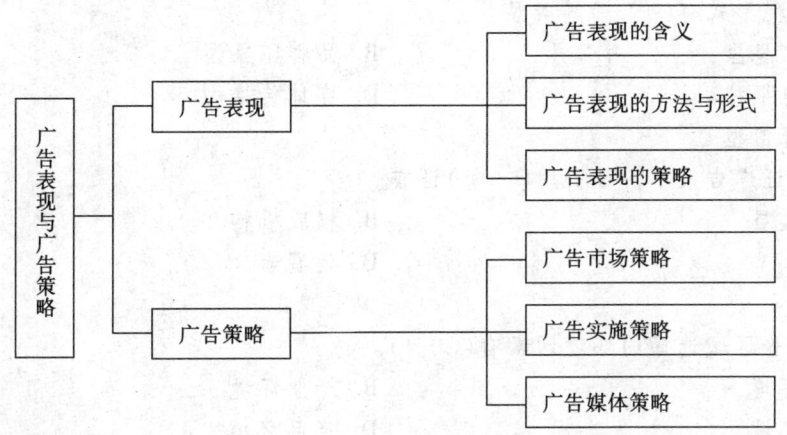

### 本章导入案例点评：

"C罗代言'清扬'"的成功，是因为产品锁定追求时尚的年轻社会精英，从产品设计、命名到产品推广的各个环节，均紧扣主题，以影视、平面等一系列广告，震撼目标消费群，引起共鸣。可谓正确理解和把握了广告表现策略和广告表现的方法，成功地运用和选择了广告策略。

### 思考与练习

**1. 理论题**

**(1) 单选题**

①用"语言"把广告的创意、观念视觉化，这就是(　　)。

A. 广告策略　　　　　　　　　　　　B. 广告表现

C. 广告法则　　　　　　　　　　D. 广告形式

② 用某种背景加以衬托，用背景的特征显示出商品的形象，是（　　）。

A. 商品本身表现法　　　　　　　B. 使用中的商品表现法
C. 衬托商品表现法　　　　　　　D. 强调使用方便性表现法

③ 以直接传播广告商品的性能、特点、功效等信息的广告表现形式是（　　）。

A. 生活信息型　　　　　　　　　B. 商品情报型
C. 附加价值型　　　　　　　　　D. 商品品牌型

④ 以下不属于广告促销策略的是（　　）。

A. 集中型　　　　　　　　　　　B. 示范型
C. 承诺型　　　　　　　　　　　D. 直接型

⑤ 一汽大众捷达轿车已经进入中国二十多年，但现在仍在销售，其属于（　　）产品生命周期。

A. 成长期　　　　　　　　　　　B. 成熟期
C. 饱和期　　　　　　　　　　　D. 衰退期

**(2) 多选题**

① 广告表现形式有（　　）等类型。

A. 生活信息型　　　　　　　　　B. 品牌印象型
C. 商品情报型　　　　　　　　　D. 媒体传播型
E. 附加价值型

② 运用引证广告策略，可引用（　　）证言。

A. 专业人员　　　　　　　　　　B. 权威机构
C. 广告　　　　　　　　　　　　D. 消费者
E. 名人

③ 影响广告区域选择的环境因素有（　　）。

A. 国际环境　　　　　　　　　　B. 产业环境
C. 企业环境　　　　　　　　　　D. 产品环境
E. 自然环境

④ 以下属于广告时机策略的有（　　）。

A. 平时时机　　　　　　　　　　B. 季节时机
C. 黄金时机　　　　　　　　　　D. 重大活动时机
E. 节假日时机

⑤ 目标市场定位策略有（　　）。

A. 无差异广告策略　　　　　　　B. 差异广告策略
C. 集中广告策略　　　　　　　　D. 全覆盖广告策略
E. 局部占领广告策略

⑥ 从广告的覆盖方式角度看以下属于广告区域选择策略的有（　　）。

A. 特殊覆盖策略　　　　　　　　B. 脉冲刺激策略
C. 重点覆盖策略　　　　　　　　D. 全面覆盖策略
E. 渐次覆盖策略

**(3) 判断题**

①广告的本质是传播，即欲传递的"想法"，借助语言、图像等被"符号化"之后送达对方；对方对接收到的信息进行"符号解读"，从而使"想法"得以"再现"。（    ）

②广告创意讲究创意诉求策略，然而在具体实施中，仍然需要广告表现的方法和策略的支持。（    ）

③衬托商品表现法是指商品外观上与竞争品类似，即展出商品本身与竞争商品相互衬托。（    ）

④波司登羽绒服选择在春节前在中央电视台做广告属于季节时机广告策略。（    ）

⑤广东王老吉凉茶广告是全国重点覆盖广告。（    ）

⑥百事可乐实行的是差异化目标市场广告策略。（    ）

**(4) 简答题**

①广告表现有哪些主要方法？
②广告表现有哪几种形式？
③广告表现策略有哪些？
④广告目标市场定位策略有哪些？
⑤广告促销策略有哪些？

## 2. 实务训练题

**【案例分析1】**
**案例资料：**

### 格彻尔广告经典——"三家都看看"

无论在创意上还是在策略上，"三家都看看"都可以说是广告的一个伟大突破。这个广告的创作者是20世纪30年代著名的广告巨星格彻尔，他在1931年创办了自己的广告公司，次年便接手了一项棘手的任务，这便是为新兴的普利茅斯汽车做宣传，以改变其在公众心目中已经形成的克莱斯勒汽车厂最差汽车的形象。

当时，美国汽车行业处在领先地位的是福特汽车以及通用的雪佛莱汽车，克莱斯勒推出一种新的顺风牌汽车，一开始就面临着与两大巨人的正面竞争。对格彻尔来说，幸运的是，两大竞争对手福特和雪佛莱都没有把这个汽车的宣传放在眼里。最初格彻尔呈送克莱斯勒董事会6个不同的广告设计，这个广告夹在其中，毫不起眼。克莱斯勒的决策层对这6个广告进行了认真的审查，最后的一致意见是这个"三家都看看"的广告不能刊发。他们的一致意见是，有意识地邀请顾客来品评有竞争性的产品，很明显是一件愚蠢的事。一位大人物甚至叼着雪茄怒吼："这是搞什么名堂，难道让我去卖福特和雪佛莱？"第二天这群人把这些广告拿到了老板克莱斯勒的办公室，由于某种疏忽，"三家都看看"也在其中。克莱斯勒认真看完每一个广告，决定全部刊出。这时董事会有人指出了这个"三家都看看"是一个极大的错误，并且坚持自己的观点。最后结果是老板拍着桌子："管他的——我就是要刊登这个广告！"多年以后，广告巨子李奥·贝纳曾经感叹："毫不夸张，这个广告使得顺风牌汽车在一夜之间进入一个伟大的时代。"

格彻尔的广告上刊登的是一张克莱斯勒老板沃尔特·克莱斯勒俯身于普利茅斯汽车发动机罩上的照片，上面是黑体大字标题："三家都看看"（Look at All Three）！副题是："但在你们开过具有防震装置的新普利茅斯轿车之前,不要去买任何低价车。"和那时候的广告一样,接下来是大段的推销语言。只不过这些推销语言是通过"沃尔特·克莱斯勒声明"的口吻讲述的。整个文案从技术性能上讲述了为什么这种车优于竞争对手,娓娓道来,真诚自然。广告刊出后立刻引起了人们的注意,这不仅是因为它的促销力度,还由于其本身的"越位"。当时在广告业有一个不成文的规定,就是广告中不使用竞争比较手法,也就是今天所说的比较广告。但是格彻尔并没有违反这个规定,因为他没有点明任何其他汽车名称,不过其影射是相当明显的。整个宣传最后落脚在"普利茅斯是三者之中的佼佼者"。1932年,普利茅斯市场份额为16%,到1933年这个数字上升为24%。从某种意义上讲,格彻尔是广告创新的先驱,他用理性的方式来描述强势广告的价值。

(资料来源:汤·狄龙[美]. 怎样创作广告. 北京:中国友谊出版公司,1991.)

**设计问题:**
(1)为什么说"三家都看看"是广告的一个伟大突破?
(2)本广告的成功,给你有哪些启示?

**【案例分析2】**
**案例资料:**

娃哈哈营养快线营销广告策划(节选)

创意策略——精准诉求　借势应变

"早上喝一瓶,精神一上午"这句耳熟能详的广告语造就了一个传奇式的产品——营养快线。在出广告创意之前,公司的策划人员经过了无数次的探讨和消费者实地情景调研,最终决定把广告语的核心锁定在了"早上"和"精神"两个词上。

根据广告语的核心概念,紧紧抓住了早餐和补充营养这两个主诉求点,以白领和年轻家庭作为主诉求对象,2005年制作《白领篇》和《家庭篇》两个营养快线上市广告,为营养快线快速打开市场提供了良好的宣传拉动保障。

2005年夏,电视片广告《夏天篇》营养快线,引导了营养快线"冰冻更好喝"的消费习惯,一举奠定了营养快线的全面旺销。

2008年,随着营养快线销量的快速上升,为了更大程度地拓展产品的消费群体,营养快线相继与网络游戏QQ幻想和梦幻西游合作,在"梦幻西游"中,原味、菠萝味、香草冰淇淋味三款营养快线通过充满趣味的场景和角色,将"营养快线"完美地融入游戏情节中,也融入玩家的游戏生活中。

传播策略——线上线下　立体攻势

从营养快线上市到现在,四年的时间里,其传播活动可以分为四个阶段:

教育阶段——让快线的早餐概念植入消费者心智中;
渠道促进阶段——针对渠道特点实施特色推广活动;
新品告知阶段——节假日的大瓶消费;
广告提醒阶段——目前营养快线的广告特点。

"早上喝一瓶,精神一上午"。"15种营养素、一步到位",两句通俗易懂、朗朗上口的宣传口号,通过四年如一日的不懈宣传,终于把营养快线牢牢定位在了高端营养饮品的地位,避免了和市面上普通饮料的同质化低价竞争,成功奠定了营养类果乳饮料的龙头老大地位。

央视与省级卫视兼顾的媒体选择

娃哈哈媒体策略的核心是：利用可整合的媒体资源，采用央视与卫视联播齐头并进来达到高度与广度的结合。

2005年投放中央电视台一套黄金时间电视剧特约播映，中央台三套王牌栏目《艺术人生》，五套《天下足球》栏目特约，根据收视人群、季节不同分别安排《白领篇》、《家庭篇》。

2006年《天下足球》栏目特约，中央六套晚间套播，中央八套《海外剧场》剧目联合特约播映等，根据收视人群、季节不同分别安排《白领篇》、《家庭篇》和《夏天篇》。

2007年中央电视台六套晚间套播，中央八套黄金强档下集预告独家提示等。

2008年中央电视台春节联欢晚会现场摆放营养快线和纯净水。

2008年中央电视台天气预报10秒+7.5秒标版广告，有声广告和无声标版结合。

而各省级卫视由于其在各地区的影响力及新颖的节目、栏目创新，可以增加品牌的传播广度。所以，营养快线在选择媒体的时候，几乎选择了所有的省级卫视进行广告发布，实现了品牌传播的最大化。

（资料来源：www.adcase.org。）

**设计问题：**

（1）营养快线的广告和一般的饮料的差异有哪些？

（2）该案例对你有何启发？

## 业务模拟训练

### 合肥鄞字牌吊链广告策划

**训练目标：**

培养学生广告初步策划的能力。

**训练内容：**

合肥鄞字牌吊链广告策划。

**训练操作：**

（1）首先让学生了解鄞字文化内涵，关注合肥和楚文化之间的关系。

（2）将全班学生每5—6人一组分组，并选出小组负责人。

（3）小组根据调查范围与内容进行分工。

（4）小组长带领小组成员进行调查。

（5）小组长组织小组成员对调查资料进行整理、分析，得出合理的调查结论。

（6）分小组整理分析合肥鄞字牌吊链和现有品牌市场的差异并整理出策划方案。

**成果要求：**

（1）每个小组撰写出调查日志。

（2）每人写出调查体会，含户外广告的优缺点、建议。

（3）依小组的调查日志给小组评估打分。

（4）依个人的调查体会为每位学生评估打分。

（5）分组整理出各自的策划方案。

（6）每名同学的实训成绩由小组的分数与个人分数各50%组成。

# 第 8 章
# 广告文案

**学习目标**

**知识目标**：明确广告文案的含义；理解广告标题、广告主题、广告标语的区别；掌握广告标题、正文和标语的写作形式和要求。

**能力目标**：掌握广告标题、正文和标语的写作方法，能结合具体的产品或服务进行广告文案创作，提高广告文案写作能力。

**导入案例**

由"去啊"所引发的文案大战

2014年10月，原淘宝旅行日前举行新闻发布会，推出新独立品牌"去啊"，并配合发布了一款宣传海报，称"去哪里不重要，重要的是……去啊"，如图8-1所示。

图 8-1 淘宝旅行广告图片

"去哪里不重要"？这不是在暗指另一大在线旅游巨头"去哪儿"么！"去啊"和"去哪儿"，无论在字还是音上，都太过于相近。正是作为当事方的"去哪儿"表示："人生的行动不只是鲁莽的'去啊'，沉着冷静的选择'去哪儿'，才是一种成熟态度！"如图8-2所示。将"去啊"和"去哪儿"两个品牌拎出来，制造冲突。接下来跟进的旅游品牌，也基本延续了这个路数。

图8-2 "去"哪儿广告图片

携程网当仁不让地接过了下一棒的。它把老对手和新威胁一道黑了一把,最终突出了自己,如图8-3所示。"春秋"旅游也不甘示弱,把"去哪儿"、"去啊"、"携程"都一并横扫,可惜自身的特点并未突出,如图8-4所示。

类似的文案还有"途牛"、"爱旅行"、"途家"等多家在线旅游企业,直到驴妈妈出手,这波创意潮才算有了名义上的终结者。

图8-3 "携程"广告图片

图8-4 "春秋"广告图片

(资料来源:根据网络资料整理。)

广告文案，英文称"Advertising Copy"，国内外有着不同的理解。在国外，Advertising Copy 既是指广告活动中运用语言文字形成的文本，又泛指广告作品全部，即广告文字、图片、绘画、排版都包含在内。国内，将 Advertising Copy 翻译成广告文案，即指广告作品中的语言文字部分。由于广告媒体不同，广告文案的构成也不相同。平面印刷广告文案相对比较完整，基本包括标题、正文、标语三个部分，有些广告还附有随文。学习广告文案写作，需要从每个部分学习入手，掌握每个部分的创作形式和要求。

## 8.1 广告标题

广告标题即广告题目，是广告文案中旨在传达最为重要的或最能引起受众兴趣的信息，以吸引受众继续阅读广告文案的简短语句。它位于广告文案最前面，对全文起统领作用。

《一个广告人的自白》（Confessions of an Advertising Man）的作者大卫·奥格威对标题表示了自己的看法："标题在大部分的广告中，都是最重要的元素，能够决定读者到底会不会看这则广告。一般来说，读标题的人比读内文的人多出4倍。换句话说，你所写标题的价值将是整个广告预算的80%。假如你的标题没有达到销售效果，那么你可以说是已经浪费了客户80%的广告预算。"

由此可见，广告标题的重要性。但标题不同于主题：主题是广告的中心思想，是广告的灵魂；标题则是具体广告的题目，是广告的眼睛。有的标题能够直接揭示广告主题，有的却不能。总之，二者既有联系，又有区别，不能混为一谈。

### 8.1.1 广告标题的作用

**1. 吸引注意力**

俗话说："看书先看皮，看报先看题。"这是人们阅读报刊书籍的普遍规律。阅读广告文案也同样如此。如果标题引不起兴趣，那么读者往往会放弃阅读，这就会导致广告传播的失败。一则好的标题，就像一双"火眼金睛"，能够迅速"抓住"你的视线和注意力，吸引你阅读，使广告获得成功。例如："几乎人人都有价值10000美元的点子。阅读本文发现如何使其变现"，这个标题会瞬间激起读者的注意。

**2. 筛选合适的观众**

对于广告主来说，他们关心的是一则广告投入后，能吸引多少目标客户和潜在客户前来购买产品。广告标题可以为广告主筛选出合适的观众、剔除不属于潜在顾客的读者。例如，某一款寿险产品的目标客户就是65岁以上的老人，那么它的广告就没有必要打着年轻人的口号，可以这样写："专为65岁以上男女设计保费合理的寿险。"

**3. 传递主要的广告信息**

广告学家经过反复研究发现：阅读广告标题的人是阅读广告正文的人的五倍。人们往往读完标题，就不再继续阅读了。因此，广告标题不仅要生动、优美，还应该成为向消费者传递信息的一个主要渠道，使不读广告正文的人，通过阅读标题，也会获悉整个广告的基本信息。所以，广告标题要能够包含广告中最主要的内容。奥格威就建议，广告标题内，不妨同时包含商品好处的承诺及品牌名称。例如:"早期发现,高露洁就能挽救蛀牙!"使读者一眼就知道这是牙膏广告,并且是高露洁品牌的。

**4. 诱导继续阅读广告正文**

有些种类的商品,例如酒、软饮或时装等,确实能够透过好看的照片、强有力的标题以及最精简的文字来吸引消费者。然而,有许多其他类的商品,必须提供读者相当多的信息,诸如电脑、金融投资产品等,这些产品的信息会出现在广告正文。为了发挥宣传效果,标题要能引导读者继续往下阅读。例如,奥格威写的一个劳斯莱斯的广告——《在时速60公里的车上,最大的声音来自电子钟》,这个标题就让读者产生好奇,为什么最大的声音是来自电子钟?进而继续阅读广告正文寻找答案。

### 8.1.2 广告标题的类型

广告标题按其内容与形式的组合不同,可分为以下几类:

**1. 直接标题**

直接标题,是通过标题把广告内容直截了当地告诉读者,使人们一看就清楚广告说些什么。采用直接标题的广告有两种情况:

一是只有标题,没有广告正文,比如路牌广告、招贴广告等。如"阿里山瓜子,一嗑就开心"、"喝汇源果汁,走健康之路"等。

二是标题与正文相配合,标题引导读者去阅读正文,而正文是对标题的补充与说明,比如 iPhone 6S 新上市时,标题是"iPhone6S,唯一的不同,是处处都不同",简要突出新款手机设计的突破。然后在正文部分对这款新手机的配置作了具体的说明,如图 8-5 所示。

图 8-5 iPhone6S 手机的广告

**2. 间接标题**

间接标题不要求包含产品主要信息和广告的主要内容,也不在标题中点明广告主题,而是用具有文学色彩的语句诱导读者去阅读正文。如"你追我赶,共赴前程"是制鞋公司的广告标题,"夏夜伴侣"是蚊香广告的标题,"生来就会跑"是运动鞋的广告标语。间接广告标题用词讲究,生动活泼,富有情趣,追求一种"曲径通幽"的意境,容易引起读者的兴趣。

**3. 复合标题**

复合标题,是将直接标题与间接标题结合起来,通常由引题、正题、副题等三种标题组成。引题位于主标题之前,起到引起话题、交代背景、渲染气氛等特殊作用,通常不含核心广告信息；正题一般承载着整个文案中的主要信息，对广告主题予以揭示；副题对主标题起一种补充说明的作用，如购买某产品会给消费者带来的利益等。复合标题一般有三种组合形式。

（1）引题+主题+副题，如天府花生的广告标题：
引题：四川特产，口味一流。
主题：天府花生。
副题：越剥越开心。
（2）引题+正题，如万科城市花园的广告标题：
引题：万科城市花园提醒投资者。
正题：煮熟的鸡蛋不怕摔。
（3）正题+副题，如仲景六味地黄丸的广告标题：
正题：药材好，药才好。
副题：来自八百里伏牛山天然药库。

### 8.1.3 广告标题的表现形式

**1. 直诉式标题**

它以简明的文字将所要宣传的事物或情况直接表达出来，让人一眼就明白广告究竟要说什么，正所谓"一语道破天机"。这类标题通常直接蕴含产品的重要信息或广告的诉求重点。如某商场促销广告"全场五折起，价格脱到底"，如图8-6所示，这就是最直接简洁的标题。大部分零售商刊登的报纸广告，就是运用这类标题来宣布折扣活动，吸引顾客上门。

图8-6 商场促销广告

**2. 新闻式标题**

用新闻报道的形式向消费者"公布"新的消息，它的特点是无须过多的技巧，只要如实陈述就行。常用词汇有：新、最新、发现、推出、首次、目前、现在、消息等。如"飞利浦100Hz背投影彩电全新上市"、"发现一瓶好水——台湾黑松天霖水"等。

**3. 提问式标题**

以设问或反问的方式，向读者提出问题，以此吸引读者的注意，诱导他们从正文中寻找答案。这类标题应从读者本身出发，要了解读者想知道什么、需要什么。如某款鞋子的广告标题是："鞋上有342个洞，为什么还能防水？"，某款家庭医疗器械的广告标题是："蓝色情人您拥有了吗？"

**4. 祈求式标题**

用呼吁、希望、劝勉、叮嘱、建议等祈使语气催促消费者采取购买行为。常用词汇如：请、千万不要、让、应该、无论如何、来吧、试一试等。如"用功读书时，灯光不足是最大忌讳，请保护你的眼睛"是某台灯的广告标题，"请喝青酒，交个朋友"是贵州青酒的广告标题。

**5. 赞美式标题**

从正面角度出发以赞誉的文字直接表达企业、产品或服务的优点、特点。这样的标题要求实事求是、合情合理，不可夸大失实，否则使人产生反感，降低广告的宣传效果。如法国人头马酒的广告标题是"饮用法国人头马，使您出人头地"，丰田汽车的广告标题是"车到山前必有路，有路就有丰田车"。

**6. 悬念式标题**

即在标题中设立一个悬念，使读者产生好奇、疑惑的心理。这类广告标题迎合读者追根究底的心理特征，以吸引他们的特别注意。如一则眼镜广告，其标题是："救救你的灵魂。"以色列航空公司的广告标题："从12月23日起，大西洋将缩小20%。"

### 8.1.4 广告标题的写作要求

**1. 突出主题**

广告标题必须一目了然，与广告主题紧密结合，使人一看标题就能知道广告的类别，知道广告是关于哪一类的产品广告，并能了解产品的特点。如某化妆品的广告标题是："趁早下'斑'，请勿'痘'留。"从该标题就可以知晓该款化妆品的主要功效是祛痘、祛斑。

**2. 简洁明确**

为了吸引人注意，标题文字要简洁凝练、生动活泼、易读易记，内容要具体实在。字数不宜过多，以6—12个字为适宜，尤其是灯光、路牌广告，在短时间内让人们了解到更多的信息。但这也不是说标题就越短越好，过分简单可能会让读者一头雾水、不知所云。所以，广告标题既要简洁又要明确。

**3. 引人注目**

标题要达到吸引读者阅读正文的目的，它本身必须有足够的吸引力。所以，标题内容要新颖，标题排版也要创新。标题应摆在突出的位置上，注意与正文有所区别，字体、字词、字形、字号及安排文字在广告版面中的位置，都要注意如何去吸引人的注意力。

**4. 新颖独特**

广告标题从遣词造句、表达方式的运用到情感色彩的融入，都要具有独创性和新颖性，充分显示自己的个性和特色。如这样一则标题："唯一能和菲亚特货车媲美的是另一辆菲亚特货车。"该标题幽默风趣，使人过目不忘。

### 同步实训 8-1

**广告标题的创作**

[实训目标]
提高学生广告标题的创作能力。

[实训内容]
创作不同形式的广告标题。

[实训操作]
由老师任选一商品，确立一个诉求重点，同学结合广告标题创作要点，为其创作一组广告标题。（任选两个）

直诉式标题
新闻式标题
提问式标题
祈求式标题
赞美式标题
悬念式标题

[成果要求]
（1）每位同学提交一组（两种类型）广告标题。
（2）小组内同学互评，推选出小组内最优作品。

## 8.2 广告正文

广告正文是指广告文案中处于主体地位的语言文字部分。其主要功能是，展开解释或说明广告主题，将在广告标题中引出的广告信息进行较详细的介绍，对目标消费者展开细部诉求。广告正文的写作可以使受众了解到各种希望了解的信息，受众在广告正文的阅读中建立了对产品的了解和兴趣、信任，并产生购买欲望，促进购买行为的产生。

### 8.2.1 广告正文的构成

从文字结构来看，广告正文主要由开端、主体和结尾三部分组成。

**1. 开端**

开端主要在标题和正文之间起承上启下的作用，将受众的注意和接收由广告标题转向广告正文中间段的购买理由而展开表述。

**2. 主体**

主体是广告正文的中心，主要是根据广告目标和要求，运用不同的表达方式来阐述商品的状况及其特色。

**3. 结尾**

结尾是在正文的末尾，用一两句话再次点明广告主题，突出商品的特点或服务的特色，促使消费者做出购买行动。

### 8.2.2　常见的广告正文表现形式

**1. 简述体**

简明扼要地介绍企业的情况、商品的性能特点、服务的风格特色等。这种表现形式的特点是客观、直接、有条不紊。一般来说，简述体广告的魅力并不在于文稿本身的写作技巧，而在于广告产品或服务本身的诉求力量。

**2. 新闻体**

即广告正文用新闻报道的形式展现，这种写作的表现形式适合于报纸、广播、电视三大媒介。其特点是借助新闻形式加强广告正文的新闻性、权威性。新闻体广告正文写作有两点需要注意：其一，必须以广告信息本身所具有的时效性和新闻价值为基础；其二，写作的表现方式和结构、用词，都必须是新闻表现、新闻语气、新闻结构、新闻语言，才能达到新闻效果。

**3. 分列体**

把主要的广告信息分为若干项，给予一一列举的表现形式，其特点是使广告受众在阅读中能够一目了然。

**4. 说明体**

广告正文以说明为主要表达方式，对产品或服务的性质、特点、内容、功效等做出解释，使受众能了解具体情况。这类文稿在解释产品时，一般只要求客观实在、概念准确、判断恰当、分类清楚；在语言上要求言之有序。为了达到这个目的，又可采用定义、举例、比较、数字、图表等形式加以补充说明。

**5. 议论体**

以议论、论证为主要表达方式，兼具说理性、逻辑性，以严谨的逻辑思辨性和语言的严谨取胜。其特点是以概念、判断、推理为主要形式，直接阐明道理。这种形式一般在以下三种情况下运用较多：一是为某企业或某产品塑造一个相匹配的观念形象时；二是推出一种消费新观念以达到对某种商品的消费时；三是推出一种功效领先的新产品时。较适合报纸、杂志等以语言文字为主要诉求载体的媒介，不适合善于用画面说话的电视媒体。

**6. 故事体**

通过讲故事的形式来传递商品或劳务的信息。特点是以故事的发生、发展过程引人入胜，吸引受众的阅读和收听兴趣，又以故事中的事件的处理和产品介入所获得的结果来说服受众，诱导购买。

**7. 文艺体**

即以诗歌、散文、歌曲等各种文艺形式，宣传商品的特点，以吸引消费者的兴趣。文艺体的广告语言生动活泼，具有较强的艺术感染力。以诗歌形式进行表现的正文形式，具有音韵美、形式美、语言美、意境美四大特征，适合表现产品的文化韵味和附加价值。如"青岛啤酒"广告："青翠纷披景物芳，岛环万顷海天长。啤花泉水成佳酿，酒自清洌味自香。"而以歌曲形式进行表现的正文形式，因为需要有旋律的配合，只能在广播、电视等电子媒体的广告中才运用，如蒙牛酸酸乳广告主题曲《酸酸甜甜就是我》。

> 同步案例 8-1

## 优乐美奶茶广告文案

**背景资料：**

**巴士站篇**

语晨：永远有多远？

杰伦：只要心在跳，永远就会很远很远……

语晨：你心跳蛮快的嘛。

杰伦：这是个秘密，因为你是我的优乐美。

语晨：（甜蜜的笑）。

**咖啡厅篇**

语晨：我是你的什么？

杰伦：你是我的优乐美啊。

语晨：原来我是奶茶啊。

杰伦：这样，我就可以把你捧在手心了。

**学校篇**

语晨：你喜欢我什么啊？

杰伦：喜欢你优雅、快乐，又美丽。

语晨：你是在说优乐美奶茶啊。

杰伦：你就是我的优乐美啊。

（资料来源：摘自中国广告人网。）

**问题：**

优乐美奶茶广告语言的特点是什么？

**分析提示：**

优乐美奶茶以情感作为核心策略，塑造温馨的品牌形象，这不仅使优乐美在品牌形象内涵上满足消费者内在心理需求，而且在品牌定位上区别于其他奶茶品牌。

### 8.2.3 广告正文的写作要求

**1. 生动形象**

广告正文要生动形象。只有富有吸引力与感染力的广告正文，才能使消费者留下深刻印象，便于记忆。如果广告正文枯燥无味，人们就没有兴趣继续往下读。在开端部分就应先声夺人，迅速吸引广告受众。主体部分要结构紧凑，语言活泼，具有趣味性和人情味，使读者能将广告正文从头读到尾。

**2. 重点突出**

广告正文撰写时要注意重点突出。重点突出就是把广告的主题思想、主要诉求点突出出来。广告主题的选择是多种多样的。它可以瞄准消费者的需求，可以针对商品本身的特点，可以针对竞争对手的优缺点等。但一则广告只有一个主题,如果包罗万象信息,头绪纷乱,面面俱到,反而影响广告的效果。这是广告写作人员要尽力避免的。

### 3. 通俗易懂

广告正文用语要尽量通俗易懂,避免废话、套话。要让人们读到便知广告所要描述的内容,通俗易懂的语言表述,消费者容易接受。避免使用专业术语、新产生的词语、含义深奥的词语、生僻的词语及不规范的缩略语。此外,真实可信是广告的核心,不能为了吸引消费者而随意杜撰内容,夸大其词或欺瞒哄骗。

### 同步案例 8-2

#### 《诚品阅读》杂志促销广告文案

**背景资料:**

中国台湾广告文案天后李欣频为《诚品阅读》杂志促销所撰写的系列广告文案之一:

标题:6+6=16 的意外,请你验算!

正文:

1 只黑羊加上 1 只白羊,等于 2 本村上春树的剧情。

2 颗红苹果加上 2 颗青苹果,等于 4 种夏娃式的诱惑。

3 杯鸡加上 3 杯芝华士,等于 6 次饮食过度的情伤。

4 轮驱动的吉普车加上 4 套换洗衣物,等于 8 次精神性出走的疲惫。

5 件张爱玲式的祖母上衣加上 5 条世纪末梦幻项圈,等于 10 场上海服装秀的颓废。

6 本《诚品阅读》加上 6 本《诚品阅读》,等于 16 次大量提领精神食粮的挤兑事件。

《诚品阅读》现正举办"订阅 1 年赠送 2 本,订阅 2 年赠送 4 本"回馈活动,关于 3+3=8,6+6=16 的意外之喜,你可以打电话来验算一下!!

**问题:**

1. 作为一则广告文案,本文的语言有何特点?

2. 如果让你给杂志这类产品写广告文案,你觉得需要注意哪些问题?

**分析提示:**

1. 李欣频作为享有盛誉的广告文案"天后",其文案作品具有天马行空的创意,本文也不例外。文案巧妙地与运用了一则貌似悖论的等式,串联起大量富有视觉冲击力的数字,意象使用密集而跳跃,好像播放幻灯片一般,将大量的信息通过剪短的文字传达出来,对读者具有极高的吸引力。

2. 杂志的关键是要迎合读者群体的阅读喜好,根据读者的品位来决定文稿的风格。同时,杂志本身涉及的内容领域、装帧风格、发行周期也对广告文案的写作存在影响,需要在文稿撰写时加以注意。

## 8.3 广告标语

广告标语又称广告口号,是为了强调企业、产品、品牌的独特定位和形象而在广告中长期、反复使用的宣传用语。广告标语注重长远的品牌利益,以帮助打造品牌、塑造企业形象为目标,向消费者传达一种长期不变的观念。透过广告标语,消费者可以感受到品牌的核心价值。

### 8.3.1 广告标语和广告标题的差异比较

广告标语与广告标题在表现形式和写作要求上有很多共同之处。如,两者都是为了吸引消费者的注意力,都是对广告主要信息的提炼,都是为了达到促进销售的目的。但两者又存在明显的区别,主要表现在内容、传播目标、使用范围、出现位置、形态等五个方面,具体见表8-1。

表8-1　　　　　　　　　　广告标语和广告标题的差异比较列表

| 差异 | 广告标语 | 广告标题 |
| --- | --- | --- |
| 内容 | 长期观念,与广告具体内容不紧密相关,而与品牌策略贴得更紧。 | 短期的,针对某一个广告,与广告的具体内容紧密相关。 |
| 传播目标 | 传达长期不变的观念,注重品牌理念和企业形象的长期效果。 | 吸引和引导消费者继续接触广告内容,注重即时作用。 |
| 使用范围 | 较长时期内持续使用,适用于任何媒介、任何形式的广告。 | 只在一则具体作品中使用,与广告具体内容密不可分。 |
| 出现位置 | 位置十分灵活,可以单独使用,也可以放在广告中的任何位置,多出现在结尾部分。 | 一般在平面广告的最醒目位置,在广播电视广告的开头。 |
| 形态 | 力求简洁明了,朗朗上口。 | 视创意具体需要,形态较为丰富。 |

### 8.3.2 广告标语的类型

广告标语多种多样,有许多类型,一般可以按照内容、结构、表现等进行分类。

**1. 按内容分类**

(1) 形象建树型。即在广告标语的具体内容表现上,主要表现和建立的是广告主体的形象。目的是为了建立一个让公众和目标消费者信任、赞赏的形象,为广告主体的一系列长期的销售活动做有效的铺垫。这个形象包括企业形象、产品形象、品牌形象、服务形象等。如"好客山东欢迎您"这句山东旅游宣传口号已深入人心,如图8-7所示。

图8-7 山东旅游形象标识

（2）观念表现型。不是直接表露企业的心声，而是通过对某种观念的提出和表达，来表现广告主体中的企业、产品经销者、服务者的观念和看法，表现对一种消费方式和消费观的创造和引导。通过观念的提出和表现来表达企业的思路，创造某种消费新时尚，也是广告标语中的一个重要的内容类型。如波司登羽绒服广告标语是："创世界名牌，扬民族志气。"

（3）优势展示型。一般是展示商品（产品或服务）的优势。许多的广告标语用优势展示型，来展示广告主体的功能、特点，让消费者轻松了解广告主体的优势。对于直接地进行产品销售的广告运作来讲，这是一种很好的口号性煽动。如雀巢咖啡"味道好极了"。

（4）号召行动型。在广告标语中，主要的诉求内容是向受众发出的某种号召，号召他们行动起来，去做某一件事，去进行某种消费行动。这种号召，一般都是采用直接的方式运用祈使句式来进行的。如经典的大宝广告语："大宝，明天见；大宝，天天见！"

（5）情感唤起型。情感唤起型，是借助受众心目中的情感因素，用情感向受众呼唤、宣泄、倾诉，以此求得广告受众和目标消费者的情感消费。这类广告标语通常表现出企业对消费者的关爱，用真挚的情感打动消费者，具有亲和力。如劲酒的广告标语："劲酒虽好，可不要贪杯哦。"

**2. 按结构分类**

（1）单句形式。很多的广告标语都是采用简短的单句形式来表现的。单句形式的广告标语，也可用广告主体的名称来形成。如"农夫山泉有点甜"。

（2）对句形式。对句形式的广告标语，就是用两个短的单句组成的句式。这种句式因相互映衬、易读易记而被广泛地运用。对句形式的广告标语有两种形式：非对仗型和对仗型。对仗型的对句形式读起来朗朗上口。如戴比尔斯钻石广告标语："钻石恒久远，一颗永流传。"鹿牌威士忌广告标语："自在，则无所不在。"

（3）前缀式句型。前缀式句型，一般都是在一个短句前，有一个产品或企业等的广告主体的名称。这种句式，前面表现了信息诉求的广告主体，后一句是对广告主体的评价或特征展现。如"李宁，一切皆有可能"、"维维豆奶，欢乐开怀"。

（4）后缀式句型。与前缀式的句型刚好相反，它是在前面表现对广告主体的评价和特征展现，在后面表现广告中的企业、产品或服务的名称。如格力空调的广告标语，如图8-8所示。

图 8-8　格力空调广告图片

### 3. 按表现分类

（1）普通形式。指用普通的陈述性的手法，而不采用描述性的或借助联想和想象等的文学笔法来进行广告标语的创作。这样的形式能使广告受众很容易地明白其意。如："加衡——甲状腺疾病全功能用药。"

（2）联想形式。指采用联想、想象的形式来对企业的观念、商品的特征等进行表现。这个表现，可以运用联想价值，增加广告主体的附加价值。如南方黑芝麻糊的广告标语："一股浓香，一缕温馨。"

（3）幽默形式。指运用幽默的语言表现形式来进行广告标语的写作，体现一种独特的诉求。如某电风扇广告标语："我的名气是吹出来的。"

### 8.3.3　广告标语的写作要求

**1. 简短易记**

广告标语使用的目的，在于通过反复宣传，使消费者留下对商品、劳务或企业的印象。因此，标语字句一定要简短易懂、易记。特别是电视与广播广告，稍纵即逝，标语太长，就听不清、听不明、难于理解和记忆。大卫·奥格威提倡最好在 8 个字以内。如果标语全文较长，应尽量采用分句、短句。

**2. 突出特点**

一个平淡无奇，毫无特色的标语，很难给消费者留下印象。广告标语要与众不同才能成为消费者认知、识别的标志。广告标语要起到鼓动人心、加深印象的作用。所以，广告标语必须结合广告主题，突出商品、劳务或企业的独特之处。另外，在创作广告标语时，注意兼顾企业或品牌的名称，也能起到与同类广告标语区别的作用。飞亚达手表的广告标语"一旦拥有，别无所求"，如果没有提示，很难想到是有关手表的广告，更不能知道是什么品牌了。

**3. 号召力强**

广告口号应该具有鼓动性，产生号召、感染的力量，才能产生效力。撰写广告标语，也要倾注情感，使之富有哲理，这样才能与消费者进行交流，产生互动。"只有时间比欧米茄更尊贵"，既有情感，又具哲理，受众自然感同身受。此外，文字要尽可能口语化，押韵动听，生动有趣，这样容易激发消费者兴趣。"牙好，胃口就好，身体倍儿棒，吃嘛嘛香"，这则标语家喻户晓，充满了生活情趣。

**4. 适应需求**

广告语虽然是一种在较长时期内反复使用的商业口号，但不是不可以更改的。随着市场变动和产品更新换代，广告标语也应相应地有所创新，突出新的特点，但这种更改不宜过于频繁，并且要注意承前启后，处理好连贯与转化的关系。既要注重品牌形象的一贯性，又要考虑市场变化和营销策略的需要。

### 8.3.4 广告随文

广告随文,又称广告附文,是广告文案的有机组成部分,主要传达购买商品或接受服务的方法等基本信息,一般出现在广告文案的结尾部分。广告随文主要起到补充正文内容、为消费者购买提供方便、敦促消费者采取购买行动的作用。

**1. 广告随文的内容构成**

广告随文并不是有关信息的简单罗列,要根据正文的内容和风格进行创作,主要包括如下内容:

(1) 企业名称和标志;
(2) 品牌名称和标志;
(3) 企业的联系地址、邮政编码、电话号码、联系人、网址等信息;
(4) 销售网点地址、电话号码、乘车路线等信息;
(5) 权威机构的认证标志、企业荣誉证书等信息;
(6) 有关促销活动的具体信息;
(7) 有关图片的注释性信息;
(8) 特别说明;
(9) 法律规定必须出现的规定性信息。

**2. 广告随文的一般形式**

(1) 常规型。将企业名称、品牌名称、地址、电话等受众需要了解的随文内容直接列出,不做任何修饰性的处理。如奥迪汽车的一则平面广告,其随文为:北京国服信奥兴汽车有限公司奥迪汽车授权经销商地址:北京市石景山区古城大街国际汽车贸易服务园区F区9号,销售热线:400-872-1182。

(2) 附言型。一般采取第一人称的形式,以话语的形式将希望受众了解的内容表述出来,增加随文的亲切感和人情味。如东风标致的一则平面广告,随文就用了这种形式:"爱车由您驾,油费我来拿!即日起,购买东风标致307全系手动挡车型,即享'油'礼,活动详情请接洽当地4S店。"

(3) 标签型。将随文写成一个简短、明确的标签,一般与画面密切配合,服从画面与文字的整体布局,在与整体背景不同的背景底色中,采用特别的字体将随文内容展示出来,还可以加上精致的边框。这种形式在印刷广告文案中经常使用。

---

**同步实训 8-2**

### 广告标语的创作

[实训目标]

提高学生广告标语的创作能力。

[实训内容]

可口可乐不同时期有不同的广告标语,如:1904年:美味又清新;1965年:享受可口可乐;1993年:永远的可口可乐。请同学为它设计一个最新的广告标语。

[实训操作]

(1) 将全班学生每5—6人分为一组，并选出小组负责人。教师说明训练的内容及成果要求。

(2) 每个小组通过查找资料，对可口可乐产品及企业、市场进行分析。

(3) 针对分析结果，创作最新广告标语。

[成果要求]

(1) 每个小组以PPT形式汇报创作过程及结果，并对其创作进行解释。

(2) 小组间互评投票，选出最佳作品。

## 本章知识脉络

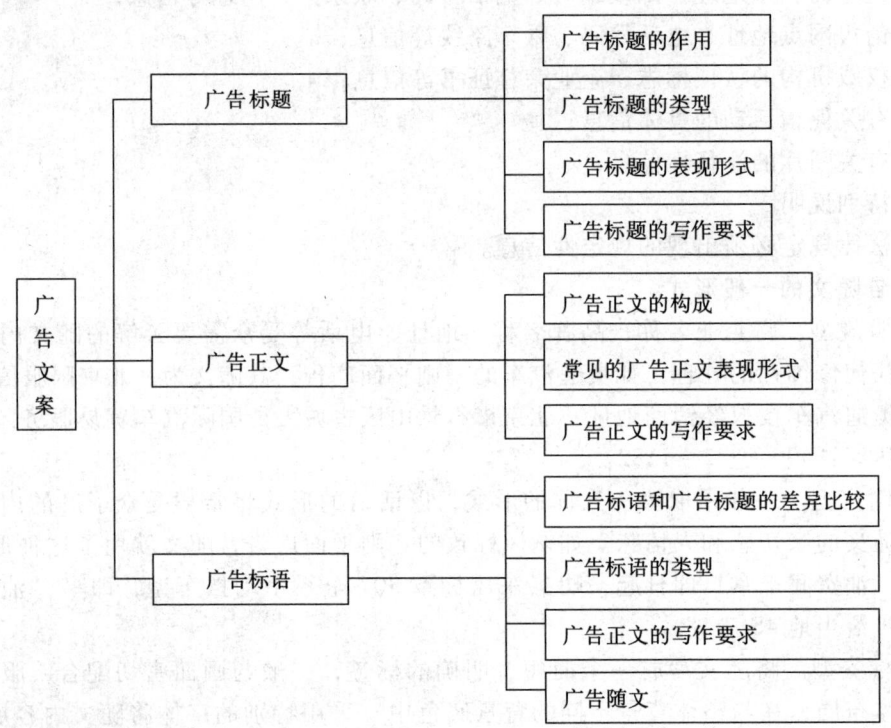

**本章导入案例点评：**

"去啊"所引发的文案大战，使原淘宝旅行、携程网、"春秋"旅游以及"途牛"、"爱旅行"、"途家"等多家在线旅游企业等先后卷入。各家使出浑身解数突出自己，把去哪儿、去啊发挥得淋漓尽致，显现了广告文案大战的威力。

## 思考与练习

**1. 理论题**

**(1) 单选题**

①以下不属于广告文案构成要素的是(　　)。

A. 广告标题 B. 广告正文
C. 广告主题 D. 广告标语

② "鞋上有342个洞,为什么还能防水?"属于( )标题。
A. 新闻式标题 B. 赞美式标题
C. 提问式标题 D. 悬念式标题

③ 以下不属于广告随文作用的是( )。
A. 说明标题 B. 补充正文
C. 为消费者购买提供方便 D. 促进消费者采取购买行动

④ "钻石恒久远,一颗永流传"属于( )结构类型的广告标语。
A. 单句形式 B. 对句形式
C. 前缀式句型 D. 后缀式句型

**(2) 多选题**

① 复合型标题由( )三种标题组成。
A. 引题 B. 主题
C. 正题 D. 副题

② 广告标题的写作要求包括( )。
A. 突出主题 B. 简洁明确
C. 引人注目 D. 新颖独特

③ 广告正文构成包括( )。
A. 开头 B. 主体
C. 结尾 D. 附语

④ 以下属于广告随文内容的是( )。
A. 企业名称 B. 品牌名称
C. 销售网点地址 D. 销售电话
E. 产品特色

**(3) 判断题**

① 广告标语就是广告标题。 ( )
② 广告正文主要由开端、主体和结尾三部分组成。 ( )
③ 广告正文用语要尽量通俗易懂,避免废话、套话。 ( )
④ 广告随文是将有关信息进行简单的罗列。 ( )

**(4) 简答题**

① 广告标题的作用是什么?
② 广告标语的结构类型包含几种形式?
③ 广告正文的写作要求有哪些?

**2. 实务训练题**

**【案例分析1】**

**案例资料:**

深圳蔚蓝海岸楼盘广告赏析

**标题**:看家的角度,因春天而不同。

正文：
春天的感觉，是被妩媚刺激出来的。
形嬉于水上，心驰于岸边。
柳枝在水畔滋滋抽条。阳光下的缕缕新绿，清明得叫人醉心。
会所内健身的老公，或许一直在望着这份柔柔的安逸？
沙滩上"筑城堡"不休的小儿，或许正扯着他爷爷的胡子顽皮？
一家人的闲适，就这般散散落落地弥漫在这里。
春天是有声音的。春情正集合到所有的蔚蓝里来。
天色蔚蓝。水色蔚蓝。春色蔚蓝。
蔚蓝邀请你！春天邀请你！
（资料来源：根据网络资料整理。）

设计问题：
（1）该广告文案的标题和正文分别采用哪种表现形式？
（2）请分析这则广告的优点和不足。

【案例分析2】
案例资料：

## 金龙鱼的故事

在中国，嘉里粮油（隶属马来西亚华裔创办的郭兄弟集团香港分公司）旗下的金龙鱼调和油，十年来一直以绝对优势稳居小包装食用油行业第一品牌地位。

调和油这种产品是金龙鱼"创造"出来的。当初，金龙鱼也只是引进国外已经很普及的色拉油，虽然有市场，但不完全被国人接受。原因是色拉油虽然精炼程度很高，但没有太多的油香，不符合中国人的饮食习惯。后来，金龙鱼研制出将花生油、菜籽油与色拉油混合的产品，使色拉油的纯净卫生与中国人的需求相结合，通过产品创新终于赢得中国市场。

为了将金龙鱼打造成为强势品牌，金龙鱼自品牌方面不断创新，由最初的"温暖亲情，金龙鱼大家庭"提升为"健康生活金龙鱼"，然而，在多年的营销传播中，这些"模糊"的品牌概念，除了让消费者记住了金龙鱼这个品牌名称外，并没有引发更多联想，而且，大家似乎还没有清楚地认识到调和油到底是什么、有什么好处。

2002年，金龙鱼又一次跳跃龙门，获得了新的突破，关键在于其新的营销传播概念"1:1:1"。看似简单的"1:1:1"概念，配合"1:1:1最佳营养配方"的理性诉求，既形象地传达出金龙鱼由三种油调和而成的特点，又让消费者"误以为"只有"1:1:1"的金龙鱼才是最好的食用油。十年磨一剑，金龙鱼在2002年才让中国的消费者真正认识了调和油，关键在于找到了一个简单的营销传播概念。

（资料来源：根据网络资料整理。）

设计问题：
（1）金龙鱼广告的广告语是如何创造的？
（2）金龙鱼广告的发展史对我们有什么启发？

## 业务模拟训练

### 汽车广告文案创作

**训练目标:**
培养学生文案写作能力。

**训练内容:**
请为"2015新款福克斯1.6L舒适型手动档车"(见图8-9)创作一则广告文案。

图8-9　2015新款福克斯1.6L舒适型手动档车图片

**训练操作:**
(1) 将全班学生每5—6人分为一组,并选出小组负责人。
(2) 小组查找该款汽车的配置资料。
(3) 小组长组织小组成员对调查资料进行整理、分析,得出合理的结论。
(4) 拟写广告文案。

**成果要求:**
(1) 每个小组提交一份广告文案,并进行口头汇报。
(2) 组长按个人的贡献程度打分,每人的实训成绩由小组的分数与个人分数各50%组成。

# 第 9 章
# 广告效果测定

**学习目标**

**知识目标**：明确广告效果的含义与种类；认识广告效果的特点；理解广告效果测定的原则和程序。

**能力目标**：初步掌握广告效果测定的方法；能够结合具体的广告选择合理的测定方法测定广告的效果，提高广告效果测定的能力。

**导入案例**

### "加多宝"成功之道

《中国好声音》是由浙江卫视和"灿星制作"共同引进版权的一个选秀音乐节目。根据CSM 的统计数据，《中国好声音》自播出以来，其收视率基本上保持在 3% 以上，成为 2012 年最为火爆的电视节目之一，可谓"不鸣则已、一鸣惊人"。《中国好声音》的火爆，也带动了该节目重量级的广告赞助商"加多宝"的火爆（见图 9-1），其产品销量和品牌资产，在节目播出期间，均出现大幅增长。

图 9-1 加多宝与《中国好声音》图片

"加多宝"通过在《中国好声音》中进行广告植入，可以说取得了品牌和销量的双丰收。2010 年之前，中国凉茶市场还存在一线品牌并列的局面，例如"王老吉"、"和其正"，具有和"加多宝"品牌一较高下的实力和底气，尤其是"王老吉"本就是"加多宝"的宿敌。但是现在，中国凉茶市场，"加多宝"一家独大。"正宗好凉茶，正宗好声音，欢迎收看由凉茶领导品牌加多宝为您冠名的……"这句主持人念白，已经成为一种流行文化符号。听到它，你才觉得《中国好声音》正式开场。"加多宝"在《中国好声音》植入广告的作用，不容忽视。在销量上，从"加多宝"已经连续七年保持凉茶销量第一的位置，在中国凉茶市场占有率达到了70.8%。通过这一数据可以看出，《中国好声音》植入广告功不可没。

（资料来源：根据网络资料整理。）

品牌与热播的综艺节目捆绑近年很火，看起来效果也不错。例如，《超级女声》带火了"蒙牛酸酸乳"，《中国好声音》成就了"加多宝"。但是，并不是所有的冠名都能带来可喜的增长，广告主更关注的是巨额的投资能否带来丰硕的广告效果，即投入、产出比是否满意。所以，广告效果愈发显得重要。

广告效果直接影响广告目的的实现，也是广告活动成败的决定因素。所以，人们一直探讨利用各种手段对它进行科学、有效地检测，以进一步改进广告活动的设计与实施，提高广告的效率。

## 9.1 广告效果的种类与特性

广告的目的在于沟通信息，从而使消费者认识产品、改变态度，最终产生购买行为。广告的效果除了看它直接促销的效率，还要考察它对广告受众的影响程度，能在多大程度和多长时间内促进销售，以及其对社会政治、文化、伦理的影响。这些因素都属于媒体受众对广告活动的结果性反应，我们称之为广告效果。

### 9.1.1 广告效果的种类

**1. 广告效果的含义**

广义的广告效果是指广告活动的目的的实现程度，广告信息在传播过程中所引起的直接或间接的变化的总和，包括广告的经济效益、传播效益和社会效益等。

狭义的广告效果是指广告所获得的经济效益，即广告传播促进产品销售的增加程度，即广告带来的销售效果。

**2. 广告效果的种类**

广告效果是个多维的复合型概念，从不同角度可进行不同的归类。

（1）按性质分可分为广告的经济效果、广告的心理效果、广告的社会效果。

广告的经济效果是广告效果中广告主最关注的效果。它是指广告通过传播之后，所引起的产品销售和利润的变化。销量和利润的改变，通常从数字上体现出来，因此这部分的效益又是最容易评估和衡量的。值得注意的是，在广告效果中，不能过分关注经济效果，否则就会在营销中，采取一些诸如虚假广告等极端方式促进销售。这在短期内可能会产生利益，但是长期来看，却是自毁品牌、杀鸡取卵。

广告的心理效果，是受众接触到广告之后，在心理上发生的变化和影响，比如认知、情感、劝服、动机等方面。这也是广告作品要实现目标的第一步。只有让受众对广告有一个正面的、积极的心理，让消费者对产品和品牌产生好感，引起共鸣，并产生购买和使用的欲望，才有可能实现另外两个效果。

广告的社会效果就是广告作品对整个社会文化、道德等方面所起的影响。在广告中，这部分的影响是应该引起重视的，因为它代表了社会公众对广告和品牌的看法，是接受或者是反对。企业应该根据公众的态度，对自己的营销策划进行调整，给自身发展创造一个有利的社会环境。

（2）按广告活动过程分可分为事前效果、事中效果、事后效果。

事前效果主要是指广告活动实施前，对广告作品及媒介组合所预测的反应。包括对广告创意的事前测定、广告作品的事前测定等。

事中效果，指在广告过程中消费者在实际环境中对广告活动的反应。

事后效果，指在广告活动后运用统计方法全面评估本次广告活动的影响。

（3）按广告活动周期划分，广告效果可以分为即时效果、近期效果、长期效果。

即时效果，是广告活动在广告传播地区所造成的即时性反应，主要指即时的销售效果。

近期效果，指广告发布后较短时间内所产生的反应。

长期效果，指广告在目标受众心目中所产生的长期影响。

### 9.1.2 广告效果的特征

现代广告活动是企业的一项复杂的经营活动，涉及面广，影响因素也多，广告效果形成的原因较为复杂。因此广告效果与其他经济活动的效果不同，广告活动的复杂性决定了其效果的独特性，具体表现如下：

**1. 滞后性**

滞后性是指广告活动的效果通常在广告活动进行后的一段时间内才能充分地表现出来。在通常情况下，大多数人看到广告后，并不会即时就会去购买该商品，这主要是因为：该消费者正在使用的某种品牌的商品还可以继续使用；消费者通常要确认使用广告商品能够给他带来更多的利益。广告效果的迟效性使广告效果不能很快、很明显地显示出来。因此，评估广告效果首先要把握广告产生作用的周期，确定广告效果发生的时间间隔，这样才能准确地评估广告活动的效果。

**2. 累积性**

大多数广告通常不能立竿见影，其效果是逐渐累积而成的。也就是说，从广告播出开始，一直到消费者实际从事购买的这段时间，就是广告的累积期。如果没有"量"的累积就很难有效果的"真正体现"。比如有一个企业在一段时期内连续播放了五次广告，但市场没什么反应，直到第六次广告播出后才有较为明显的反应，这并不意味着第六次的广告效果好于前几次。全球著名品牌咨询公司 Interbrand 公布"2014年全球企业品牌价值排行榜"（Best Global Brands），"可口可乐"以 815.63 亿美元名列第三，这是 100 年来用同等甚至超过这一数目的广告费累积起来的，而且会在相当长一段时间内起到提醒购买的促销作用。广告效果的这一特性表明企业不能过于急功近利。

### 3. 复合性

复合性是指广告效果是由企业的广告活动与本企业或竞争企业的其他营销活动相互作用而体现出来的。主要表现：企业整体广告效果是由于采用了多种广告表现形式、多种媒体等因素综合作用所产生的结果；企业广告活动与同时开展的其他营销活动（如公共关系、促销员推销等）是相辅相成的，因此广告效果也就必然会由于其他营销活动效果的好坏而增强或减弱；同行业其他竞争企业所进行的同类产品的广告或其他营销活动也会对本企业产品的广告活动效果带来影响。如竞争产品的广告攻势强大，就会给本企业广告商品的销售带来影响，而竞争产品的广告投入量少且缺乏新意，就会反衬出本企业广告产品的特色。

### 4. 间接性

间接性主要表现在两个方面：一方面，受广告宣传影响的消费者，在购买商品之后的使用或消费过程中，会对商品的质量和功能有一个全面的认识。如果商品质量上乘并且价格合理，消费者就会对该商品产生信任感，就会重复购买。另一方面，对某一产品产生信任感的消费者会将该产品推荐给亲朋好友，"一传十、十传百"，从而间接地扩大了广告效果。广告所具有的这种间接效果性，要求广告策划时应注意广告诉求对象在购买行为中扮演的不同角色，有针对性地展开信息传递，扩大广告的间接效果。

### 5. 层次性

广告效果不仅仅是指整个活动的最终结果，还是一种多层次的结构。这不仅表现为整体目标完成情况，还表现为不同层面的具体结果，如影响范围层面的经济效果与社会效果，影响作用时间层面的眼前效果与长远效果等。只有将它们很好地综合起来，才能有利于企业的发展，有利于塑造良好的企业形象或品牌形象。不能只顾眼前利益，而进行虚假广告，更不能只要经济利益而不顾社会影响。

### 6. 竞争性

广告是市场竞争的结果，也是竞争的手段，因此，广告效果也有强烈的竞争性，广告的竞争性强，影响力大，就能加深广告商品和企业在消费者心目中的印象，树立形象，争取到消费者。仅仅把广告作为一种信息传递，没有竞争意识是不够的，而从另一方面来看，由于广告的激烈竞争，同类产品的广告大战，可能会带动跟进，也会使广告效果相互抵消。因而，要多方面地考虑判断某一广告的竞争力大小。

---

同步案例 9-1

**电影植入广告精彩回顾**

**背景资料：**

面对传统媒体广告投放，营销者总是绞尽脑汁，花费重金致力于吸引目标受众的眼球。然而，在高度发达的信息社会里，消费者面对海量的信息洪流日渐麻木，他们会采取各种手段规避广告信息的轰炸，传统的广告模式已不适应现代人的审美需求。

为适应当前新兴商业社会广告竞争环境的需要，植入式广告便应运而生。厂商纷纷将自己的产品或品牌及其代表性的视觉符号甚至服务内容策略性地融入电影、电视剧或电视节目等内容中，通过场景的再现，让观众留下对产品及品牌的印象，继而达到营销推广的目的。

1982年，美国导演史蒂芬·斯皮尔伯格执导的《外星人》中，小主人公用"里斯"的巧克力吸引外星人的画面，已成为植入式广告的一座里程碑。在电影中，主人公艾里奥特成功地用一种叫"里斯"的巧克力豆把外星人吸引到了自己的房间。当然，随着该片的流行，生产"里斯"巧克力的好时公司也为此付出了巨额的广告费用。不过，这笔付出显然是很值得的，而后，随着《外星人》一片的全世界公映，"里斯"巧克力也成为孩子们的梦幻糖果，该公司产品的销量猛增65%。

与《外星人》相比，斯皮尔伯格的《少数派报告》显然也成为广告植入的另一个里程碑。该片中共计使用了15个品牌、14个完整的商业广告、15个精短的小广告。而手机品牌"诺基亚"更是借该片中的广告植入，让自身品牌的认知度一举达到了64%。

近年来，电影中植入性广告也越来越多，其中汽车产品尤为居多，或许是因为汽车现在已经成为城市生活的必需品，汽车品牌的植入放在任何剧中都显得合情合理。广告与情节牵手之后，很多时候我们因为一场电影而了解一辆车，也会因为一辆车而记住一部电影。《变形金刚》的雪佛兰、《明日帝国》的宝马七系、《偷天换日》的MINI Cooper、《的士速递》的标致407、《疯狂金龟车》的甲壳虫、《非常人贩》的奔驰和奥迪，还有在电影《非诚勿扰》中赚足了眼球的斯巴鲁以及《疯狂的赛车》中随处出现的斯柯达和"别摸我"（BMW）等。

（资料来源：根据网络资料整理。）

**问题：**
通过回顾这些成功的植入案例，你觉得取得良好的电影植入广告效果要注意哪些因素？

**分析提示：**
植入式广告的质量是其广告效果的基础。所以，电影制片方的从业素质和专业技能是电影植入式广告的植入质量的保障，在广告的植入程度上要选择与剧情最为贴切的深度植入，避免硬性植入，否则会引起观众反感。

## 9.2 广告效果测定的原则与程序

对于广告主来说，每一阶段的广告，都需要投入大数额的费用去创作、制作，并需要通过各类媒体去发布传播大量的广告信息。因此，从商业经济的层面来说，广告就是一项投资。据全球知名的媒体研究与洞察部门Kantar Media的最新数据，2014年全球制药业直面消费者的广告投入达到了45.3亿美元，与2013年的38.3亿美元相比，增长了18%。企业广告主能花这么多的费用来做广告，其目的就是要取得一定的效果。因此，很有必要对广告效果进行科学、规范、系统的测定。

### 9.2.1 广告效果测定的意义

广告效果测定的意义，可以从以下三个方面来理解：

**1. 有利于加强广告目标管理**

广告目标的制定是广告活动管理的重要环节,为了使广告目标能顺利实现,必须通过广告计划来实施。在实施广告计划的过程中,由于受到企业外部环境变化及内部资源变动的影响,广告活动在某一阶段难免有偏离广告目标的可能,而偏离的程度是要根据广告效果的测评结果并使之与广告计划中的目标进行对照与比较才能得出,然后我们将采取纠偏的措施,如调整广告诉求、广告创意表达或者媒体组合等。这样就能全面而准确地掌握广告活动的现状,及时发现问题,并及时总结经验教训,达到最终能控制和把握广告活动的整体发展方向,确保广告活动能始终按照既定的目标富有成效的运行。

**2. 有利于筹划广告策略创新**

准确测定广告效果,是对广告活动的客观科学的总结与评价。通过专业规范的检验广告策略,测评其与广告主的营销目标、促销策略、品牌文化诉求是否贴切与吻合,这样,可以使我们筹划制定的广告策略与决策能建立在符合客观规律的基础之上。同时,也为下一阶段的广告策略的制定提供经验教训,为广告策略不断创新提供依据。

**3. 有利于增强企业广告意识**

系统、规范、科学、专业地对广告效果进行评估,意味着我们抛弃了单凭经验和感觉主观地判断效果大小的做法,这将促使企业或者品牌的广告活动运作建立规范化、严密化、专业化的传播系统。这也意味着,专业的广告从业人员在制订策划方案、创意点子、媒体组合决策时不做"拍脑袋的策划与创意",而是真正做到"运筹帷幄"和"胸有成竹";另外,通过具体、准确的数据资料,让广告主能切实感受到广告为企业或者品牌所带来的效益,并增强其运用现代广告来促进企业健康发展的坚定信心。

### 9.2.2 广告效果测定的原则

为确保广告测评效果的客观、全面与准确,在测评时必须遵循以下原则:

**1. 针对性原则**

又称目标性原则,是指广告效果测评必须有明确而具体的目标。效果的复合性和层次性特点要求对广告效果测评的目标要具体明确。只有这样,才能选择相应的方法与手段,测定的结果也才真实、科学。

**2. 可靠性原则**

广告效果测定的结果真实可靠,才会有助于企业进行决策,起到提高经济效益的作用。在效果测定中,样本的选取一定要有典型性、代表性。对样本的选取数量,也要根据测定的要求,尽量选取较大的样本;测试要多次进行,反复验证,才能获取可靠的检测结果。

**3. 综合性原则**

影响广告效果的因素是复杂多样的,广告测定中的不可控因素也是复杂多变的,不同因素之间相互联系、相互作用,因此不管是测定广告的经济效果、社会效果,还是测定广告的心理效果,都不能孤立地看待问题,都要综合各种相关因素的影响。即使是测定某一具体广告也要考虑广告表现的复合性能、媒体组合的综合性能以及时空、地域等条件的影响,才能准确地测定广告的真正效果。

**4. 连续性原则**

由于广告效果具有时间上的延迟性、累积性、复合性及间接性,因此就不能抱有临时性或一次性测定的观念,而应进行连续性、经常性的测定,要定期或不定期地进行测定。具体来说,某一时间或地点的广告效果,并不一定就是此时此地该广告的真实效果,它还包括前期广告的延续效果和其他营销活动的效果等。因此,我们必须保有前期广告的延续效果和其他营销活动及其效果的全部资料,才能真正测定现实广告的真正效果。

**5. 经济性原则**

广告样本的测定范围、地点、对象、方法以及测定指标等,既要考虑满足广告效果测定的要求,也要充分考虑企业经济上的可能性,尽可能做到以较少的费用支付取得尽可能满意的效果测定。所以,要搞好广告效果测评的经济核算工作,坚持经济、高效的原则,根据测评目的、要求、经费、技术水平和测评对象等具体情况,选取最经济有效的测评方法,力求做到广告效果测定的费用少、效果好。

### 同步案例 9-2

#### 首轮微信朋友圈的广告效果盘点

**背景资料:**

2015年1月25日,不少微信用户在朋友圈中看到了来自微信团队的推广信息,这就是微信新推出的朋友圈广告。第一波尝鲜的有三家广告商,分别是 Vivo、宝马和可口可乐公司。

宝马提供的数据显示,广告上线17小时,广告总曝光量接近4600万。宝马强调曝光量是直接收到广告的用户数量,不包括用户转发的广告。用户点赞或者评论数量为700万次,宝马新增粉丝20万:"至此,我们对这次合作的效果持乐观的态度。"

Vivo方面提供的数据,统计口径稍有不同,较宝马多9个小时,即广告上线26小时,朋友圈广告总曝光量接近1.55亿。用户点赞或者评论的行为超过720万次。官方微信增加关注超过22万。对于广告效果,Vivo很满意:"能够参与微信朋友圈广告第一轮投放,这本来就是品牌影响力的体现。"

可口可乐方面并未透露具体的数据,其中国区公共事务与传讯副总裁赵彦红说道:"市场部门希望对广告的长期效果作出评估,暂时不会公布数据。"她也强调可口可乐一直以来在广告投放上都乐于尝新,无论是微信朋友圈广告还是近期和滴滴打车等的合作都是尝试,后续会对各个平台的效果作出评估,选择适合继续投放的平台。

**问题:**

1. 请问案例中提到广告效果包括哪几种?
2. 该案例中反映了广告效果测定的哪几条原则?

**分析提示:**

1. 广告心理效果、广告即时效果。
2. 针对性原则、连续性原则。

### 9.2.3 广告效果测定的程序

广告效果测定的程序大体上可以划分为确定测定课题、制订测定工作计划、搜集有关资料、整理分析资料、论证分析结果和撰写分析报告等,如图9-2所示:

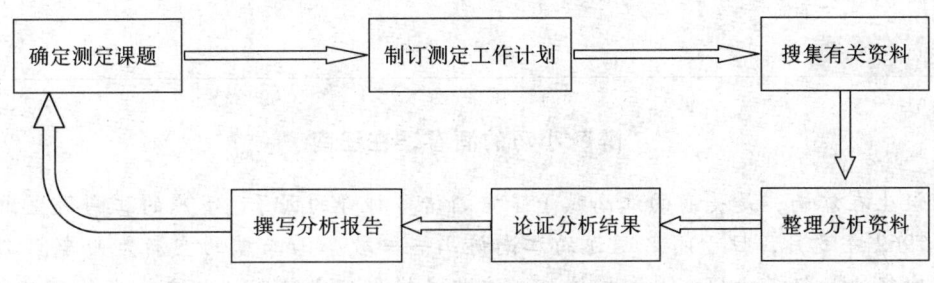

**图9-2 广告效果测定程序流程图**

**1. 确定测定课题**

广告效果测定人员要把广告主广告宣传活动中存在的最关键和最迫切需要了解的效果问题作为测定的重点,设立正确、适当的测定课题。

确定测定课题一般有两种方法:一种是归纳法,即了解广告主广告促销的现状,根据广告主的要求归纳确定研究目标;另一种是演绎法,即根据广告主的发展目标以及企业广告促销的现状,分析确定测定课题。

**2. 制订测定工作计划**

具体包括制订计划、做好组织与人员分工等内容。计划部分尤其重要,其内容应由课题进行步骤、调查范围与内容、质量要求、完成时间、人员组织、费用酬金、委托关系双方应承担的权利与义务等内容组成;组织与人员分工是后续工作有序高效开展的基础,在制订计划的同时,应根据测定课题的要求和测定调查研究人员的构成情况,组建测定研究组;要注意选好课题负责人,要根据人物和成员情况进行合理分工。

**3. 搜集有关资料**

测定课题搜集的资料可分为外部资料和内部资料。外部资料主要包括与企业广告促销活动有联系的政策、法规、计划及市场供求、消费习惯、媒体状况等所在地有关资料;内部资料包括企业近年来的发展战略、管理状况、产品研发、销售与利润、广告活动、挑战与机遇等。

**4. 整理分析资料**

即对通过调查等途径所搜集的大量信息资料进行分类整理、科学分析。分类方法有多种,根据需要可以按时间顺序、问题性质、专题范围、影响因素等分类。分析方法有综合分析和专题分析两类:综合分析是从企业的整体出发,综合分析企业的广告效果;专题分析是根据广告效果测定课题的要求,在调查资料汇总以后,对企业广告效果的某一方面进行的分析。

**5. 论证分析结果**

召开分析论证会,运用科学方法,对广告效果的测定结果进行全方位的评议论证,使测定结果进一步科学合理。

**6. 撰写分析报告**

广告经营者要对经过分析讨论并征得广告主同意的分析结果，进行认真的文字加工，写成分析报告。广告效果测定分析报告的内容主要包括序言，广告主概况，测定的调查内容、范围与基本方法，测定的实际步骤，测定的具体结果，改善广告活动的具体意见等。

### 同步案例 9-3

## "醉"小巧的酒窖，在江南

宣酒诞生在江南，是美丽的江南赋予了宣酒诸多神奇的因子。富庶的江南衍生出发达的酿酒业。1962年5月，位于闻名遐迩的江南诗山——敬亭山南麓的宣酒大曲车间工地，发掘出七条古窖池。经考古研究和科学论证，这些呈梯形、体积不到8立方米的"宣酒古窖"属典型的江南小窖池，建于乾隆年间，迄今已有200余年的悠久历史。据检测，窖池中的古窖泥仍然具有良好的活性，令考古界、史学界、白酒界的专家们倍感惊奇，将之誉为"江南第一窖"。江南小窖群的发掘印证了宣城悠久繁盛的酿酒历史。白酒界的专家在反复考证、研究之后发现，作为江南门户的宣城，实在是有着天造地设的条件，是绝佳的酿酒"福地"。

酿之本。宣城与五粮液产地宜宾同属亚热带湿润季风气候，同处北纬29度。拥有年平均气温19摄氏度、平均湿度0.8的绝佳酿造环境，宣城素有"江南宜宾"之美誉。

酿之根。酿造宣酒的江南小窖池相对于标准窖池容积较小，其独特的梯形设计，大大增加了酒醅与窖泥的接触面积，使酒醅发酵更加充分均匀，同时产生更多的提香物质，酿造出的酒体加倍丰满，香味特别醇厚。

酿之韵。宣酒的酿造车间坐落于敬亭山南麓的红壤转换层之上。酿造所用的虎窥泉水，源自于江南诗山——敬亭山。此山常年云生雾起，聚散依依。泉水常温在12.9摄氏度，富含偏硅酸、锶、硒等微量元素，是酿酒的上乘之品。

酿之魂。宣酒独特的"江南小窖古法酿造工艺"，被业内人士视作东方固态酿酒技艺的典型代表。此古法始于唐代，共有100多道工序，在长期的生产实践中，宣酒人于传统的泥池老窖、老五甑工艺的基础上加以发展创新，使宣酒品质更加绵甜柔和。

得天独厚的珍贵资源，成就了宣酒特贡小窖绵柔的独特口感与卓然品质，令人一见倾心，一饮难忘！

（资料来源：《宣城日报》，2010年5月8日。）

**问题：**
宣酒是如何从宣酒酿造历史中发掘小窖绵柔的广告语的？

**分析提示：**
酿之魂宣酒独特的"江南小窖古法酿造工艺"，被业内人士视作东方固态酿酒技艺的典型代表，将酿酒和当地文化相结合。

## 9.3　广告效果测定的方法

广告效果测定，就是运用科学的方法来鉴定广告的效益。广告效果的种类不同，其效果测定的方法也有所区别，现就有关内容分析如下。

### 9.3.1　广告心理效果测定

**1. 广告心理效果测定的内容**

心理效果测定的目的是为了了解广告播出后对受众心理的影响程度，内容包括广告知晓度、认知和偏好等。

（1）知晓度的测定。广告知晓度是指媒体受众通过多种媒体了解某则广告的比率和程度。广告知晓度的计算公式如下：

$$某则广告的知晓度 = \frac{被调查者中知道该广告的人数}{被调查者总人数} \times 100\%$$

广告知晓度用于测定商品或企业不同阶段的广告效果，在不同时期具有不同的指导意义。当新产品上市时，广告活动的目标是为了告知媒体受众某品牌产品的存在。当产品处于成长期、成熟期或衰退期时，广告的诉求点则在于产品的功能及特性等方面信息的传输。

（2）认知（内容回忆）状况的测定。广告内容回忆状况的测定，是借助一定的方法测评媒体受众对广告内容接收质量的一种方法。"回忆"常被用来确定消费者记忆广告的程度，记忆的准确率与广告的吸引力是成正比的。对广告回忆的方法，主要有无辅助回忆和辅助回忆两种。

①无辅助回忆。又称纯粹回忆，这种方法是指让媒体受众独立地对某些广告进行回忆，调查人员只如实记录回忆情况，不做任何提示。如可以问："请您想想在过去几周中有哪些品牌的方便面在电视上做了广告宣传？"而不能进一步提示："就是那个小品演员作形象代言人的方便面。"等等。

②辅助回忆。这种方法是调查人员在调查时，适当地给被调查者某种提示。例如，提示广告的商标、品牌、色彩、标题或插图等。如问："您记得最近看过或听过荣事达全自动洗衣机的广告吗？"

（3）受众偏好状况的测定。在竞争的环境中，消费者往往会对某种产品、服务或企业采取较为固定的态度取向，这种心理特征我们称之为偏好。偏好也是一种较为常见的消费现象，如某人总是使用（或贬低）一种牙膏、光顾（或诋毁）某家商场，总是对某家企业抱有好感（或偏见）。偏好一旦形成，在一定时期内是相对稳定的，将会对其一系列的购买行为产生直接影响。

**2. 广告心理效果测定的方法**

测定广告心理效果根据安排时间的不同可以分为事前测定、事中测定和事后测定，相应的测定方法也分为三种类型。从广告效果测量的目的看，事前测定、事中测定和事后测定的最大差别在于，事前测定、事中测定的作用在于诊断，以找出并及时消除广告中的沟通障碍；而广告事后测定的作用则是评价广告刊播后的效果，目的是了解广告实际产生的结果，以便为今后的广告活动提供一定的借鉴。

（1）心理效果的事前测定。广告作品心理效果的事前测定，是在广告作品尚未正式刊播之前进行的。主要工作包括邀请有关广告专家和消费者团体进行现场观摩，共同审评可能获得的成效。根据测定的结果，广告主、广告经营者可以及时调整广告促销策略，改进广告创意与制作，提高广告的成功率。心理效果事前测定常用的具体方法主要有专家意见综合法、评分测定法、组群测试法、仪器测试法等。

①专家意见综合法。专家意见综合法是事前测定中比较简便的一种方法。做法是在广告文案设计完成之后，邀请有关广告专家、心理学家和营销专家，对广告作品、媒体组合以及可能产生的效果进行多方面、多层次地思考和探讨，对广告设计方案提出自己的见解。然后综合所有专家的意见，得出预测效果。

为了提高专家意见的可信度，要注意所邀请的专家应能代表不同的广告创意趋势，以确保所提供意见的全面性和权威性；在数量上，专家人数以9—15人为宜，少了不能全面反映问题，多了则花费时间；此外，事前要给专家提供一些必要的资料，包括设计的广告方案、广告产品的特点、广告主生产经营活动的现状及背景资料等。

②评分测定法。这种方法是把被测试的广告作品，向一组受众展示，然后请他们对这些广告进行评比打分。这种评比法用于评估消费者对广告的注意力、认识、情绪和行动等方面的强度，评价分值与广告效果成正比。

评分测定法常用的广告评分表可参见表9-1。

表9-1 广告评分表

| 项目 | 说明与提示 | 分值 | 评分 |
| --- | --- | --- | --- |
| 广告吸引力评价 | 吸引受众注意力程度如何？ | 10 | |
| | 吸引购买者的程度如何？ | 10 | |
| 广告易读性评价 | 使受众持续阅读的可能性如何？ | 20 | |
| 辨认力评价 | 广告信息或利益的鲜明程度如何（能否显示产品的益处）？ | 20 | |
| 好感度评价 | 广告主题满足消费者诉求的程度如何？ | 10 | |
| | 广告设计激起购买欲望的程度如何？ | 10 | |
| 行为度评价 | 广告使受众改变购买行为的能力如何？ | 10 | |
| | 受众受广告影响而改变购买行为的可能性如何？ | 10 | |
| 合计 | | 100 | |

备注：最后一栏"合计"项供汇总分析使用，测试者不必填写。

③组群测试法。这种方法是让一组消费者观看或收听一组广告，对时间不加限制，然后要求他们回忆并回答广告内容方面的提问测试，主持人可给予帮助或不给帮助。他们的回忆水平表明广告的突出性以及信息被了解或记忆的程度。

在组群测试中，必须使受试者观看或收听完整的广告以便能做出系统的评估，组群测试法一次可以测试5—10则广告。在调查中，通常询问的问题主要有：

"您对哪几则广告感兴趣？"

"您喜欢哪一则广告？"

"这则广告宣传的是什么？您明白了吗？"
"您觉得广告中的文字和图案是否有需要改进的地方？"
"您看过广告后，给您最深刻的印象是什么？"
"看了广告后，您有没有进一步了解广告产品的兴趣，是否有近期购买产品的打算？"

④仪器测试法。此法是在实验室内运用仪器（机械）方法测量广告在人的心理上的反应。自从1890年美国出现广告视力测像机后，类似仪器如视向测量仪、皮肤反射测验仪、心理测量仪等就越来越广泛地被采用于广告效果的实验室测量。

（2）心理效果的事中测定。广告心理效果的事中测定是在广告刊播后进行的，是指在广告活动实施期间随时了解受众反应、测试和验证广告策略是否符合实际的监测活动。事中测定可以直接了解媒体受众在日常生活中对广告的反应，得出的结论也更加准确可靠。一旦发现问题，可以进行及时地调整、修改或补救。常用的广告效果事中测定法有市场测验法、回函测定法等。

①市场测验法。选定一两个试验地区刊播已设计好的广告，然后同时观察试验地区与尚未推出广告的一般地区，根据媒体受众的反应情况，比较试验地区与一般地区之间的差异，就可以对广告促销活动的心理效果作出测定。

②回函测定法。这种方法一般采用调查问题的形式进行。回函测定法一般要给回函者一定报酬，通常采用有奖反馈的形式，以鼓励他们积极回函反馈信息。调查问卷可以是记名的也可以是不记名的，即使是不记名的，被调查者也被要求将自己的年龄、职业、文化层次、家庭住址、家庭年人均收入等基本情况填在问卷上。调查表中要尽可能详细地列置调查问题，以便对广告的心理效果进行测试。问卷的调查问题可以根据需要自行设计，但各种问题应当涵盖以下相类似的内容：

您看过或听过有关某品牌产品的广告吗？
通过什么媒体您接触到某品牌产品的广告？
该广告的主要内容是什么？
您认为该广告有特色吗？
您认为该广告的构图如何？
您认为该广告的缺点是什么？
您经常购买什么品牌的产品？

广告事中测定的主要优点是：它能及时收集反馈信息，依据这些信息能发现广告沟通中的各种问题，并能迅速有效地加以纠正；同广告事前测定比，广告事前测定是在人为的情境中、在较小范围内进行的，而广告事中测定是在实际市场中进行的，因而所得结果更真实、更有参考价值。

（3）心理效果的事后测定。心理效果的事后测定是指在广告活动结束后，有关方面对广告效果所进行的综合评测。它所依据的是既定的广告目标来测量广告结果。因此，测量内容视广告目标而定，包括品牌知名度、品牌认知、品牌态度及其改变、品牌偏好及购买行为等。

广告心理效果的事后测定虽然不能直接对已经完成的广告宣传进行修改或补充，却可以通过这种评估，衡量广告促销活动的业绩、评价广告策划的得失，积累经验、总结教训，以指导以后的广告策划。在美国，广告事后测定几乎成为广告主和广告公司的惯例。

广告心理效果的事后测定有两层含义：其一是当广告刊播过程结束后，立刻对其心理效果进行测定；其二是在广告宣传活动一段时间过后，再对其心理效果进行测试。

广告心理效果事后测定的常用方法主要有以下几种：

①要点评分法。请被调查者就已刊播过的广告的重要内容打分，各项得分之和就是该广告的实际效果。打分的具体内容见表9-2所示：

表9-2　　　　　　　　　　广告心理效果评分表

| 项目 | 评分依据 | 分值 | 评分 |
| --- | --- | --- | --- |
| 吸引力 | 吸引注意力的程度 | 20 | |
| 认知力 | 对广告诉求重点的认识程度 | 20 | |
| 说服力 | 由广告引起的兴趣如何 | 10 | |
| | 对广告的好感程度 | 10 | |
| 行动力 | 由广告引起的立即购买行为 | 10 | |
| | 由广告唤起的购买欲望 | 10 | |
| 传播力 | 由广告文案的创造性而引起的传播程度 | 10 | |
| 综合力 | 广告的整体效果 | 10 | |
| 合　计 | | 100 | |

备注：最后一栏"合计"项供汇总使用，受试者不必填写。

②雪林（Schwerin）测定法。也称之为影院综合测验，该方法是美国雪林调查公司（Schwerin Research Co.）根据节目分析法的原理，于1964年发明的测定广告心理效果的方法。该方法又分为节目效果测定法、广告效果测定法和基本电视广告测验法三种。

节目效果测定法。该方法要求召集一定数量并有代表性的观众到剧场，广告经营者说明测验的标准以后，请观众按照个人的意见对进行测验的广告表演节目评分定级。评分的级别通常分为"有趣"、"一般"、"枯燥无味"三个级别。评分测验之后，还要再请观众进一步说明喜欢或讨厌广告节目中的哪一部分，并阐明理由，或者征求观众对广告节目的意见、建议。广告主、广告经营者对整个测定过程所收集的改进意见进行统计、汇总，以作为今后设计或制作广告节目的重要依据。

广告效果测定法。广告效果测定法与节目效果测定法的内容基本相同，也是通过邀请具有代表性的观众到剧场或摄影棚，欣赏进行测定的各种广告片。不同之处是，在未看广告片之前，根据入场者持票号码，要求媒体受试者在组织者提供的商品中选择自己喜欢的商品。这些商品中，既有将在广告片中播放的品牌，也有主要竞争对手的品牌。广告片播放以后，请观众再一次做出选择。通过所得资料进行统计分析，可以综合评定广告的趣味性、传达力、品牌选择倾向和说服力等。

基本电视广告测验法。这种测验法的目的在于客观地评价和判断电视广告片的优劣，力求用标准化的程序测验电视广告的效果。基本电视广告测验的项目主要有趣味反应、回忆程度、理解程度、广告作品诊断、效果评定、购买欲望、广告片的整体效果等。

雪林测定法的优点是客观、全面，能真正反映媒体受众心理活动状况；缺点是仅局限于电视广告效果实验，操作技术性强，成本高，且只能考察消费者初次接触广告时的心理效果。

### 9.3.2 广告经济效果测定

广告经济效果测定，主要是利用统计分析方法，对一定的广告投入所带来的销售额、利润额的增减变化进行比较研究，以反映广告的经济效果。销售额和利润额是衡量广告经济效益的两个基础指标。而在实际进行经济效果测定的过程中，广告效益指标、市场竞争力指标等是常用的分析指标。

**1. 广告经济效果测定的内容**

（1）广告效益指标。广告效益指标，通常指每支出单位广告费用能够带来的销售额、利润额的增加量，包括单位广告费用销售增加额和单位广告费用利润增加额等指标。

（2）市场竞争力指标。市场竞争力指标一般通过市场占有率来反映。市场占有率是指企业某种产品在一定时期内的销售量占市场同类产品销售总额的比率，或单位广告费用销售增加额与同行业同类产品销售总额的比率。市场竞争力指标在一定程度上反映企业产品在市场上的地位、竞争力和广告的市场拓展能力。

**2. 广告经济效果测定的方法**

广告的销售效果一般比传播效果难以测定，因为销售除了受广告促销的影响外，还受其他许多因素的影响，诸如产品特色、价格、售后服务、购买难易程度以及竞争者的行动等。这些因素越少、因素的可控制的程度越高，广告对产品销售量的影响就越容易测定。

常用的广告经济效果测定的方法主要有以下几种：

（1）销售试验测定法。销售试验测定必须首先选择某地区作为广告宣传的试验区，试验区的经济结构最好具有独立性，不受周围地区的影响；其次要尽量控制这一地区的其他一切影响销售量的因素，让广告宣传成为影响销售量的唯一因素。试验的做法是在被测试地区内选择若干个销售点，同时销售某种商品，其中有的做广告，有的不做广告。然后根据销售点销售量之差进行统计分析，计算得出效果指数。

（2）比率计算法。比率计算法是通过广告活动的前后企业销售额、利润额的变化数据以及广告费用等资料进行统计分析，计算出各种比率，用于衡量广告效果的经济效益。常用的分析方法有广告费用比率法、广告费用利润率法、单位广告费用销售增加额法和市场占有率法等。

①广告费用比率法。为测定每单位销售额所支付的广告费用，可以采用广告费用比率这一相对指标，它表明广告费用支出与销售额之间的对比关系。其计算公式为：

$$广告费用率 = \frac{本期广告费用总额}{本期广告后销售总额} \times 100\%$$

广告费用率的倒数可以称为单位广告费用销售率，它表明每支出一单位的广告费用所能实现的销售额。计算公式为：

$$单位广告费用销售率 = \frac{本期广告后销售总额}{本期广告费用总额} \times 100\%$$

②广告费用利润率法。广告费用利润率用于反映本期单位广告费用所带来的利润率变化指标，计算公式为：

$$广告费用利润率 = \frac{本期广告费用总额}{本期广告后利润总额} \times 100\%$$

③ 单位广告费用销售增加额法。单位广告费用销售增加额，是指受广告活动影响单位广告费用所引起的销售额的变化。单位广告费用销售增加率表明本期广告费用总额所引起的销售增加额变化的关系状况。计算公式为：

$$单位广告费用销售增加率 = \frac{本期广告后销售额 - 本期广告前的销售额}{本期广告费用总额} \times 100\%$$

④ 市场占有率法。市场占有率是指某品牌产品在一定时期、一定市场的销售额占同类产品销售总额的比例。计算公式如下：

$$市场占有率 = \frac{某品牌产品销售额}{同类产品销售总额} \times 100\%$$

### 9.3.3 广告社会效果测定

广告宣传的社会效果是指广告刊播以后对社会政治、文化、伦理等方面的影响。这种影响不是广告活动本身所要达到的目的，却是广告活动所带来的必然产物，有正向的影响，也有负面的影响。广告社会效果的测定就是对这种影响的测定。

**1. 广告社会效果测定的内容**

（1）真实性与科学性。广告活动要取得良好的社会效果，首先就必须以真诚为本、尊重科学。广告宣传如果含有欺骗、浮夸、迷信等内容，就不可能带来良好的社会效果。

（2）合乎法律与道德规范。法律与道德规范是社会价值观念的集中体现，是社会得以健康发展的基础。广告活动必须在法律的框架内、在道德允许的范围内，才能取得良好的社会效果。是否合乎法律与道德规范，是广告社会效果测定的重要内容。

（3）公正性与公平性。广告是以宣传广告主及其商品、服务为目的的，难免涉及其他企业、个人以及其他同类商品、服务。广告活动必须本着公正、公平的原则，自觉维护市场经济秩序。广告主和广告经营者在广告经营活动中不应当排斥、诋毁其他企业和其他产品，不应当利用广告媒体误导消费者。

（4）有利与有益。广告活动应当有利于精神文明建设，有益于社会生活。一般来说，广告创作应当体现以下几个有利的原则：

①有利于引导消费者健康消费，反对奢靡；
②有利于弘扬中华民族精神和民族文化，增强民族自信心与自豪感；
③有利于普及推广科学知识，破除和反对封建迷信和伪科学；
④有利于维护社会公共秩序和树立新的社会风尚；
⑤有利于树立健康文明的女性形象；
⑥有利于维护未成年人的身心健康和培养儿童良好的思想品德。

**2. 广告社会效果测定的方法**

（1）综合测定法。广告社会效果主要是依靠社会长期建立起来的价值观念来进行评判，但也可以借助数量和指标来衡量，可以和广告的心理效果测定使用的专家意见综合法、评分测定法、组群测试法结合应用。

（2）把好事前测定关。因为广告的社会效果造成的影响面远比其心理效果、经济效果造成的影响范围大、程度深、时间长，如果产生不良影响，补救的难度也就相当大，所以必须把好事前测定关。其要领是：

①利用广告心理效果事前测定的机会，尤其是要注意邀请有关专家和社会公众共同参与对广告社会效益的事前评测，及时发现广告作品有可能带来的社会效益问题。

②认真进行广告审查，主要是对照《中华人民共和国广告法》、《广告宣传精神文明自律规则》、《广告活动道德规范》、《广告行业公平竞争自律守则》以及其他相关的法律、规章、制度等进行自查，发现有相抵触、违背的，应及时进行修正。

（3）认真对待公众反馈。当公众发现广告作品的问题后，可能采用电话、信函（包括电子邮件）甚至来人的方式，同广告主、广告经营者或广告发布者进行沟通反馈，也可能通过其他途径向监管部门、新闻媒体进行反映、举报。无论是何种方式，都应及时认真对待公众反馈，这是发现广告社会效果问题并能够及时进行补救的最后机会。

## 本章知识脉络

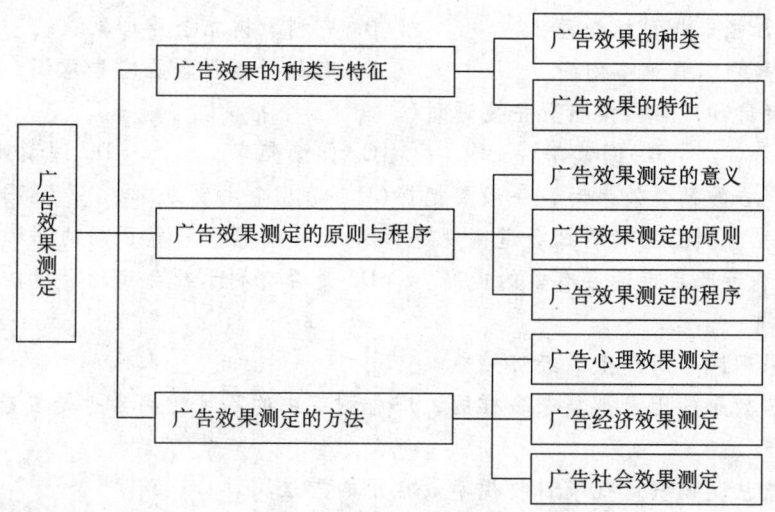

**本章导入案例点评：**

《中国好声音》的火爆，带动了该节目重量级的广告赞助商"加多宝"的火爆，其产品销量和品牌资产，在节目播出期间，均出现大幅增长，显现出良好的广告效果。

## 思考与练习

**1. 理论题**

**(1) 单选题**

①广告发布后较短时间内所产生的反应属于(　　)。

A. 广告即时效果　　　　　　　　B. 广告近期效果

C. 广告长期效果　　　　　　　　D. 广告永久效果

②以下属于广告效果特征的是(　　)。

A. 直接性　　　　　　　　　　　B. 非竞争性

C. 准确性　　　　　　　　　　　D. 延迟性

③在调查对象家中安装自动记录装置，按照时间自动在装置内的软片上记录下目标对象所观看的电视节目信息的调查方法属于（　　）。
　　A. 记忆调查法　　　　　　　　　　B. 电话调查法
　　C. 机械调查法　　　　　　　　　　D. 系统调查法
④以下不属于广告传播效果测定内容的是（　　）。
　　A. 广告作品效果测定　　　　　　　B. 广告媒体组合效果测定
　　C. 广告受众心理效果测定　　　　　D. 广告社会效果测定

**(2) 多选题**

①广告效果按性质划分可以分成（　　）三种。
　　A. 广告的经济效果　　　　　　　　B. 广告的社会效果
　　C. 广告的艺术效果　　　　　　　　D. 广告的心理效果
②广告效果的测评意义包括（　　）。
　　A. 有利于加强广告目标管理　　　　B. 有利于树立企业形象
　　C. 有利于筹划广告策略创新　　　　D. 有利于增强企业广告意识
③测量读者群和广告阅读状况主要通过（　　）三个指标。
　　A. 注目率　　　B. 阅读率　　　C. 阅读频率　　　D. 阅读效率
④在测定广告的社会效果时，一般要把握（　　）几个主要方向。
　　A. 是否有利于树立正确的社会道德规范　　B. 是否有利于培养正确的消费观念
　　C. 是否有利于产品市场占有率的提高　　　D. 是否有利于社会市场环境的良性竞争

**(3) 判断题**

①广告效果即广告所产生的经济效益。　　　　　　　　　　　　　　　（　　）
②影响广告效果的因素是复杂多样的，广告测定中的不可控因素也是复杂多变的。
　　　　　　　　　　　　　　　　　　　　　　　　　　　　　　　　（　　）
③记忆调查法是调查电视节目收视率最常用的方法。　　　　　　　　　（　　）
④广告对社会道德、文化、教育、伦理等社会环境产生的影响是复合性和累积性的。
　　　　　　　　　　　　　　　　　　　　　　　　　　　　　　　　（　　）

**(4) 简答题**

①广告效果测评的原则有哪些？
②广告效果测评步骤是什么？
③广告效果的测定方法有哪些？

## 2. 实务训练题

**【案例分析1】**

某食品公司两次电视广告效果的对比

某食品股份有限公司为自己的同一产品系列进行过两次电视广告宣传，两次的广告媒体选择、播放时间和广告费用相同。经过调查所得资料如下表所示：

第一次广告　　单位：人

| 项目 | 看过电视广告 | 未看过电视广告 | 合计人数 |
|---|---|---|---|
| 购买广告宣传产品 | 50 | 28 | 78 |
| 未购买广告宣传产品 | 70 | 92 | 162 |
| 合计 | 120 | 120 | 240 |

AEI（第一次）＝1/240×[50－(50＋70)×28/(28＋92)]×100%＝9.17%

第二次广告　　单位：人

| 项目 | 看过电视广告 | 未看过电视广告 | 合计人数 |
|---|---|---|---|
| 购买广告宣传产品 | 60 | 18 | 78 |
| 未购买广告宣传产品 | 55 | 107 | 162 |
| 合计 | 115 | 125 | 240 |

AEI（第二次）＝1/240×[60－(60＋55)×18/(18＋107)]×100%＝18.10%

从两次的结果可以看出，第一次广告效果指数为9.17%，第二次广告效果指数为18.10%，第二次比第一次提高了8.93个百分点，说明第二次广告作用明显大于第一次。（AEI指的是广告效果指数，是一种广告效果测评的方法之一）。

**设计问题：**

（1）该公司对广告受众的调查表中只有两个问题项，这两个问题项能否说明问题？

（2）你如果设计调查表，还可以调查广告受众的哪些问题？

## 【案例分析2】

### 某凉茶品牌银幕映前广告效果测评

某凉茶品牌某年某月在北京、上海和广州的影院银幕上投放了30秒广告，为期30天。该广告通过节日期间大家喝着该品牌凉茶欢庆的情节传达"吉庆时分，当然是某某凉茶"的广告诉求。

在电影银幕放映内容前入场的受访者占86%，这部分受众可以完整地观看影院播放的银幕映前广告。目标受众对银幕映前广告这种形式表现出了较高的喜好度，非常喜欢和比较喜欢的合计达到89%。银幕映前广告对该凉茶品牌的信息传递贡献率达到67%，高于电视广告等同期投放的媒体。看过这则广告的目标受众中有59%的人表示对该品牌有了更好的印象。

对比看过银幕广告者和没看过的两部分人群，发现该广告对该品牌凉茶第一提及率、提示前提及率和今后优先购买率的影响均较为明显，分别有48%、47%和11%的提升。可以看出该广告取得了较好的宣传效果，特别是对品牌知名度的提升方面。

（资料来源：CTR市场研究公司共享资料。）

**设计问题：**

（1）银幕映前广告的效果测评中还需要获得哪些方面的信息？

(2) 如果需要目标受众对广告进行评价,受众需要从哪些方面进行评价才能满足比较化要求?

### 业务模拟训练

## "立白洗衣液"广告效果测定

**训练目标:**

提高学生对广告测评方法的运用。

**训练内容:**

请对"立白洗衣液"广告进行效果测定(广告形式自定)。

**训练操作:**

(1) 将全班学生每5—6人分为一组,并选出小组负责人。
(2) 各小组通过组内讨论的方式,确定测定的目标、内容、方式和测定的范围与对象。
(3) 各小组制订并确定可行的广告效果测定方案。
(4) 各小组依据所制订的方案对该广告进行测定。

**成果要求:**

(1) 每个小组提交一份广告效果测定方案。
(2) 每个小组口头汇报测定结果。

# 附录：
# 中华人民共和国广告法

（1994年10月27日第八届全国人民代表大会常务委员会第十次会议通过，2015年4月24日第十二届全国人民代表大会常务委员会第十四次会议修订。）

## 第一章 总 则

**第一条** 为了规范广告活动，保护消费者的合法权益，促进广告业的健康发展，维护社会经济秩序，制定本法。

**第二条** 在中华人民共和国境内，商品经营者或者服务提供者通过一定媒介和形式直接或者间接地介绍自己所推销的商品或者服务的商业广告活动，适用本法。

本法所称广告主，是指为推销商品或者服务，自行或者委托他人设计、制作、发布广告的自然人、法人或者其他组织。

本法所称广告经营者，是指接受委托提供广告设计、制作、代理服务的自然人、法人或者其他组织。

本法所称广告发布者，是指为广告主或者广告主委托的广告经营者发布广告的自然人、法人或者其他组织。

本法所称广告代言人，是指广告主以外的，在广告中以自己的名义或者形象对商品、服务作推荐、证明的自然人、法人或者其他组织。

**第三条** 广告应当真实、合法，以健康的表现形式表达广告内容，符合社会主义精神文明建设和弘扬中华民族优秀传统文化的要求。

**第四条** 广告不得含有虚假或者引人误解的内容，不得欺骗、误导消费者。

广告主应当对广告内容的真实性负责。

**第五条** 广告主、广告经营者、广告发布者从事广告活动，应当遵守法律、法规，诚实信用，公平竞争。

**第六条** 国务院工商行政管理部门主管全国的广告监督管理工作，国务院有关部门在各自的职责范围内负责广告管理相关工作。

县级以上地方工商行政管理部门主管本行政区域的广告监督管理工作，县级以上地方人民政府有关部门在各自的职责范围内负责广告管理相关工作。

**第七条** 广告行业组织依照法律、法规和章程的规定，制定行业规范，加强行业自律，促进行业发展，引导会员依法从事广告活动，推动广告行业诚信建设。

## 第二章 广告内容准则

**第八条** 广告中对商品的性能、功能、产地、用途、质量、成分、价格、生产者、有效期限、允诺等或者对服务的内容、提供者、形式、质量、价格、允诺等有表示的，应当准确、清楚、明白。

广告中表明推销的商品或者服务附带赠送的，应当明示所附带赠送商品或者服务的品种、规格、数量、期限和方式。

法律、行政法规规定广告中应当明示的内容，应当显著、清晰表示。

**第九条** 广告不得有下列情形：

（一）使用或者变相使用中华人民共和国的国旗、国歌、国徽，军旗、军歌、军徽；

（二）使用或者变相使用国家机关、国家机关工作人员的名义或者形象；

（三）使用"国家级"、"最高级"、"最佳"等用语；

（四）损害国家的尊严或者利益，泄露国家秘密；

（五）妨碍社会安定，损害社会公共利益；

（六）危害人身、财产安全，泄露个人隐私；

（七）妨碍社会公共秩序或者违背社会良好风尚；

（八）含有淫秽、色情、赌博、迷信、恐怖、暴力的内容；

（九）含有民族、种族、宗教、性别歧视的内容；

（十）妨碍环境、自然资源或者文化遗产保护；

（十一）法律、行政法规规定禁止的其他情形。

**第十条** 广告不得损害未成年人和残疾人的身心健康。

**第十一条** 广告内容涉及的事项需要取得行政许可的，应当与许可的内容相符合。

广告使用数据、统计资料、调查结果、文摘、引用语等引证内容的，应当真实、准确，并表明出处。引证内容有适用范围和有效期限的，应当明确表示。

**第十二条** 广告中涉及专利产品或者专利方法的，应当标明专利号和专利种类。

未取得专利权的，不得在广告中谎称取得专利权。

禁止使用未授予专利权的专利申请和已经终止、撤销、无效的专利作广告。

**第十三条** 广告不得贬低其他生产经营者的商品或者服务。

**第十四条** 广告应当具有可识别性，能够使消费者辨明其为广告。

大众传播媒介不得以新闻报道形式变相发布广告。通过大众传播媒介发布的广告应当显著标明"广告"，与其他非广告信息相区别，不得使消费者产生误解。

广播电台、电视台发布广告，应当遵守国务院有关部门关于时长、方式的规定，并应当对广告时长作出明显提示。

**第十五条** 麻醉药品、精神药品、医疗用毒性药品、放射性药品等特殊药品，药品类易制毒化学品，以及戒毒治疗的药品、医疗器械和治疗方法，不得作广告。

前款规定以外的处方药，只能在国务院卫生行政部门和国务院药品监督管理部门共同指定的医学、药学专业刊物上作广告。

**第十六条** 医疗、药品、医疗器械广告不得含有下列内容：

（一）表示功效、安全性的断言或者保证；

（二）说明治愈率或者有效率；

（三）与其他药品、医疗器械的功效和安全性或者其他医疗机构比较；

（四）利用广告代言人作推荐、证明；

（五）法律、行政法规规定禁止的其他内容。

药品广告的内容不得与国务院药品监督管理部门批准的说明书不一致，并应当显著标明禁忌、不良反应。处方药广告应当显著标明"本广告仅供医学药学专业人士阅读"，非处方药广告应当显著标明"请按药品说明书或者在药师指导下购买和使用"。

推荐给个人自用的医疗器械的广告，应当显著标明"请仔细阅读产品说明书或者在医务人员的指导下购买和使用"。医疗器械产品注册证明文件中有禁忌内容、注意事项的，广告中应当显著标明"禁忌内容或者注意事项详见说明书"。

第十七条　除医疗、药品、医疗器械广告外，禁止其他任何广告涉及疾病治疗功能，并不得使用医疗用语或者易使推销的商品与药品、医疗器械相混淆的用语。

第十八条　保健食品广告不得含有下列内容：
（一）表示功效、安全性的断言或者保证；
（二）涉及疾病预防、治疗功能；
（三）声称或者暗示广告商品为保障健康所必需；
（四）与药品、其他保健食品进行比较；
（五）利用广告代言人作推荐、证明；
（六）法律、行政法规规定禁止的其他内容。

保健食品广告应当显著标明"本品不能代替药物"。

第十九条　广播电台、电视台、报刊音像出版单位、互联网信息服务提供者不得以介绍健康、养生知识等形式变相发布医疗、药品、医疗器械、保健食品广告。

第二十条　禁止在大众传播媒介或者公共场所发布声称全部或者部分替代母乳的婴儿乳制品、饮料和其他食品广告。

第二十一条　农药、兽药、饲料和饲料添加剂广告不得含有下列内容：
（一）表示功效、安全性的断言或者保证；
（二）利用科研单位、学术机构、技术推广机构、行业协会或者专业人士、用户的名义或者形象作推荐、证明；
（三）说明有效率；
（四）违反安全使用规程的文字、语言或者画面；
（五）法律、行政法规规定禁止的其他内容。

第二十二条　禁止在大众传播媒介或者公共场所、公共交通工具、户外发布烟草广告。禁止向未成年人发送任何形式的烟草广告。

禁止利用其他商品或者服务的广告、公益广告，宣传烟草制品名称、商标、包装、装潢以及类似内容。

烟草制品生产者或者销售者发布的迁址、更名、招聘等启事中，不得含有烟草制品名称、商标、包装、装潢以及类似内容。

第二十三条　酒类广告不得含有下列内容：
（一）诱导、怂恿饮酒或者宣传无节制饮酒；
（二）出现饮酒的动作；
（三）表现驾驶车、船、飞机等活动；
（四）明示或者暗示饮酒有消除紧张和焦虑、增加体力等功效。

**第二十四条** 教育、培训广告不得含有下列内容:

(一) 对升学、通过考试、获得学位学历或者合格证书,或者对教育、培训的效果作出明示或者暗示的保证性承诺;

(二) 明示或者暗示有相关考试机构或者其工作人员、考试命题人员参与教育、培训;

(三) 利用科研单位、学术机构、教育机构、行业协会、专业人士、受益者的名义或者形象作推荐、证明。

**第二十五条** 招商等有投资回报预期的商品或者服务广告,应当对可能存在的风险以及风险责任承担有合理提示或者警示,并不得含有下列内容:

(一) 对未来效果、收益或者与其相关的情况作出保证性承诺,明示或者暗示保本、无风险或者保收益等,国家另有规定的除外;

(二) 利用学术机构、行业协会、专业人士、受益者的名义或者形象作推荐、证明。

**第二十六条** 房地产广告,房源信息应当真实,面积应当表明为建筑面积或者套内建筑面积,并不得含有下列内容:

(一) 升值或者投资回报的承诺;

(二) 以项目到达某一具体参照物的所需时间表示项目位置;

(三) 违反国家有关价格管理的规定;

(四) 对规划或者建设中的交通、商业、文化教育设施以及其他市政条件作误导宣传。

**第二十七条** 农作物种子、林木种子、草种子、种畜禽、水产苗种和种养殖广告关于品种名称、生产性能、生长量或者产量、品质、抗性、特殊使用价值、经济价值、适宜种植或者养殖的范围和条件等方面的表述应当真实、清楚、明白,并不得含有下列内容:

(一) 作科学上无法验证的断言;

(二) 表示功效的断言或者保证;

(三) 对经济效益进行分析、预测或者作保证性承诺;

(四) 利用科研单位、学术机构、技术推广机构、行业协会或者专业人士、用户的名义或者形象作推荐、证明。

**第二十八条** 广告以虚假或者引人误解的内容欺骗、误导消费者的,构成虚假广告。

广告有下列情形之一的,为虚假广告:

(一) 商品或者服务不存在的;

(二) 商品的性能、功能、产地、用途、质量、规格、成分、价格、生产者、有效期限、销售状况、曾获荣誉等信息,或者服务的内容、提供者、形式、质量、价格、销售状况、曾获荣誉等信息,以及与商品或者服务有关的允诺等信息与实际情况不符,对购买行为有实质性影响的;

(三) 使用虚构、伪造或者无法验证的科研成果、统计资料、调查结果、文摘、引用语等信息作证明材料的;

(四) 虚构使用商品或者接受服务的效果的;

(五) 以虚假或者引人误解的内容欺骗、误导消费者的其他情形。

## 第三章 广告行为规范

**第二十九条** 广播电台、电视台、报刊出版单位从事广告发布业务的,应当设有专门从事广告业务的机构，配备必要的人员，具有与发布广告相适应的场所、设备，并向县级以上地方工商行政管理部门办理广告发布登记。

**第三十条** 广告主、广告经营者、广告发布者之间在广告活动中应当依法订立书面合同。

**第三十一条** 广告主、广告经营者、广告发布者不得在广告活动中进行任何形式的不正当竞争。

**第三十二条** 广告主委托设计、制作、发布广告，应当委托具有合法经营资格的广告经营者、广告发布者。

**第三十三条** 广告主或者广告经营者在广告中使用他人名义或者形象的，应当事先取得其书面同意；使用无民事行为能力人、限制民事行为能力人的名义或者形象的，应当事先取得其监护人的书面同意。

**第三十四条** 广告经营者、广告发布者应当按照国家有关规定，建立、健全广告业务的承接登记、审核、档案管理制度。

广告经营者、广告发布者依据法律、行政法规查验有关证明文件，核对广告内容。对内容不符或者证明文件不全的广告，广告经营者不得提供设计、制作、代理服务，广告发布者不得发布。

**第三十五条** 广告经营者、广告发布者应当公布其收费标准和收费办法。

**第三十六条** 广告发布者向广告主、广告经营者提供的覆盖率、收视率、点击率、发行量等资料应当真实。

**第三十七条** 法律、行政法规规定禁止生产、销售的产品或者提供的服务，以及禁止发布广告的商品或者服务，任何单位或者个人不得设计、制作、代理、发布广告。

**第三十八条** 广告代言人在广告中对商品、服务作推荐、证明，应当依据事实，符合本法和有关法律、行政法规规定，并不得为其未使用过的商品或者未接受过的服务作推荐、证明。

不得利用不满十周岁的未成年人作为广告代言人。

对在虚假广告中作推荐、证明受到行政处罚未满三年的自然人、法人或者其他组织，不得利用其作为广告代言人。

**第三十九条** 不得在中小学校、幼儿园内开展广告活动，不得利用中小学生和幼儿的教材、教辅材料、练习册、文具、教具、校服、校车等发布或者变相发布广告，但公益广告除外。

**第四十条** 在针对未成年人的大众传播媒介上不得发布医疗、药品、保健食品、医疗器械、化妆品、酒类、美容广告，以及不利于未成年人身心健康的网络游戏广告。

针对不满十四周岁的未成年人的商品或者服务的广告不得含有下列内容：

（一）劝诱其要求家长购买广告商品或者服务；

（二）可能引发其模仿不安全行为。

**第四十一条** 县级以上地方人民政府应当组织有关部门加强对利用户外场所、空间、设施等发布户外广告的监督管理，制定户外广告设置规划和安全要求。

户外广告的管理办法，由地方性法规、地方政府规章规定。

**第四十二条** 有下列情形之一的，不得设置户外广告：

（一）利用交通安全设施、交通标志的；

（二）影响市政公共设施、交通安全设施、交通标志、消防设施、消防安全标志使用的；

（三）妨碍生产或者人民生活，损害市容市貌的；

（四）在国家机关、文物保护单位、风景名胜区等的建筑控制地带，或者县级以上地方人民政府禁止设置户外广告的区域设置的。

第四十三条　任何单位或者个人未经当事人同意或者请求，不得向其住宅、交通工具等发送广告，也不得以电子信息方式向其发送广告。

以电子信息方式发送广告的，应当明示发送者的真实身份和联系方式，并向接收者提供拒绝继续接收的方式。

第四十四条　利用互联网从事广告活动，适用本法的各项规定。

利用互联网发布、发送广告，不得影响用户正常使用网络。在互联网页面以弹出等形式发布的广告，应当显著标明关闭标志，确保一键关闭。

第四十五条　公共场所的管理者或者电信业务经营者、互联网信息服务提供者对其明知或者应知的利用其场所或者信息传输、发布平台发送、发布违法广告的，应当予以制止。

## 第四章　监督管理

第四十六条　发布医疗、药品、医疗器械、农药、兽药和保健食品广告，以及法律、行政法规规定应当进行审查的其他广告，应当在发布前由有关部门（以下称广告审查机关）对广告内容进行审查；未经审查，不得发布。

第四十七条　广告主申请广告审查，应当依照法律、行政法规向广告审查机关提交有关证明文件。

广告审查机关应当依照法律、行政法规规定作出审查决定，并应当将审查批准文件抄送同级工商行政管理部门。广告审查机关应当及时向社会公布批准的广告。

第四十八条　任何单位或者个人不得伪造、变造或者转让广告审查批准文件。

第四十九条　工商行政管理部门履行广告监督管理职责，可以行使下列职权：

（一）对涉嫌从事违法广告活动的场所实施现场检查；

（二）询问涉嫌违法当事人或者其法定代表人、主要负责人和其他有关人员，对有关单位或者个人进行调查；

（三）要求涉嫌违法当事人限期提供有关证明文件；

（四）查阅、复制与涉嫌违法广告有关的合同、票据、账簿、广告作品和其他有关资料；

（五）查封、扣押与涉嫌违法广告直接相关的广告物品、经营工具、设备等财物；

（六）责令暂停发布可能造成严重后果的涉嫌违法广告；

（七）法律、行政法规规定的其他职权。

工商行政管理部门应当建立健全广告监测制度，完善监测措施，及时发现和依法查处违法广告行为。

第五十条　国务院工商行政管理部门会同国务院有关部门，制定大众传播媒介广告发布行为规范。

**第五十一条** 工商行政管理部门依照本法规定行使职权,当事人应当协助、配合,不得拒绝、阻挠。

**第五十二条** 工商行政管理部门和有关部门及其工作人员对其在广告监督管理活动中知悉的商业秘密负有保密义务。

**第五十三条** 任何单位或者个人有权向工商行政管理部门和有关部门投诉、举报违反本法的行为。工商行政管理部门和有关部门应当向社会公开受理投诉、举报的电话、信箱或者电子邮件地址,接到投诉、举报的部门应当自收到投诉之日起七个工作日内,予以处理并告知投诉、举报人。

工商行政管理部门和有关部门不依法履行职责的,任何单位或者个人有权向其上级机关或者监察机关举报。接到举报的机关应当依法作出处理,并将处理结果及时告知举报人。

有关部门应当为投诉、举报人保密。

**第五十四条** 消费者协会和其他消费者组织对违反本法规定,发布虚假广告侵害消费者合法权益,以及其他损害社会公共利益的行为,依法进行社会监督。

## 第五章 法律责任

**第五十五条** 违反本法规定,发布虚假广告的,由工商行政管理部门责令停止发布广告,责令广告主在相应范围内消除影响,处广告费用三倍以上五倍以下的罚款,广告费用无法计算或者明显偏低的,处二十万元以上一百万元以下的罚款;两年内有三次以上违法行为或者有其他严重情节的,处广告费用五倍以上十倍以下的罚款,广告费用无法计算或者明显偏低的,处一百万元以上二百万元以下的罚款,可以吊销营业执照,并由广告审查机关撤销广告审查批准文件、一年内不受理其广告审查申请。

医疗机构有前款规定违法行为,情节严重的,除由工商行政管理部门依照本法处罚外,卫生行政部门可以吊销诊疗科目或者吊销医疗机构执业许可证。

广告经营者、广告发布者明知或者应知广告虚假仍设计、制作、代理、发布的,由工商行政管理部门没收广告费用,并处广告费用三倍以上五倍以下的罚款,广告费用无法计算或者明显偏低的,处二十万元以上一百万元以下的罚款;两年内有三次以上违法行为或者有其他严重情节的,处广告费用五倍以上十倍以下的罚款,广告费用无法计算或者明显偏低的,处一百万元以上二百万元以下的罚款,并可以由有关部门暂停广告发布业务、吊销营业执照、吊销广告发布登记证件。

广告主、广告经营者、广告发布者有本条第一款、第三款规定行为,构成犯罪的,依法追究刑事责任。

**第五十六条** 违反本法规定,发布虚假广告,欺骗、误导消费者,使购买商品或者接受服务的消费者的合法权益受到损害的,由广告主依法承担民事责任。广告经营者、广告发布者不能提供广告主的真实名称、地址和有效联系方式的,消费者可以要求广告经营者、广告发布者先行赔偿。

关系消费者生命健康的商品或者服务的虚假广告,造成消费者损害的,其广告经营者、广告发布者、广告代言人应当与广告主承担连带责任。

前款规定以外的商品或者服务的虚假广告,造成消费者损害的,其广告经营者、广告发布者、广告代言人,明知或者应知广告虚假仍设计、制作、代理、发布或者作推荐、证明的,应当与广告主承担连带责任。

**第五十七条** 有下列行为之一的,由工商行政管理部门责令停止发布广告,对广告主处二十万元以上一百万元以下的罚款,情节严重的,并可以吊销营业执照,由广告审查机关撤销广告审查批准文件、一年内不受理其广告审查申请;对广告经营者、广告发布者,由工商行政管理部门没收广告费用,处二十万元以上一百万元以下的罚款,情节严重的,并可以吊销营业执照、吊销广告发布登记证件:

(一)发布有本法第九条、第十条规定的禁止情形的广告的;

(二)违反本法第十五条规定发布处方药广告、药品类易制毒化学品广告、戒毒治疗的医疗器械和治疗方法广告的;

(三)违反本法第二十条规定,发布声称全部或者部分替代母乳的婴儿乳制品、饮料和其他食品广告的;

(四)违反本法第二十二条规定发布烟草广告的;

(五)违反本法第三十七条规定,利用广告推销禁止生产、销售的产品或者提供的服务,或者禁止发布广告的商品或者服务的;

(六)违反本法第四十条第一款规定,在针对未成年人的大众传播媒介上发布医疗、药品、保健食品、医疗器械、化妆品、酒类、美容广告,以及不利于未成年人身心健康的网络游戏广告的。

**第五十八条** 有下列行为之一的,由工商行政管理部门责令停止发布广告,责令广告主在相应范围内消除影响,处广告费用一倍以上三倍以下的罚款,广告费用无法计算或者明显偏低的,处十万元以上二十万元以下的罚款;情节严重的,处广告费用三倍以上五倍以下的罚款,广告费用无法计算或者明显偏低的,处二十万元以上一百万元以下的罚款,可以吊销营业执照,并由广告审查机关撤销广告审查批准文件、一年内不受理其广告审查申请:

(一)违反本法第十六条规定发布医疗、药品、医疗器械广告的;

(二)违反本法第十七条规定,在广告中涉及疾病治疗功能,以及使用医疗用语或者易使推销的商品与药品、医疗器械相混淆的用语的;

(三)违反本法第十八条规定发布保健食品广告的;

(四)违反本法第二十一条规定发布农药、兽药、饲料和饲料添加剂广告的;

(五)违反本法第二十三条规定发布酒类广告的;

(六)违反本法第二十四条规定发布教育、培训广告的;

(七)违反本法第二十五条规定发布招商等有投资回报预期的商品或者服务广告的;

(八)违反本法第二十六条规定发布房地产广告的;

(九)违反本法第二十七条规定发布农作物种子、林木种子、草种子、种畜禽、水产苗种和种养殖广告的;

(十)违反本法第三十八条第二款规定,利用不满十周岁的未成年人作为广告代言人的;

(十一)违反本法第三十八条第三款规定,利用自然人、法人或者其他组织作为广告代言人的;

(十二)违反本法第三十九条规定,在中小学校、幼儿园内或者利用与中小学生、幼儿有关的物品发布广告的;

（十三）违反本法第四十条第二款规定，发布针对不满十四周岁的未成年人的商品或者服务的广告的；

（十四）违反本法第四十六条规定，未经审查发布广告的。

医疗机构有前款规定违法行为，情节严重的，除由工商行政管理部门依照本法处罚外，卫生行政部门可以吊销诊疗科目或者吊销医疗机构执业许可证。

广告经营者、广告发布者明知或者应知有本条第一款规定违法行为仍设计、制作、代理、发布的，由工商行政管理部门没收广告费用，并处广告费用一倍以上三倍以下的罚款，广告费用无法计算或者明显偏低的，处十万元以上二十万元以下的罚款；情节严重的，处广告费用三倍以上五倍以下的罚款，广告费用无法计算或者明显偏低的，处二十万元以上一百万元以下的罚款，并可以由有关部门暂停广告发布业务、吊销营业执照、吊销广告发布登记证件。

第五十九条 有下列行为之一的，由工商行政管理部门责令停止发布广告，对广告主处十万元以下的罚款：

（一）广告内容违反本法第八条规定的；

（二）广告引证内容违反本法第十一条规定的；

（三）涉及专利的广告违反本法第十二条规定的；

（四）违反本法第十三条规定，广告贬低其他生产经营者的商品或者服务的。

广告经营者、广告发布者明知或者应知有前款规定违法行为仍设计、制作、代理、发布的，由工商行政管理部门处十万元以下的罚款。

广告违反本法第十四条规定，不具有可识别性的，或者违反本法第十九条规定，变相发布医疗、药品、医疗器械、保健食品广告的，由工商行政管理部门责令改正，对广告发布者处十万元以下的罚款。

第六十条 违反本法第二十九条规定，广播电台、电视台、报刊出版单位未办理广告发布登记，擅自从事广告发布业务的，由工商行政管理部门责令改正，没收违法所得，违法所得一万元以上的，并处违法所得一倍以上三倍以下的罚款；违法所得不足一万元的，并处五千元以上三万元以下的罚款。

第六十一条 违反本法第三十四条规定，广告经营者、广告发布者未按照国家有关规定建立、健全广告业务管理制度的，或者未对广告内容进行核对的，由工商行政管理部门责令改正，可以处五万元以下的罚款。

违反本法第三十五条规定，广告经营者、广告发布者未公布其收费标准和收费办法的，由价格主管部门责令改正，可以处五万元以下的罚款。

第六十二条 广告代言人有下列情形之一的，由工商行政管理部门没收违法所得，并处违法所得一倍以上二倍以下的罚款：

（一）违反本法第十六条第一款第四项规定，在医疗、药品、医疗器械广告中作推荐、证明的；

（二）违反本法第十八条第一款第五项规定，在保健食品广告中作推荐、证明的；

（三）违反本法第三十八条第一款规定，为其未使用过的商品或者未接受过的服务作推荐、证明的；

（四）明知或者应知广告虚假仍在广告中对商品、服务作推荐、证明的。

**第六十三条** 违反本法第四十三条规定发送广告的,由有关部门责令停止违法行为,对广告主处五千元以上三万元以下的罚款。

违反本法第四十四条第二款规定,利用互联网发布广告,未显著标明关闭标志,确保一键关闭的,由工商行政管理部门责令改正,对广告主处五千元以上三万元以下的罚款。

**第六十四条** 违反本法第四十五条规定,公共场所的管理者和电信业务经营者、互联网信息服务提供者,明知或者应知广告活动违法不予制止的,由工商行政管理部门没收违法所得,违法所得五万元以上的,并处违法所得一倍以上三倍以下的罚款,违法所得不足五万元的,并处一万元以上五万元以下的罚款;情节严重的,由有关部门依法停止相关业务。

**第六十五条** 违反本法规定,隐瞒真实情况或者提供虚假材料申请广告审查的,广告审查机关不予受理或者不予批准,予以警告,一年内不受理该申请人的广告审查申请;以欺骗、贿赂等不正当手段取得广告审查批准的,广告审查机关予以撤销,处十万元以上二十万元以下的罚款,三年内不受理该申请人的广告审查申请。

**第六十六条** 违反本法规定,伪造、变造或者转让广告审查批准文件的,由工商行政管理部门没收违法所得,并处一万元以上十万元以下的罚款。

**第六十七条** 有本法规定的违法行为的,由工商行政管理部门记入信用档案,并依照有关法律、行政法规规定予以公示。

**第六十八条** 广播电台、电视台、报刊音像出版单位发布违法广告,或者以新闻报道形式变相发布广告,或者以介绍健康、养生知识等形式变相发布医疗、药品、医疗器械、保健食品广告,工商行政管理部门依照本法给予处罚的,应当通报新闻出版广电部门以及其他有关部门。新闻出版广电部门以及其他有关部门应当依法对负有责任的主管人员和直接责任人员给予处分;情节严重的,并可以暂停媒体的广告发布业务。

新闻出版广电部门以及其他有关部门未依照前款规定对广播电台、电视台、报刊音像出版单位进行处理的,对负有责任的主管人员和直接责任人员,依法给予处分。

**第六十九条** 广告主、广告经营者、广告发布者违反本法规定,有下列侵权行为之一的,依法承担民事责任:

(一)在广告中损害未成年人或者残疾人的身心健康的;
(二)假冒他人专利的;
(三)贬低其他生产经营者的商品、服务的;
(四)在广告中未经同意使用他人名义或者形象的;
(五)其他侵犯他人合法民事权益的。

**第七十条** 因发布虚假广告,或者有其他本法规定的违法行为,被吊销营业执照的公司、企业的法定代表人,对违法行为负有个人责任的,自该公司、企业被吊销营业执照之日起三年内不得担任公司、企业的董事、监事、高级管理人员。

**第七十一条** 违反本法规定,拒绝、阻挠工商行政管理部门监督检查,或者有其他构成违反治安管理行为的,依法给予治安管理处罚;构成犯罪的,依法追究刑事责任。

**第七十二条** 广告审查机关对违法的广告内容作出审查批准决定的,对负有责任的主管人员和直接责任人员,由任免机关或者监察机关依法给予处分;构成犯罪的,依法追究刑事责任。

**第七十三条** 工商行政管理部门对在履行广告监测职责中发现的违法广告行为或者对经

投诉、举报的违法广告行为,不依法予以查处的,对负有责任的主管人员和直接责任人员,依法给予处分。

工商行政管理部门和负责广告管理相关工作的有关部门的工作人员玩忽职守、滥用职权、徇私舞弊的,依法给予处分。

有前两款行为,构成犯罪的,依法追究刑事责任。

## 第六章 附 则

**第七十四条** 国家鼓励、支持开展公益广告宣传活动,传播社会主义核心价值观,倡导文明风尚。

大众传播媒介有义务发布公益广告。广播电台、电视台、报刊出版单位应当按照规定的版面、时段、时长发布公益广告。公益广告的管理办法,由国务院工商行政管理部门会同有关部门制定。

**第七十五条** 本法自 2015 年 9 月 1 日起施行。